中国有色金属工业协会专家委员会组织编写

有色金属系列丛书

中国白银

北京

冶金工业出版社

2015

内 容 简 介

本书共分为八篇，内容包括白银的发现与发展历史，白银的性质、用途及其货币职能，白银资源，白银的采选及冶炼加工技术，白银绿色循环经济与行业品牌建设，白银产品标准体系，白银的供应与需求，白银资本与投资市场等方面，并附有白银行业相关资料。

本书较为系统、全面地对白银知识、行业与市场发展状况做了归纳和梳理。本书可供关注、从事白银产业的专业人士和社会各界阅读参考。

图书在版编目(CIP)数据

中国白银/中国有色金属工业协会主编.—北京：冶金工业出版社，2015.5

（有色金属系列丛书）

ISBN 978-7-5024-6920-7

Ⅰ.①中…　Ⅱ.①中…　Ⅲ.①银—有色金属冶金—冶金工业—中国　Ⅳ.①F426.32

中国版本图书馆 CIP 数据核字（2015）第 100264 号

出 版 人　谭学余
地　　址　北京市东城区嵩祝院北巷 39 号　邮编　100009　电话　(010)64027926
网　　址　www.cnmip.com.cn　电子信箱　yjcbs@cnmip.com.cn
责任编辑　张熙莹　美术编辑　彭子赫　版式设计　孙跃红
责任校对　李　娜　责任印制　李玉山
ISBN 978-7-5024-6920-7
冶金工业出版社出版发行；各地新华书店经销；三河市双峰印刷装订有限公司印刷
2015 年 5 月第 1 版，2015 年 5 月第 1 次印刷
148mm×210mm；9.875 印张；210 千字；296 页
39.00 元

冶金工业出版社　投稿电话　(010)64027932　投稿信箱　tougao@cnmip.com.cn
冶金工业出版社营销中心　电话　(010)64044283　传真　(010)64027893
冶金书店　地址　北京市东四西大街 46 号(100010)　电话　(010)65289081(兼传真)
冶金工业出版社天猫旗舰店　yjgycbs.tmall.com

序

为适应有色金属工业发展的需要，普及和提高有色金属知识，提升全国有色金属战线广大干部职工的思想业务素质，促进我国从有色金属生产大国向有色金属工业强国的转变，中国有色金属工业协会组织编写了《中国铜业》等《有色金属系列丛书》（共23本）。《丛书》集中了全行业的智慧和力量，汇集了当今中国乃至世界有色金属领域的最新知识和信息，深入浅出，通俗易懂，融知识性、实用性为一体，是社会各界学习和提高有色金属知识的好教材和实用工具书。

有色金属是经济社会发展必不可少的基础材料和重要战略物资。有色金属作为功能材料和结构材料而广泛应用于人类生活的各个领域，成为当今高新技术发展和国防军工的重要支撑。有色金属的生产和消费水平已经成为衡量一个国家社会进步的重要标志。

中国是生产有色金属品种最全的国家，门捷列夫化学元素周期表中的64种元素的有色金属都能生产。中国是世界生产和消费有色金属最多的国家，到2011年十种有色金属产量已达3438万吨(快报数)，连续10年位居世界第一，年消费有色金属已达3580万吨以上，连续9年位居世界第一。目前全国已有有色金属企业、事业单位3万多家，就业人员360多万。

有色金属涵盖的金属品种多。在元素周期表中，除了黑色金属铁、锰、铬，锕系和超锕系放射性金属元素外，余下64种都为有色金属元素。有色金属成矿条件复杂，矿床类型多样，矿体形态变化大，元素组合多样，勘探难度大，而且需要综合勘探、综合评价。有色金属结构复杂，多种矿物相嵌共伴生关系密切，选矿和冶炼的技术、装备复杂，工艺流程长。有色金属应用领域广，用途千差万别，材料的研制和加工复杂。有色金属元素在原矿中含量低，富集比都在几十、几百、几千甚至几万以上，导致在采矿、选矿和冶炼过程中固体废物多，节能环保压力大，工艺技术复杂。综合上述不难看出，有色金属产业是固体矿产资源开发利用领域最复杂的产业，有色金属知识领域宽广、博大精深。

建设现代化的有色金属工业强国是全行业360多万职工为之奋斗的目标。我相信，《丛书》的出版发行，对增进全社会对有色金属工业的了解，推动全行业广大干部职工学习和掌握有色金属知识必将发挥积极重要的作用。让我们行动起来，为促进我国有色金属工业的持续、稳定发展，为实现有色金属工业发展的既定目标而奋勇前进。

中国有色金属工业协会会长 陈全训

2012年8月于北京

前　言

白银是黄金的孪生姐妹，是一种古老而又现代的金属。白银与黄金一样，具备商品、货币双重功能，在人类的历史长河中颇具传奇色彩。白银长期以来充当硬通货，曾经是财富的象征，中国古代把金、银、铜、铁、铅或锡称为五金，白银名列第二。白银比黄金更早充当货币，白银、黄金的开发应用与人类社会发展的各个阶段密切相关，有专家指出“一部金银史就是一部世界史”。白银在中国明清经济社会发展中所起到的重要作用更是独特，“1840 年的鸦片战争，从经济学意义而言更多的是世界范围内的一场白银（资本）争夺战。从明末到 1935 年法币改革，可谓中国经济领域的白银时代”(引自《白银与中国近代经济史》)；德国历史学家贡德·弗兰克在《白银资本：重视经济全球化中的东方》则指出，为争夺“白银”的鸦片战争彻底改变了中国经济社会发展的方向。

回顾国际货币制度演变的历史进程，出现过金本位也出现过银本位，在布雷顿森林体系瓦解、牙买加体系建立后，黄金经历了一轮非货币化浪潮，白银的货币金融属性进一步削弱。20世纪80年代国际货币基金组织（IMF）宣布白银不计入官方储备后白银的货币金融属性更加趋弱、工业属性增强。

白银拥有优异的柔韧性、延展性、高的光反射率及耐腐蚀性、最好的导电导热等物化性能，同时还具有货币属性、避险属性、金融投资属性，人类历史上曾经掀起过三次白银价值革命。在黄金、白银非货币化浪潮后出现的第三次价值革命，体现为白银在太阳能等新兴领域的不断应用和白银金融衍生产品创新在加快。目前白银已经是贵金属中价格最便宜、用量最大、工业应用前景最广阔、金融衍生产品ETF交易基金实物持仓数量最大的品种。

中国白银市场的开放始于2000年中国人民银行宣布取消白银“统销统购”政策，从此白银行业管理体制改革也拉开了序幕。2003年8月16日经国家经贸委批准、国家民政部登记注册，全国性社会中介组织——中国有色金属工业协会金银分会宣告成立，中国白银、有色黄金行业管理也掀开新的篇章。2012年5月10日白银期货在上海期货交易所正式上市，中国白银行业开始迈入金融时代。中国白银市场开放后，白银工业得到蓬勃的发展，白银市场也出现了翻天覆地的变化，目前中国已经成为世界上最大的白银生产、消费和进出口国之一。

本书由中国有色金属工业协会金银分会负责编写，是一本专业科普读物，具有知识性、趣味性和实用性。本书从白银的发现与发展历史、白银的性质用途及其货币职能、白银资源、白银采选及冶炼加工技术、白银绿色循环经济与行业品牌建设、白银产品标准体系、白银的供应与需求、白银资本与投资市场等八个方面对中国白银工业和中国白银市场的发展进行了系统的梳理。本书内容覆盖广泛，语言通俗易懂，能够满足国家宏观管理部门、相关投融资金融机构、贵金属从业人员、高等院校学生和普通公众等对中国白银工业和白银市场知识的需求和了解。

本书的编写，得到了鑫达金银开发中心、中国有色金属工业信息中心及其下属单位北京安泰科信息开发有限公司、全国有色金属标准化技术委员会贵金属分技术委员会和金银分会理事会等机构及众多业界专业人士的大力支持和帮助，在此一并致以谢意。

由于编者水平所限，书中的不足之处，敬请读者批评指正。

编　者

2015 年 1 月

目　录

第一篇

白银的发现与发展历史

第一章　世界白银的发现与发展

白银在人类的历史长河中颇具传奇色彩，早在公元前700年的美索不达米亚时期就开始为人们所认识，长期以来充当硬通货，是财富的象征。在社会文明发展的历程中，白银比黄金更早地充当了许多国家的法定货币。中国把白银作为货币历史悠久，早在战国时期，白银就已作为货币使用；唐宋时期，银本位制逐步确立，明朝起白银成为正式货币。白银在中国明清社会和近代历史发展中起着重要的作用。

第一节　白银的发现和命名

一、白银的发现

白银是8大贵金属（金（Au）、银（Ag）、铂（Pt）、钯（Pd）、钌（Ru）、铑（Rh）、锇（Os）、铱（Ir））之一，是人类最早发现和开采利用的金属元素之一。由于自然界存在的自然银很少，大部分呈化合物状态，因而发现比金晚，一般认为发现银的年代应在距今5500~6000年前。由于古代通过冶炼得到的银的量很少，使得它的价值比金还贵，大约在公元前1780~前1580年间，埃及王朝的法典中规定，银的价值是金的两倍。直到17世纪，日本的银和金的价值还是相等的。

中国是最早发现和使用银的国家，相传大禹治水周游全国，调查各地山川地形和物产而写成《尚书·禹贡》一书，书文曾被铸在九鼎上，而鼎为铜铸，说明当时已进入铜器时代。《尚书·禹贡》中记有“厥贡羽毛齿革惟金三品”。据考证，此“金三品”即指金、银、铜。书中还提到，当时扬州要向朝廷贡献“金三品”，说明当时在江浙一带已经生产金、银、铜了，这距今已有4000余年，显然中国发现白银的时间应比此更早。

二、白银的命名

银的拉丁文名称为“argentum”，意为白色；英文名称为“silver”，为光明之意，它是来自哥特语（日耳曼语系），“silver”是与古代日耳曼语和斯拉夫语系有关联的字音。银在葡萄牙语中称为“prata”，塞尔维亚-克罗地亚语（南斯拉夫语）称呼银为“serbro”，德语中银叫“silber”，俄语中银叫“serebro”，都是斯拉夫语系相关联的字音。银的元素符号为“Ag”，来自拉丁文字头缩写。在中国，“银”是一个古汉字。炼金术和占星术的用语中把银叫“luna”或者“diana”，Luna是罗马神话中的“月神”或者“月亮”，Diana（狄安娜）也是罗马神话中的“月亮和狩猎女神”；而秘鲁古印加人称地上的银为“月亮的泪珠”。

在中国古代汉字中，“银”字源解析本义为银子，“银，白金也”，是一个会意字（见图 1-1）。该字左边为“金”（钅），说明银属于金属；右边为“艮”，可用来表示字音。同时，“艮”有相视、不相上下等意思，这里是说黄金和白银都属于贵金属，两者不相上下，并称金银。

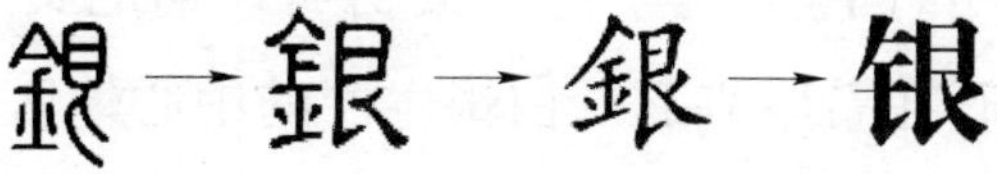

图 1-1　“银”字源解析与演变

第二节　上古和中古时期白银的生产状况

欧美有关专家学者将世界白银生产历史沿革按四个阶段划分：旧世界的白银——技术落后产量稀少阶段（公元前 3000 ~ 公元 1500 年）、新世界的白银——技术变革及新大陆发现产量大增阶段（1500 ~ 1875 年）、北美崛起阶段（1876 ~ 1920 年）和当代阶段（1921 年 ~ 现在）。

一、早期文明白银生产

历史学家认定，银矿集中开采始于公元前 3000 年左右。首次成熟的银矿石加工是在公元前 2500 年，占星家使用“灰吹法”从铅银矿中提取出白银。当时银器的需求主要来自于繁荣的克里特文明和稍后的迈锡尼文明。

安纳托利亚（今土耳其）被认为是首个开采白银的发源地，该地为近东、克里特和希腊地区的西方文明提供白银资源。当时银器工匠主要集中在小亚细亚和希腊各岛，以及希腊大陆上迈锡尼文明地区。

二、希腊文明白银生产

爱琴文明（包括克里特岛文明与迈锡尼文明）陨落之后，文明中心在希腊兴起。白银生产的中心地区转向靠近雅典的 Laurium 地区。该地区为希腊文明提供了充足的白银。另外，小亚细亚白银贸易在公元前 8 世纪非常活跃并向外围扩张。

Laurium 的矿产非常丰富。历史学家和考古学家考证，该地区在巅峰时期（公元前 600 ~ 前 300 年）的白银产量大约是每年 28. 35t。一直到公元 1 世纪前的一千年中，Laurium 是产银最多的地区。除了 Laurium，其他产银区主要在小亚细亚、撒丁岛等其他希腊地区，以及亚洲部分地区。

三、罗马文明白银生产

希腊 Laurium 地区矿产全盛期结束后，西班牙银矿在迦太基人的开采下不断发展，取代希腊成为重要的白银生产中心。经过三次战争，罗马击败迦太基成为欧洲霸主。罗马人不仅大量开采西班牙银矿，同时把银矿开采的触角伸向了欧洲大陆的其他地方。

西班牙在近一千年的时间内都是非常重要的白银产地，不仅满足了罗马帝国大部分内在白银需求，而且促进了亚洲香料的贸易。为了满足贸易需求，白银需求在增加，除西班牙外，希腊、小亚细亚、意大利也是重要的白银产区。

四、中世纪白银生产

罗马灭亡之后，欧洲进入漫长的“中世纪”。统治阶级大权独揽，贸易受到管制，各国征战频繁。同时由于希腊、西班牙地区白银生产减弱，中世纪前期白银产量没有出现大幅增加。

在公元750~1200年间欧洲地区发现了几个重要银矿，包括德国著名的开姆尼斯、Rammelsburg、哥斯拿和萨克森等，同时奥匈帝国和东欧其他一些地方也发现了银矿。白银在更多的国家普遍开采起来。由于矿产地数量增加，采矿和加工技术提高，公元1000~1500年间白银产量大幅增加。

第三节　地理大发现之后的白银生产

16世纪以前，世界银矿的采冶中心位于地中海和亚洲地区，最大的银矿在希腊、西班牙、德国和中国，当时年均产银不足200t。到了中世纪以后，人们相继开发了美洲和大洋洲，从此世界采银业的中心逐渐转到秘鲁、墨西哥、玻利维亚，继而发展到美国、智利、加拿大和澳大利亚，至今这些国家仍是世界上主要的产银国之一。

世界白银生产的主要分水岭出现在发现了新大陆的1492年。在这之后的时间里，墨西哥、玻利维亚和秘鲁的主要白银矿场开工，全球白银年产量迅速增加。产量的增加和从矿石中提取出白银技术的进一步改善，提高了可开采的矿石的质量和数量。

一、拉丁美洲成为白银重要产区

1492年哥伦布发现“新大陆”之后，全球白银生产地区扩大。白银生产技术也不断进步，汞齐化加工等方法使白银生产技术和工艺发生了巨大变革，白银产量呈爆炸式增长。到17世纪70年代，白银产量从每年1134t增加至2268t。

伴随“新大陆”的发现及开发，拉丁美洲逐渐成为全球白银重要的生产地区。在此期间，玻利维亚、秘鲁和墨西哥等拉美国家占世界白银生产和贸易的份额超过85%，其余份额主要来源于德国、匈牙利和俄罗斯等欧洲国家以及智利和日本。

二、当时白银生产典型国家介绍

玻利维亚Potosi地区是首个银主要开采基地，玻利维亚16～19世纪白银实际产量很难准确估计，但据西班牙记录，当时白银产量可能高达2.8万吨。

墨西哥白银产量在18世纪后突飞猛进，在18～19世纪生产了大约4.3万吨，成为重要的白银生产地区。

秘鲁白银生产长期保持稳定，在17～19世纪，平均每年产量超过85t。塞罗德帕斯科（Cerro de Pasco）地区一直是秘鲁最主要的银产地之一。

第四节　19世纪后期全球白银的生产大发展

一、白银生产技术的升级

随着全球工业化的进行，白银生产技术不断进步。钻井、采矿、拖运、脱水、冶炼等生产技术不断改善，部分领域取得重大突破。采矿技术的进一步升级增强了矿石处理的能力，不仅可以处理更多含银矿石，而且适应的品位范围越来越广，这有利于从中等级别的矿石中提炼出具有经济价值的贵金属。

二、白银产量的大幅增长

1850年后，全球白银产量快速上升。1876～1920年间，全球产银技术创新和新产地开发呈现爆炸式增长。美国境内内华达州发现了康斯托克矿，科罗拉多州的Leadville以及犹他州一些地区也发现了银矿。19世纪最后25年内白银年产量是前75年平均产量的4倍，达到近3402t。

澳大利亚、中美洲以及欧洲也在全球产量增加中占重要地位。在随后的1900～1920年间，加拿大、美国、非洲、墨西哥、智利、日本及其他部分国家继续发现新银矿，在此期间白银产量大幅增长，20年间产银达5386t。

第五节 20世纪以后的白银生产

世界白银产量中累计仅有25%是在1770年前开采的。20世纪以后，由于前几个世纪的大量开采，世界上许多高等级矿山资源都已经接近枯竭，矿石品位下降，而且矿山以复杂矿、伴生矿居多，生产难度加大。与此同时，基本金属的产量大幅增加，其中不乏部分基本金属副产银等贵金属。如何从低品位矿石中炼银以及从基本金属矿石中回收白银，成为白银生产能否持续稳定的关键。

为适应银矿品位降低等新形势的发展，在实践的基础上，白银生产技术继续进步。20世纪早期，批量采矿等开采方法使得人们有能力处理数量更多、品位更低、含有副产品银的基本金属矿石。提炼技术的完善使人们有能力从矿石中分离出数种不同的基本金属精矿。浮选选矿等改进的矿石分离技术可以将白银精矿从铅、锌、铜精矿中分离出来。电解精炼技术的进步使白银和其他基本金属从阳极泥中分离更为简单，基本金属副产银成为越来越重要的白银来源。20世纪的各种基本金属产量呈爆炸式增长，含银残渣量也增加，这提高了白银产量。

进入21世纪，特别是随着中国白银市场的开放，中国白银企业生产热情得到激发，伴随着工业技术的进步和金融创新的发展，白银的消费应用也得到快速增长，中国已经发展成为世界上最大的白银生产和消费国（见图1-2亚洲白银产量主要来自中国）。

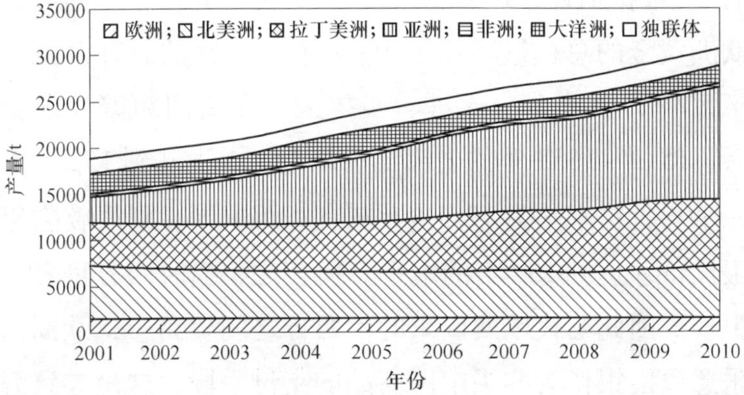

图 1-2　21 世纪以来世界矿产银分地区产量变化
（资料来源：世界白银协会、GFMS、安泰科）

第六节　金银的历史比价与白银历史产量

价格是社会经济领域中重要的内容之一，它包括一般商品的价格和货币价格两种形式。白银是黄金的孪生姐妹，在人类的历史长河中黄金价值价格一直是白银价值价格的重要参考。在公元前 3500 年前，银是相当稀少的，因此那时的白银价值与黄金相当，甚至略高于黄金，此时金银价格比按金属质量是一份银或不足一份银的价值与一份金相当。

1492 年以前，当中国、印度两国的金银比价还是 5∶1 水平的时候，欧洲就已达到了 11∶1 或 12∶1。1540～1640 年欧洲发生了金银价格突变，导火线是西班牙占领的美洲殖民地的白银大量涌入，这就是世界经济史上著名的西欧“价格革命”。根据估计，1500~1650年，仅从美洲流入的金银就使欧洲黄金的总存量增长了5%左右，白银的总存量几乎增长了50%，西欧金银比进一步扩大。在美洲频繁发现银矿以后，1519~1650年的金银比价从11∶1上涨到15.5∶1左右，平均价格水平为12.1∶1左右。而中国直到清乾隆年间金银比价才达到15∶1的水平。换言之，当时西方世界是金贵银贱。因此明代中期以来的中西方之间贸易中，欧洲商贾多乐意以白银作为购买中国商品的支付手段，这是导致海外白银流入中国的一个极为不易察觉的重要原因。

在美国，1785年宣布实行银本位制度，但实际上美国是金银并行的国家，直到南北战争之前，美国实行的以金银为法定货币的复本位制度，法定的金银价格比率在15∶1到16∶1。1873年，美国通过《1873年铸币法案》，废弃了银本位，采用了金本位制；此后美国白银只被用作铸造辅币；而《1873年铸币法案》直接触发了1873~1879年的美国经济大衰退。随着金本位制的确立，金银的比价一路上升，从1873年的15∶1，一路上涨到19世纪末的30∶1。

进入20世纪随着国际货币体系的不断变换，金银比也在变化。20世纪初中国等银本位国家退出银本位，40年代布雷顿森林体系建立，70年代布雷顿森林体系瓦解、牙买加体系建立后，黄金经历了一轮非货币化浪潮，而白银的货币金融属性则进一步削弱，特别是到20世纪80年代国际货币基金组织（IMF）宣布白银不计入官方储备后白银的货币金融属性趋弱，金银比进一步扩大。

根据有关方面统计，在过去6000年中，人类开采生产出的白银总量约为130万吨；20世纪80年代有人估计，白银在工业大量应用之前，历史开采银的总数的80%已经积留下来供人类再利用，也就是说世世代代留下的银大部分变成银器、硬币、首饰等，称为历史的积累，数量超过70万吨。在白银生产历史上，玻利维亚、美国、秘鲁、墨西哥、加拿大、中国等是主要的白银生产国，不过不同时代各国情况不一样。自从美洲发现银矿后直到1700年，玻利维亚是世界最大的银产地，这段时间的总产量超过2.8万吨。16世纪以来世界白银产量变化如图1-3所示。

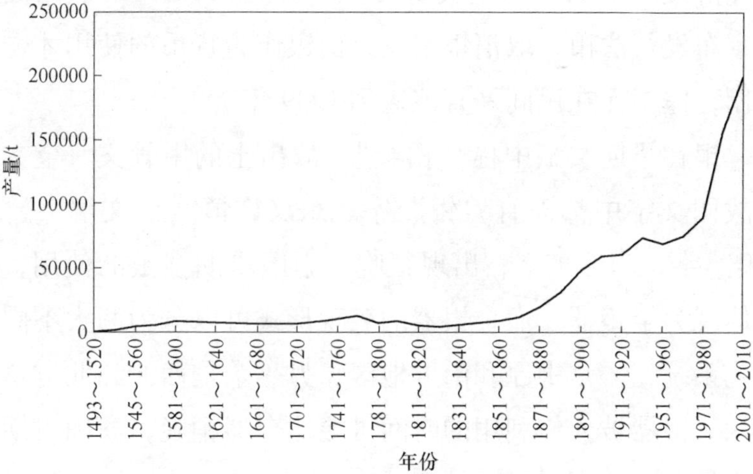

图1-3　16世纪以来世界白银产量变化

（资料来源：《银》、中国有色金属工业协会金银分会、中国有色金属工业信息中心（安泰科））

第二章 中国白银的发展历史

第一节 中国古代白银发展史

中国先民对白银的认识和利用有着悠久的历史，白银很早就被制作成工艺品和货币。中国古代把白银用作货币大量使用是在唐宋以后的事情。到了元代，银本位制得到进一步强化，政府把白银作为一种主要货币，银锭“元宝”出现。到明清，银本位制不断巩固加强，银币在明朝成为正式货币，元宝、碎银和银元成为清朝法定货币，白银在明清王朝的经济发展中的作用至关重要。一直到 1935 年中国国民政府宣布发行法币、取消银本位，白银作为货币的使用才受到限制，但银元在民间一直流通到 1949 年。

银在早期文献中称“白金”，故出土的甲骨文、金文乃至战国文字中都没有“银”字。东汉许慎《说文解字》中“银”字，为形声字，出现很晚。中国早期金银的使用，主要体现为金银器，而金银器的表现形式可以分为两大不同的文化系统，一是中原和南方地区，另一个是西北和北方草原地区。银器被人们利用的时间可能比金器稍晚，商周时期极为少见，到战国时期才较多地出现。

关于金银生产，战国时期金、银矿被大量发现，通过采矿、冶炼获得的金银原料越来越多。汉代的金银产地总体上与战国时期的情况相同，但略有扩大。与战国时期相比，汉代关于金、银的记载更侧重于矿藏的记录、开采方式、金银成色，也涉及了冶炼和器物制作。

古代金银冶炼及兴盛与西汉初期的方士们炼丹有关。古代白银历史中，需要重点关注的是明清两朝，在此期间白银大量生产和流入，白银逐步成为主要的货币。宋代《云麓漫钞》、明代《菽园杂记》等著作，都详细记述了银矿的开采和灰吹法炼银技术。

明代初期，由于禁止商人及金、银、铜、锡出海，国内使用铜钱，禁止私铸极严，对银矿并不重视。永乐晚年，锐意通四夷，奉使多用中贵宦官，出使西洋有郑和、景弘，西域有李达，是北有海童，西番有侯显。朝廷为了应付开支，开始重视开采银矿，先后遣官开采陕西、福建等地的矿产，设立葛容溪银场局、云南大理银冶。宣德以后，金银开采时停时续，民采、官采及所谓“奸民”私采，不断发生纠纷，政府军与“盗矿者”常发生武力战斗。各银场有朝廷派驻的官员督办税课。此后，采银潮开始，其高峰在嘉靖、万历年间。明代至嘉靖时，银两已成为全国流通货币，价值大的交易均用银计价，民间也普遍使用白银。嘉靖、万历年间，河南、云南、山东、四川等地开始开采银矿。直至明末，各地私矿徒结聚甚多，与农民起义军汇成历史大洪流。此外，明朝有大量的白银流入，有文献记载：一位葡萄牙商人曾在1621 年这样描述白银的流动：“它在全世界到处流荡，直至流到中国。它留在那里，好像到了它的天然中心”。16 世纪中期（明中后期）至鸦片战争前，中国确实是一个白银

"洼地"，它吸引着来自欧洲、美洲、南亚、日本等世界各地的白银。中国学者钱江认为16世纪到18世纪末，中国从世界获得的白银约为1.11万吨；西方学者巴雷特和阿特曼则认为，1800年以前的两个半世纪里，中国从欧洲、日本、南亚获得了约60万吨的白银，占世界白银产量的一半。虽然目前无法考证数字的准确性，但大量白银流入中国应该是一个不争的事实。

清代货币制度基本沿袭明代，使用铜钱和银两，短时期局部使用过户部官票和大清宝钞。一般大额交易使用银，小额及零星交易使用铜钱。因社会经济的发展，使用白银更为普遍，白银的地位显得更加重要。清代中期以后，市场上通行使用白银铸币，向外国购买机器铸造银元，与当时流行的西班牙、墨西哥银元及其他外国银洋，以及新铸的铜元并行流通。光绪十四年，张之洞督粤，用机器仿照外国的铸币样式铸造银币，李鸿章继任粤督，续成正式开铸名为"光绪元宝"（俗称龙洋）的银元，自此，中国开始自行铸造银元本位币。清代晚期通行的货币则以银元和银行兑换券为主，这是中西贸易、经济交往扩大的结果。白银另外一次大量流入中国发生在清朝中后期。有关文献显示，白银像洪水般再次涌入中国是在19世纪末至20世纪初，这一时期正是国际金本位制的形成时期，大量的白银在国际市场上被抛售，并流向了以银为货币的国家。世界金银比价也由19世纪50年代的15∶1左右，上升到了20世纪初的35∶1左右。据清末海关资料记载，1882～1911年，中国累计黄金净出口7714.6

万海关两，白银净进口4935.9万海关两。流出的黄金大多去了金本位制国家的金库，因此，这一时期世界上出现了白银东流、黄金西去的现象。

第二节 中国近现代白银发展史

中国将白银作为货币最早出现在战国，大量使用是在明清至民国前期，直到1935年中国国民政府发行法币，取消银本位，白银作为货币的使用才受到限制，但银元在民间一直流通到1949年。银元（先前为银锭）是中国历史上白银最主要的存在形式。

一、民国时期

北洋政府时期，国币流通日广，各种旧银元并没有完全退出市场流通，通商贸易也仍以银两为标准，银元要折合成银两计算。南京民国政府成立后，统一币制成为巩固政权的要务之一。1933年3月，民国政府财政部决定先在上海试行“废两改元”。根据规定，自3月10日起，上海各业的交易往来，一律改用银币计算。之后，财政部又颁布了相应的铸造条例，规定由中央造币厂统一铸造银本位币，银本位币定名为“元”，每枚重26.6971g，成色即含银量为88%，含铜量为12%，公差不超过3‰。“废两改元”确立了银本位制度，统一了全国货币；白银货币由计重改为计数，有利于发挥其价值尺度和流通手段的功能，削弱了钱庄和外国银行的势力，有利于国内银行的发展。

然而，银本位制的确立也有一定的不足。由于大量的白银被用作币材，原本白银产量不丰的中国更显出白银短缺，白银不得不依赖进口，因此，世界银市的波动直接影响到中国货币币值的稳定，影响到中国社会经济的各个方面。

1933年7月22日，由澳大利亚、加拿大、中国、美国、印度、墨西哥、秘鲁、西班牙八国参加的《国际白银协定》在伦敦货币经济会议上正式签订。协议的有效期为4年，即从1934年1月1日起至1937年12月31日止。签订《白银协议》的目的在于缓和国际银价的波动，规定各缔约国政府出售白银的限度。澳大利亚、加拿大、美国、墨西哥、秘鲁等5个产银国家同意在协定期间不再售限，并每年从市面收回992t白银。中国保证在协议期间不将熔毁货币所得的生银售出。

1934年6月19日，美国国会通过《白银购买法案》，规定总统有权将全国白银收归国有，财政部长可酌情随时收买国外白银，使银准备达到法定货币准备的1/4，并将国内存银的价格限于每盎司50美分。美国实行这一白银政策的目的，是为了刺激银本位国家，尤其是中国的购买力，以利于倾销美国过剩商品，转嫁危机。该法案出台后，美国政府便开始在世界市场大量收购白银，国际银价扶摇直上。国际银价飞涨，在中国的直接后果是中国国内白银的大量外流，引发“白银风潮”，并直接导致1934~1935年的金融危机。1934年，中国的白银出口量为以往最高纪录的5倍，而其中的5/6是白银法案通过后不到4个月的时间内运出的。中国国内银根奇紧，信用萎缩，物价跌落，工商业衰退，财政金融和国民经济遭到沉重打击。银本位制已难以继续维持。

为了制止白银继续巨量流出，国民政府决定提高白银出口税税率，并加征平衡税。1934年12月8日，财政部又公布《缉获私运白银出口奖励办法》，对缉获私运出口的银币或银类，除全部充公外，照偷运银数加倍处罚。1935年2月，国民政府应中华全国商会联合会、上海银行业同业公会、上海市商会、上海钱业同业公会等合词呈请，颁布《奖励白银输入办法》，规定以后凡由国外输入白银，应向海关登记，由海关开发凭证，将来复出口时，可执证换取原额白银的出口免税护照。

1935年11月3日，国民政府颁布《金融紧急处分令》，实施币制改革。其主要内容为：（1）统一货币发行。从11月4日起，以中央银行、中国银行、交通银行三行（1936年增加农行）发行的纸币为法币。（2）白银国有，禁止流通。各地银钱行号、商店及其他公私团体、机关或个人，持有银本位币或其他银币、生银等，应自11月4日起，交由发行准备管理委员会或其指定银行兑换法币。（3）实行汇兑本位制。确定法币对外汇率（1法币元=1先令便士，此汇价系根据1930~1934年5年平均数确定），由中央银行、中国银行、交通银行三行无限制买卖外汇。自此，银本位被废除，白银的货币角色淡出。

1935年11月15日，国民政府财政部公布《兑换法币办法》，规定除用作工业艺术原料、古稀币、银质文物及此前已制成或存有的银质器具和装饰品外，所有银币、厂条、生银、银锭、银块及其他银类者，应在3个月以内，就近交各地兑换机关换取法币。具体兑换机关包括中央银行、中国银行、交通银行三行及其分支行或代理处，三行委托的银行、钱庄、典当、邮政、铁路、轮船、电报各局及其他公共机关或公共团体，各处内地税收机关，各县政府等。银本位币、厂条按照面额兑换，其他银币、银类按其成色估定兑换。至1936年9月25日，中央银行、中国银行、交通银行、农行4行收兑的银币已达3亿元以上。

二、新中国成立以后

1949年新中国成立，国内百废待兴，为了稳定人民币，中国人民银行于1950年4月制定下发了《金银管理办法(草案)》，冻结民间金银买卖，由中国人民银行经营管理，实行统购统配政策，严厉打击银元投机倒把和走私活动。这一政策实施增加了国家储备，巩固了人民币的本币地位。新中国的白银工业，随着中国经济的不断发展和管理体制的变革，蓬勃发展，到20世纪90年代中期，国内白银已从过去供应不足，一跃成为世界最主要的白银生产国之一（见图1-4），每年还大量出口。中国的白银工业已经在全球具有重要的地位，白银消费也不断增加，成为全球白银最具发展潜力的新兴市场之一。

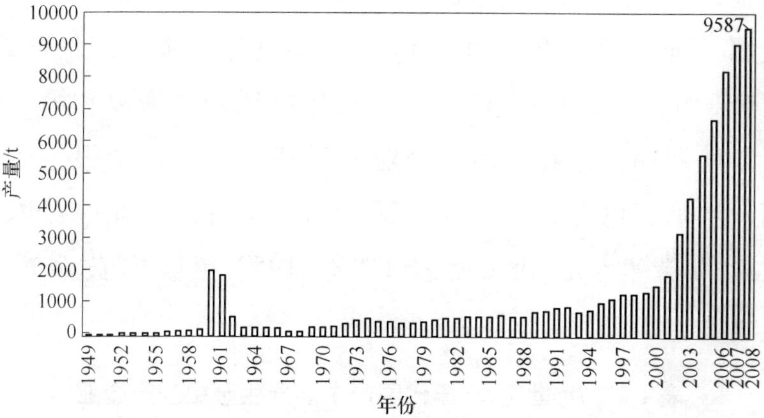

图 1-4　1949～2008 年中国白银年产量变化

（资料来源：中国有色金属工业协会《新中国有色金属工业 60 年》）

新中国白银工业的发展，大致可以分为三个阶段：

（1）供不应求阶段（1949～1982 年）。新中国是在满目疮痍的基础上成立的，政府金融储备有限，中央人民政府金银库存多数是在接管国民政府基础上建立的。基于金银储备有限，一方面，中国政府通过加强管理，保障国家金融稳定；另一方面，通过加强国内铅、锌、铜、锡、金企业的副产，充实政府储备。在此期间，国内白银基本上是供不应求，还需要从海外大量进口。此时白银供销采取统销统购，优先定点保证少数民族和国防等工业需求。

新中国的金银工业，始自于东北解放区。1948 年 11 月沈阳解放后，沈阳冶炼厂于 1949 年初恢复金银生产，产量逐年增加。到 1957 年，沈阳冶炼厂黄金产量约占全国的 1/3，白银产量几乎占全国的 100%，沈阳冶炼厂可以说是中国金银冶炼的先驱和重要基地。1949 年 12 月首届全国有色金属工业会议召开，确定了 1950 年有色金银生产任务是：黄金 3.5 万两，白银 35 万两。三年国民经济恢复和第一个五年计划期间，有色冶金企业先后建立了一批金银生产车间，从重有色金属（主要是铜和铅）冶炼副产品中提炼出大量的伴生金、银（见表 1-1）。1957 年国内黄金产量 5.541t，白银产量 122t。

表 1-1 20 世纪 50 年代国内主要伴生金银生产企业

序号	企业名称	所在地	建厂时间	金银车间投产复产时间	产品
1	沈阳冶炼厂（原奉天制炼所）	辽宁	1938 年 9 月	1949 年初	金、银
2	株洲冶炼厂	湖南	1956 年	1958 ~ 1959 年	金、银
3	上海冶炼厂	上海	1932 年	1958 ~ 1959 年	金、银
4	重庆冶炼厂	四川	1938 年	1958 ~ 1959 年	金、银
5	昆明冶炼厂	云南	1953 年	1958 ~ 1959 年	金、银
6	云南冶炼厂	云南	1958 年	—	银

注：资料来源于中国有色金属工业协会《有色金属工业 50 年资料汇编》。

在此阶段，金银工业在大跃进和经济调整时期曲折发展，1960 年国民经济“大跃进”开始，有色金银工业也喊过一些不切实际的口号，采取过一些不科学的措施，对金银生产造成了一些不良影响。1960 年，组织了著名的“白银大会战”。在前苏联全部撤走在华专家、撕毁合同后，为了提前偿还苏联的贷款，有色金属工业企业——上海冶炼厂、株洲冶炼厂、沈阳冶炼厂担负着重新冶炼白银（回收银元银器）的任务。周恩来总理亲自过问，设立专门指挥调度机构，广大职工昼夜奋战，提前完成了这项紧迫的任务。当年，全国白银产量达到创纪录的2048t，比1959年同期增长了11.38倍。1961年白银产量为1858t，到1962年下降为611t，1963年才恢复至正常水平237t。

（2）重视发展，供略大于求阶段（1983~1999年）。1983年国家对有色金属工业的管理加强，有色工业的管理从国家冶金工业部分离，中国有色金属工业总公司（1998年改为国家有色金属工业局，2001年成立中国有色金属工业协会）正式宣布成立，全国白银和伴生金的生产也归口有色总公司管理。为了加强白银、有色黄金工业的领导与管理，原中国有色金属工业总公司成立了金银工作领导小组，下设金银工作办公室，强化对全国有色金银生产建设的领导。在原有色总公司领导下，相继争取到了有色系统伴生金银发展的一系列优惠政策——金银开发基金、外汇分成、专项贷款、地勘基金以及免缴部分税种等，使中国的白银生产和建设取得了较大成绩。具体进展如下：利用白银地勘基金勘探了36个主要银矿床、利用金银专项资金建设了20多个以银为主的矿山、利用金银开发基金和专项贷款进行了417个新建和技改项目。生产建设满足了国内需求，到20世纪90年代初，中国白银基本不需要进口，国内白银生产也从过去完全依靠铅、锌、铜、锡、金等副产变成副产、原生银共存的局面。1994年8月1日，国家对白银经济政策进行了重大调整，取消了金银开发基金、白银地勘基金等优惠政策；为了保证有色系统金银工业健康持续发展，为使金银开发基金有偿使用，中国有色金属工业总公司于1994年10月正式成立了鑫达金银开发中心，将过去投放给企业的金银开发基金、白银地勘基金、金银外汇分成及有关债权，转由鑫达金银开发中心经营管理。鑫达金银开发中心以资金为纽带，相继为对国内主要银矿企业进行了公司制改造，涉及的企业有廉江银矿、万年银矿、湖北银矿、桐柏银矿、丰宁银矿、陕西银矿、丹银矿冶、凤银矿冶等，国内原生矿产银进一步发展。在此期间，随着有色铅、锌、铜产量的不断增加，副产在其中的白银也不断增产。此阶段白银的流通环节基本没有变化，仍然由中国人民银行“统购统配”，具体生产任务由中国有色金属工业总公司下达，相关事宜和行业政策由中国人民银行、原中国有色金属工业总公司、原国家经贸委、财政部等共同协商解决。从20世纪90年代初开始，中国不需要再进口白银。

为了适应中国改革开发的需要，为白银的生产企业、加工企业以及白银的使用部门全面系统地了解国内外银工业，特别是银的深加工工业的现状和发展趋势，中国有色金属工业总公司计划部曾经组织中国有色金属工业总公司技术经济研究院、北京有色金属研究总院、北京矿冶研究总院和昆明贵金属研究所等单位于1994年9月至1995年11月对中国白银深加工产品进行了依次全面调查，“中国白银深加工产品调查与研究”课题组调研报告《白银深加工产品调查》由科学出版社 1996 年出版，《白银深加工产品调查》对国内白银深加工知识普及及其行业发展有一定的促进作用，也为政府和相关机构制定行业规划提供了参考。

20 世纪 90 年代中国主要伴生金银生产企业见表 1-2。

表 1-2 20 世纪 90 年代中国主要伴生金银生产企业

序号	企业名称	所在地	主要产品	投产或成立时间
1	上海冶炼厂	上海市	Au，Ag，Pt，Pd	1949 年
2	沈阳冶炼厂	辽宁省沈阳市		1949 年 1 月
3	金川有色金属公司	甘肃省金昌市		1961 年 1 月
4	富春江冶炼厂	浙江省富阳市	Au，Ag，Pt，Pd	1958 年
5	云南冶炼厂	云南省昆明市	Au，Ag，Pt，Pd	1958 年
6	韶关冶炼厂	广东省韶关市		1975 年
7	个旧市鸡街冶炼厂	云南省个旧市		1958 年
8	昆明冶炼厂（云南新立有色金属有限公司）	云南省昆明市		1953 年 4 月 11 日
9	水口山矿务局	湖南省衡阳市常宁县		1951 年 1 月
10	江西贵溪冶炼厂	江西省贵溪市		1986 年 4 月 15 日
11	株洲冶炼厂	湖南省株洲市		1956 年 6 月 1 日
12	太原铜业公司	山西省太原市	Au，Ag，Pt，Pd	1958 年 6 月 18 日
13	白银有色金属公司	甘肃省白银市	Au，Ag	1960 年
14	铜陵有色金属公司	安徽省铜陵市		1951 年 9 月 28 日
15	芜湖冶炼厂	安徽省芜湖市		1959 年
16	常州冶炼厂	江苏省常州市		1958 年

续表 1-2

序号	企业名称	所在地	主要产品	投产或成立时间
17	山东烟台冶炼厂（烟台鹏晖铜业有限公司）	山东省烟台市		1976 年 1 月 1 日
18	武汉冶炼厂	湖北省武汉市		1958 年
19	广西南宁冶炼厂	广西壮族自治区南宁市		1965 年
20	江西有色冶炼加工厂	江西省弋阳市		1965 年
21	河南济源黄金冶炼厂（河南豫光金铅集团）	河南省济源市	Au，Ag	1957 年（1978 年、1997 年更名改制）
22	洛阳铜加工厂	河南省洛阳市		1964 年
23	天津电解铜厂	天津市		1951 年
24	重庆冶炼厂（已改组）	重庆市		1949 年

注：资料来源于中国有色金属工业协会《新中国有色金属工业 60 年》、《有色金属产品质量品种调查与研究》。

（3）快速发展，供远大于求阶段（2000 年至今）。2000 年 1 月 1 日，中国人民银行宣布取消白银的“统销统购”政策，白银市场放开。白银放开后，允许白银生产企业与用银单位产销直接见面，白银征收 17% 的增值税；取消对白银制品加工、批发、零售业务的许可证管理制度（银币除外），对白银生产经营活动按照一般商品的有关规定管理；国家对白银出口实行配额管理。白银放开促进了国内白银生产、流通、贸易、产品深加工的不断发展，中国白银工业进一步蓬勃发展。2003 年 8 月 16 日经原国家经贸委批准和国家民政部登记注册，全国性社会中介组织——中国有色金属工业协会金银分会宣布成立，全国白银企业终于有了自己的行业管理组织。中国有色金属工业协会金银分会是中国有色金属工业协会（以下简称“总会”）的分支机构，英文名称为 China Non-ferrous Metals Industry Association Gold & Silver Branch，英文缩写 CNIA-GS，是由全国从事白银及有色副产金生产、地质、科研院校、设计、应用、商贸及相关领域的企事业单位、咨询服务中介机构、相关组织自愿组成，成为经中华人民共和国民政部核准登记注册的社团分支机构。中国白银产量从以前的国有企业生产伴生副产、原生白银，变为国有、民营、外资企业副产、原生、再生并存的局面（见表 1-3）；生产加工用银量也连年扩大，供需市场得到不断培育，中国已经成为全球白银应用消费的一个新兴市场。白银产量也从 2000 年的 1569t 增加到 2011 年的 12348t。

表 1-3 白银市场开放后国内发展起来的民营骨干白银生产企业

（截至 2009 年）

企业名称	企业名称
湖南郴州金贵有色集团公司	宁夏天马冶化（集团）股份有限公司
湖南鑫达银业股份公司	河南安阳豫北金铅有限公司
湖南兴光冶炼有限公司	河南灵宝新凌铅业有限公司
湖南西河集团（西河铅业公司）	河南志成金铅股份有限公司
湖南永兴县中盛福利有限公司	河南济源金利冶炼有限责任公司
湖南永兴县富兴贵有限责任公司	河南华鑫铅业股份有限公司
湖南永兴县雄风有色金属有限责任公司	河南济源市万洋冶炼（集团）有限公司
湖南省鑫泰银业有限责任公司	河南安阳岷山有色金属公司

续表 1-3

企业名称	企业名称
湖南郴州永星有色金属公司	河南焦作东方金铅有限公司
湖南永兴元泰化学应用材料公司	浙江上虞市亚东金属冶炼有限公司
湖南省永兴富康贵金属有限公司	浙江宏达金属冶炼有限公司
郴州安仁县臻鑫有色金属有限责任公司	浙江五洲控股集团有限公司
湖南郴州安仁县辉阁福利贵金属有限公司	浙江仙峰贵金属有限公司
湖南郴州湘金有色金属有限公司	浙江上虞市长丰贵金属有限公司
湖南桂阳县银星有色冶炼有限公司	广东肇庆市大鸿明贵金属有限公司
湖南郴州市宇腾化工有限公司	广东明发贵金属有限公司
江西龙天勇有色金属公司	云南个旧市联兴贵金属有限责任公司
江西中都贵金属冶炼有限公司	浙江台州华明贵金属有限公司
江苏宿迁市泗洪县润森居贵金属厂	云南乘风有色金属股份有限公司

注：资料来源于中国有色金属工业协会《新中国有色金属工业 60 年》。

2001 年 1 月和 2002 年 10 月，国家先后放开了金银市场，金银工业高速发展，新的市场格局迅速形成。主要特点是：投资主体多元化，新建银矿增加（见表 1-4），资本市场活跃；白银和有色副产金产量大幅增加；白银消费稳步增长，产品结构开始优化；供需关系发生巨变，白银大量出口；品牌与产业基地建设初见成效；白银科技进步硕果累累（见表 1-5）等。

表 1-4　白银市场开放后国内兴建的主要银矿（截至 2009 年）

序号	矿山名称	所在省份	投产时间	产品产能
1	灵丘支家地银矿（大同晋银矿业有限责任公司）	山西	2004 年 1 月	银 45t，铅、锌各 1000t

续表 1-4

序号	矿山名称	所在省份	投产时间	产品产能
2	拜仁达坝银多金属矿（内蒙古银都矿业有限责任公司）	内蒙古	2007 年 3 月 6 日	银 98t，铅 1251t，锌 2013t
3	四川甘孜州白玉呷村银多金属矿（四川鑫源矿业有限公司）	四川	2006 年 8 月	精矿含银 100t
4	四川夏塞银业公司巴塘县夏塞银铅锌矿（西部矿业公司）	四川	2007 年	银 80t，铅、锌 2000t
5	河南洛宁月亮沟铅银矿（加拿大希尔威公司）	河南	2007 年	银 123t，铅 22509t，锌 7222t
6	内蒙古新巴尔虎右旗额仁陶勒盖银矿（内蒙古金山矿业有限公司）	内蒙古	2005 年 9 月	银 70～100t
7	广东富湾银矿（加拿大明科矿业集团）	广东	2010 年	精矿含银 200t 以上

注：资料来源于中国有色金属工业协会《新中国有色金属工业 60 年》。

2001～2009 年有色金银行业主要获奖项目见表 1-5。

表 1-5　2001～2009 年有色金银行业主要获奖项目

级别	项目名称	奖项等级	项目完成单位	年份
国家级奖项	四川省巴塘县夏塞银铅锌矿床普查评价	国家科技进步奖二等奖	四川省地质矿产勘查开发局一〇八地质队、四川省地质矿产勘查开发局化探队	2004 年
	含砷难处理金银精矿的催化氧化酸浸湿法冶金新工艺体系及工业开发	国家技术发明奖二等奖	山东省招远市金翅岭金矿	2005 年

续表 1-5

级别	项目名称	奖项等级	项目完成单位	年份
省部级奖项	中华人民共和国国家标准《银化学分析方法》	中国有色金属工业科学技术奖二等奖	大冶有色金属有限公司、中国有色金属工业标准计量质量研究所、江西铜业股份有限公司贵溪冶炼厂、内蒙古乾坤金银精炼股份有限公司、铜陵有色金属集团控股有限公司	2009 年
	贵冶火法系统新工艺的研究和应用	中国有色金属工业科学技术奖二等奖	河南豫光金铅集团有限责任公司	2009 年
	选择性分离贵锑中贵贱金属的技术及产业化	中国有色金属工业科学技术奖二等奖	中南大学、湖南辰州矿业股份有限公司	2009 年
	浮选药剂研制及在金、铜等硫化矿选矿中的应用	中国有色金属工业科学技术奖二等奖	沈阳有色金属研究院	2009 年
	高黏度微细粒氰化浸金渣选矿综合利用和产业化示范研究	中国有色金属工业科学技术奖一等奖	紫金矿业集团股份有限公司	2008 年
	照相用高纯硝酸银	中国有色金属工业科学技术奖三等奖	中科铜都粉体新材料股份有限公司	2008 年
	急倾薄脉金矿床深部高应力条件采矿综合技术研究	中国有色金属工业科学技术奖一等奖	北京矿冶研究总院、山东金洲矿业集团有限责任公司	2007 年
	提高铅锌硫化矿伴生银回收率的新技术研究及工业应用	中国有色金属工业科学技术奖一等奖	北京矿冶研究总院、南京银茂铅锌矿业有限公司	2007 年

续表 1-5

级别	项目名称	奖项等级	项目完成单位	年份
省部级奖项	铂银 25、钯钨 20 精密合金	中国有色金属工业科学技术奖一等奖	贵研铂业股份有限公司（昆明贵金属研究所）	2007 年
	西部高寒山区铜金矿产勘查评价技术方法与综合示范研究	中国有色金属工业科学技术奖一等奖	有色金属矿产地质调查中心、桂林矿产地质研究院、西部矿业有限责任公司	2006 年
	特大型斑岩铜矿稀贵元素的高效回收技术	中国有色金属工业科学技术奖一等奖	江西铜业集团公司、北京矿冶研究总院	2006 年
	贵金属二次资源中贵金属分析方法研究	中国有色金属工业科学技术奖三等奖	广州有色金属研究院	2005 年
	改进银电解工艺综合研究	中国有色金属工业科学技术奖二等奖	云南铜业股份公司	2004 年
	军用贵金属及其合金材料规范	中国有色金属工业科学技术奖二等奖	贵研铂业股份公司	2004 年
	国家标准 GB/4135—2002《银》	中国有色金属工业科学技术奖三等奖	中国有色金属工业标准计量质量研究所、内蒙古乾坤金银精炼股份有限公司、河南豫光金铅集团有限公司	2003 年
	国家有色行业标准《银精矿》及《银精矿化学分析方法》	中国有色金属工业科学技术奖三等奖	大冶有色公司、白银有色公司、株冶集团、江铜公司、沈阳兴冶工贸公司	2002 年
	超细银粉和光亮片状银粉制备工艺中试研究	中国有色金属工业科学技术奖三等奖	西北有色金属研究院	2001 年

注：资料来源于中国有色金属工业协会《新中国有色金属工业 60 年》。

金银工业发展的实践充分证明，国家的重视与扶持是发展金银工业的前提条件；适时制定和调整方针政策是金银工业健康发展的根本保证；不断深化改革是全国金银工业又好又快发展的必由之路；充分发挥行业协会服务政府、行业和企业的桥梁纽带作用，是适应市场经济要求的重大举措。

第二篇

白银的性质、用途及其货币职能

第一章　白银的物理化学性质

银位于元素周期表第五周期（第二长周期）I_B 族，原子序数47，相对原子质量107.8682，其元素符号为Ag。

银（Ag）是白色、有光泽的金属；熔点为960.8℃，沸点为2210℃，密度为10.50g/cm³（20℃），熔化热为11.40kJ/mol，汽化热为251.20kJ/mol。银质软，莫氏硬度为3.25，有良好的柔韧性和延展性，延展性仅次于金，能压成薄片，拉成细丝；1g银可拉成1800m长的细丝，可轧成厚度为10nm的银箔。白银也是所有金属中导电性和导热性最好的金属，20℃时电阻率为1.63μΩ·cm；热导率（0～100℃）为425W/(m·K)；银对光的反射性也很好，反射率可达到91%。银的主要物理性质见表2-1。

表2-1　银的主要物理性质

类　别	数　值
密度(20℃)/g·cm^{-3}	10.5
熔点/℃	960.8

续表 2-1

类　别	数　值
沸点/℃	2210
平均比热容(0～100℃)/$J\cdot(kg\cdot K)^{-1}$	234
熔化热/$kJ\cdot mol^{-1}$	11.43
汽化热/$kJ\cdot mol^{-1}$	251.2
热导率(0～100℃)/$W\cdot(m\cdot K)^{-1}$	425
电阻率(20℃)/$\mu\Omega\cdot cm$	1.63

银的化学性质不活泼，在常温下不与氧发生反应，属于较稳定的元素。长久暴露在空气中，则和空气中的硫化氢化合，形成黑色的硫化银，表面变成黑色。常温下，卤素能与银缓慢地化合，生成卤化银。通常情况下银不与稀盐酸、稀硫酸和碱发生反应，但能与氧化性较强的酸（浓硝酸和浓盐酸）作用；银易溶于硝酸和热的浓硫酸中，微溶于热的稀硫酸，不溶于冷的稀硫酸。银粉易溶于含氧的氰化物溶液和含氧的酸性硫脲液中。

银具有很好的耐碱性能。银在化合物中以一价形态存在，可与多种物质形成化合物。银熔炼时会氧化并具有一定的挥发性，但当有贱金属存在时，氧化银会很快被还原。在正常的熔炼温度（1100～1300℃）下银的挥发损失小于1%；但当氧化强烈，熔融银液面上无覆盖剂及炉料含有较多的铅、锌、砷、锑等易挥发金属时，银的挥发损失会增大。银不会对人的身体产生毒性，但长期接触银金属和无毒银化合物会导致银质沉着症。

总之银具有的特性主要体现在以下几个方面：（1）良好的柔韧性和延展性。延展性仅次于金，能压成薄片，拉成细丝。（2）导电性和导热性最好的金属。白银的电导率为 0.63×10^6S/cm，导热系数为 4.25W/(m·K)，是最高的金属品种。（3）高的光反射率。银的光反射率为 91%，而铂为 67%、钯为 57%。高反射率使得银色泽明亮，广泛应用于首饰和装饰品。（4）化学性质不活泼。

银的基本性质见表 2-2。

表 2-2　银的基本性质

性　质	数据	性　质		数据
价电子	5s	标准氧化势/V	$Ag-e\rightarrow Ag^{+}$	0.799
化合价	1，2，3		$Ag^{+}-e\rightarrow Ag^{2+}$	1.393
熵(298K) /J·(mol·K)$^{-1}$	42.55		$Ag-2e\rightarrow Ag^{2+}$	1.987
电负性(Pauling)	1.9	第一电离能/kJ·mol^{-1}		731
Ag^{+}离子半径/nm	0.126	第二电离能/kJ·mol^{-1}		2074
Ag^{2+}离子半径/nm	0.097	第三电离能/kJ·mol^{-1}		3361
电子亲和能/kJ·mol^{-1}	125.7	第四电离能/kJ·mol^{-1}		5020

第二章　白银的用途

白银历史上主要用作货币和银器首饰装饰等，银币虽然曾经作为银本位制国家的法定货币，盛行一时，但随着货币制度改革、信用货币的产生，银币逐渐退出了流通领域。目前铸造的银币主要是投资银币和纪念银币；另外白银其他投资实物如投资银条消费白银也在不断增加。在白银非货币化之后，基于白银具有最好的导电导热性能、良好的柔韧性、延展性和反射性等，白银的工业应用和装饰美化生活的功能不断发挥，主要应用于电子电气工业、摄影业、太阳能、医学等领域以及首饰、银器和银币的制作。除了珠宝首饰、银币银条外，目前白银的主要应用领域有：感光材料、装饰材料、接触材料、复合材料、银合金焊料、银浆、能源工业用银、银在催化剂中的应用、银在医药中的应用、银系列抗菌材料等。特别需要指出的是，白银在所有金属中具有最好的导电导热性能，因此在很多电气工业应用如导体、开关、触点、保险丝等中不可或缺。白银在电子工业中主要应用于厚膜浆料制造，特别是用于银钯丝网印刷电路、多层陶瓷电容器、薄膜开关、汽车挡风玻璃加热银薄膜和导电胶等。

第一节 感光材料

摄影成像主要是利用了卤化银对光线的敏感性。卤化银的制备是将可溶性银盐如硝酸盐，与碱金属卤化物如卤化钠或者溴化钾混合而成。

卤化银感光材料是以卤化银包括氯化银、溴化银和碘化银为光敏物质，将它们的微晶分散于明胶介质中形成感光乳剂，并将其涂布在支持体（胶片或纸基）上而成。卤化银感光材料曾经是用银量最大的领域之一。目前生产量和销售量最大的几种感光材料是摄影胶卷（见图 2-1）、相纸、医用 X 光胶片、工业用 X 光胶片、缩微胶片、荧光信息记录片、电子显微镜照相软片和印刷类胶片。20 世纪 90 年代，世界照相业用银量大约在 6000～6500t，医用 X 光胶片（包括 CT 片）比工业用 X 光胶片的产量大 10 倍，缩微胶片的用量也大增。此后由于电子成像、数字化成像、无接触印刷等技术的发展，使传统的卤化银成像技术受到冲击和挑战，目前感光材料用银逐年减少。

图 2-1　白银在感光材料中的应用（胶卷）

第二节　生活装饰与硬币材料

银具有诱人的白色光泽，对可见光的反射率为 91%，深受人们特别是妇女的青睐，因此有“女人的金属”的美称。银因其美丽的颜色、较高的化学稳定性和收藏观赏价值，广泛用作首饰、装饰品、银器、餐具、敬贺礼品、奖章和纪念币。最常用的银基装饰合金有 Ag-Cu 合金、Ag-Pd 合金以及通过添加少量其他金属元素的硬化银合金。Ag-Cu 合金中 Cu 的质量分数为 7.5% ~20%。在英国，925 合金又称斯特林银（Sterling silver），含 Cu 为 7.5%，一直是唯一的货币合金，也是饰品合金。Ag-10% Cu 合金（900 合金）称为货币银，饰品一般用 800 或 800 以上的合金，Ag-7.5% ~20% Cu 的合金也可作餐具。银首饰（见图 2-2 和图 2-3）在发展中国家仍有广阔市场，银餐具（见图 2-4）备受家庭欢迎。自从金和银从货币地位退出以后，法定铸币也退出了历史舞台，但作为纪念币仍很盛行，纪念币是发行国为纪念本国和世界重大事件、历史人物、名胜古迹、珍稀动植物等内容而发行的一种法定硬币（见图 2-5 和图 2-6）。

图 2-2 白银首饰

图 2-3 白银应用于中国少数民族装饰

图 2-4 白银银器

图 2-5 中国熊猫银币

图 2-6 2008 年北京奥运会银币

第三节 电接触材料

电器工业中用银量最大的一项就是电接触材料。目前，全世界银和银基电接触材料年产量为数千吨。世界各国接触材料的牌号已有数百种以上，应有尽有。一方面是由于现代工业对接触材料的要求日益增加的结果，另一方面也和各国自己的资源情况不同有关。一些牌号经过改进，添加某些新的元素，实际上也成了另一种牌号的合金。在银和银基电接触材料中，牌号尽管很多，但归纳起来，可以分为：纯银、银合金、银氧化物、烧结合金等。目前生产和用量最大的电接触材料有 Ag、AgAu、AgPd、AgPt、AgMg、AgSn、AgCa、AgMn、AgCu、AgCe、AgCd、AgC、AgW、AgFe、AgNi 等及各自的多元合金和 Ag-MeO 等系列产品。

在电器工业应用中，银基触头白银消费所占比重最大，触头主要是连接两个导体起到分离和通电导电的作用。由于银具有优异的电传导性能，对于碱金属氰化物如氰化钾或者氰化钠，用银阳极电镀，成本很低。白银作为涂覆材料同时也广泛应用于光数据储存介质如光盘（DVDs 等）的生产；由银浆生产而成的银墨水广泛应用于丝网印刷，如太阳能电池栅线、半导体固态照明、传感器、无线射频识别标签、等离子电视等，如图 2-7 和图 2-8 所示。

图 2-7　白银应用于太阳能电池组件

第四节　复 合 材 料

银的复合材料是通过复合工艺组合而成的新型材料。它既能保留银和基材的主要特色又能通过复合效应获得原组分

图 2-8 白银应用于电子元器件

所不具备的性能，互相补充，彼此兼顾。把银用在关键部位，是一项重要的节银技术，银复合材料已成为近代先进材料的一大类。工业上应用的含银复合材料主要有两类：

（1）银和银合金与其他金属合金的复合材料；

（2）以银为基的金属基复合材料（如 $Ag\text{-}Me_yO_x$、Ag-C 纤维、不互溶元素的烧结复合）。

从节银技术来看，银复合材料是一类大有发展前途的新材料。

第五节 银合金焊料

在银的工业合金中，银基钎焊合金是一个大门类，被广泛用于各种钢、不锈钢、有色金属等的焊接；特殊配料组分的银基钎料还可用于焊接钨、碳化物、金刚石、陶瓷、碳和玻璃等。以特殊的银钎焊合金使陶瓷焊接很容易可以实现，无需事先将材料金属化。

作为焊接材料（温度超过 600℃ 称为钎焊，温度低于 600℃称为锡焊），白银由于其在高温时较好的流动性和常温时强度较高因此更容易被焊接。在电机电气工程和汽车工业中，银钎焊合金被广泛应用于空调制冷装置，以传导能量（见图 2-9）。

图 2-9　白银应用于电工合金

第六节　银　　浆

随着电子工业的高速发展，银浆是制造与开发电子元器件、厚膜混合电路和触摸元件的基础材料（见图 2-10）。20 世纪 80 年代以来，由于表面组装技术（SMT）的兴起，多层厚膜技术已发展成为混合微电子技术的主流，触摸元件脱颖而出，使银浆成为电子浆料中一类品种繁多、量大面广的产品，目前世界浆料的需求量在4000t以上。中国浆料研制从20世纪60年代开始，当时主要研发一些国外禁止出口的军工用浆料，80年代后期，从国外引进了许多条生产线，给浆料生产立足于国内带来了挑战性的机遇。

图2-10 白银应用于物联网电子标签

第七节 能源工业

银在能源工业中的应用主要包括银-锌电池、燃料电池、快离子导体、太阳能的利用和核能等。如AgInCd合金是重要的核电中子控制棒材料（见图2-11）。Pd-Ag、Pd-Ag-Au-Ni多元氢气净化材料可用于热扩散型氢氧净化装置和核聚变反应堆中H_2同位素纯化和分离；如肼-空气燃料电池用的银催化阴极是用硝酸溶液浸渍活性炭再经加工制成银/活性炭+聚四氟乙烯催化电极。在固定氧化物燃料电池中，Ag-($La_{0.7}Sr_{0.3}$) CoO_3 和 Ag-($La_{0.7}Sr_{0.3}$) MnO_3 金属陶瓷薄膜是SOFC的可供选用空气电极材料。

图2-11 白银应用于核电控制棒

对于电池而言，不管是可充电电池还是不可充电电池，都用到银合金（而银锌合金应用增长迅速）作为阴极，该领域白银需求增长迅速。尽管价格略显昂贵，但银电池较其他电池在功率与质量等方面特性优越。最通常的电池就是小型纽扣电池——银氧化物电池（银占总质量的35%），它主要应用于手表、相机和其他电气器材，而来自笔记本电脑（见图2-12）和企业工业领域的需求增长则是更为迅速。由于白银具有独一无二的光学性能，光的反射率为91%，因此白银也被广泛应用于制镜工业和玻璃镀层。

图 2-12 白银应用于笔记本电脑电池

第八节 催 化 剂

催化技术是化学工业发展的基础性关键技术之一。发达国家国民经济总产值的 20% ~30% 直接来自催化。银在催化剂中有许多特别的应用。如 Ag/Al_2O_3 用于氧化乙烯制环氧乙烷或乙二醇。银催化剂把乙烯转化成氧化乙烯制造聚酯纤维用于制造冬天保温的毛衣、围巾、外套、披肩和其他流行的衣料。

第九节 银在医药中的应用

银在医药中的应用分为银在医学上的应用和银在药物中的应用。生物医学材料不同于药物，它的主要治疗目的不是通过在体内的化学反应或新陈代谢来实现的，但必须满足生物学性能要求，即生物相容性。银在医学上的应用比金多，主要应用有：外科用银、牙科材料、银在诊断和分析方面的应用、卤化银光纤 CO_2 激光手术刀和医用成像 X 光胶片、CT 片、核磁共振成像片等。

第十节　抗菌材料

银系列抗菌材料是一类无机抗菌材料。无机载银抗菌材料具有持续性、持久性、广谱性、耐热性好、安全性高、不易产生耐药性等特点。银系列抗菌材料主要有载银羟基磷灰石、磷酸锆钠银、载银沸石、硅硼酸钠银、二氧化钛二氧化硅银铜等。载银抗菌材料应用范围很广，可开发出许多的实用制品（见图2-13）。采用基本组分为磷酸锆钠银的抗菌材料，其应用范围包括抗菌PE、PP、ABS等膜制品，冰箱内衬、洗衣机内衬、抗菌防霉包装材料、抗菌陶瓷、浴盆、洗面器、便器、瓷砖、涂料、瓷牙、抗菌珐琅制品、容器、餐具、食品容器等。多种金属离子都具有抗菌作用，其作用大小依次顺序为：Ag > Hg > Cu > Cd > Cr > Ni > Pb > Co > Zn > Fe，银离子抗菌能力最强。

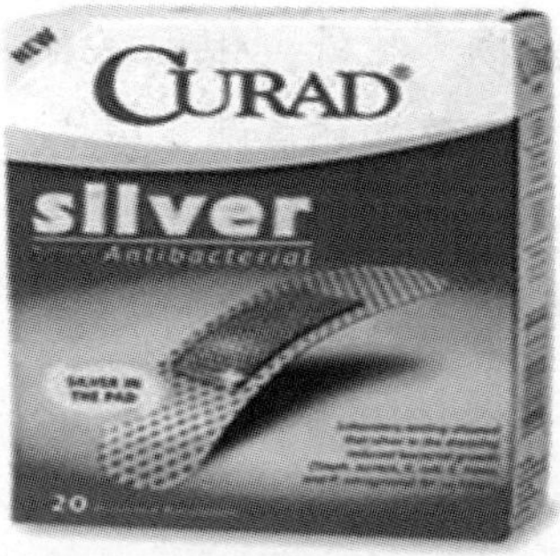

图2-13　白银应用于医药抗菌产品

白银作为杀菌剂和除海藻药物应用逐年剧增，其主要用于水净化系统、表面处理和消毒剂。由于白银结构呈现网格状并以晶格形式存在，因此白银也作为众多化学反应的催化剂。例如，白银用作甲醛生产的催化剂以生产塑料，而更广泛的用途是作为催化剂应用于石化工业环氧乙烷的生产。

总之,白银的多功能性使得它在大多数行业中的应用不可替代，特别是需要高可靠性、高精度和安全性的高技术行业。白银具有良好的导电性和导热性，在电子行业中得到了广泛的应用，尤其在导体、开关、触点和保险丝上。白银还可用于厚膜浆料，网孔状和结晶状的白银可以作为化学反应的催化剂。银的化合物卤化银，用于生产感光胶片。硝酸银用于镀银，可制作银镜。碘化银用于人工降雨。

白银首饰和银器具有良好的反射率，磨光后可以达到很高的光亮度。除了装饰、美化的作用外，中国古代人还使用银器来检验毒物。银接触某些毒物会发生化学反应，生成一种化合物，这种化合物颜色与银的银白色有所区别，由此判断是否含有毒物。此外，银离子和含银化合物可以杀死或者抑制细菌、病毒、藻类和真菌，反应类似汞和铅，但原理仍未解开。因为白银具有对抗疾病的效果，所以又被称为亲生物金属。

根据世界白银协会统计资料，目前白银的消费（此处统计未包括白银 ETF 投资需求）主要来自：工业应用消费、感光材料、珠宝首饰银器和铸币印章。摄影业因数码技术的推广，对白银的消费呈现结构性下降；但其他工业应用和首饰业中的消费在经济增长的带动下增长；因此工业应用、珠宝首饰银器和感光材料是白银的传统三大消费领域；白银实物投资是白银的另外一个消费热点。

第三章 白银货币

第一节 白银货币的历史

白银在很长一段历史时期同黄金一样充当货币。马克思在《资本论》里写道：“货币天然不是金银，金银天然是货币。”国际货币史上，除了出现金本位外，还出现过银本位。银本位制先是过渡到金银复本位制，近代各国金银货币体制变革不断：1816 年英国采用金本位制；1871 年德国采用金本位制；1873 年美国等国家采用金本位制；1897 年日本、俄国采用金本位制；1899 年印度采用金汇兑本位制；1910 年加拿大采用金本位制；1925 年印度采用金本位制；1933 年美国放弃金本位制，实行新的白银政策，开始大量收购白银，中国国民政府实行“废两改元”政策；1934 年美国公布《白银法案》，提高白银收购价格；1935 年中国国民政府实施法币改革，规定白银国有。在此期间，发生的两次工业革命、第一次世界大战、全世界范围内蔓延的经济危机、各国频繁而普遍的货币制度改革以及新的金银矿开采，都直接间接影响了国内外金银比价和相对购买力的变化。近代世界各国金银货币体制改革及其对金银供需、实体经济外部冲击见表 2-3。

表 2-3　近代世界各国金银货币体制改革及其对金银供需、实体经济外部冲击

年　份	历 史 事 件
1816	英国采用金本位制
1840	英国完成工业革命，成为世界上第一个工业国家
1849	英国西部和澳洲发现大量金矿，金产量自此大为增加
1854	葡萄牙采用金本位制
1871	德国采用金本位制；以电力的应用、内燃机和新交通工具的创制、新通信手段的发明为标志的第二次工业革命拉开帷幕
1873	美国、丹麦、瑞典、挪威采用金本位制，比利时停止铸造五法郎银币，法国限制五法郎银币的自由铸造

续表 2-3

年　份	历 史 事 件
1874	拉丁同盟国限制银币的铸造
1875	意大利中止银币的自由铸造，荷属殖民地中止银币铸造，荷兰采用两本位制，并中止银币的铸造
1876	芬兰采用金本位制，法国中止五法郎银币的铸造
1880	海地采用金本位制
1881	阿根廷采用金本位制
1885	埃及采用金本位制
1890	美国政府开始实施“休门条例”
1893	印度银币及法国贸易银币中止自由铸造，美国弃止用以维持银价的“休门条例”
1897	日本、俄国采用金本位制
1899	印度采用金汇兑本位制
1900	厄瓜多尔采用金本位制；中国开始铸用铜元，作为银元的辅币，停铸制钱
1903	菲律宾采用金汇兑本位制
1905	玻利维亚采用金本位制，墨西哥采用金汇兑本位制
1906	海峡殖民地采用金本位制
1907	哥伦比亚采用金本位制
1908	泰国采用金本位制
1910	加拿大采用金本位制
1914	第一次世界大战爆发；中国北洋政府颁布《国币条例》，确立银币本位制度
1918	第一次世界大战结束
1925	印度采用金本位制
1929	资本主义世界经济大萧条爆发
1930	安南采用金本位制

续表 2-3

年　份	历史事件
1933	美国放弃金本位制度，实行新的白银政策，开始大量收购白银；中国国民党政府实行废两改元政策
1934	美国公布《白银法案》，提高白银收购价格，规定美国的金银储备中的1/4为白银储备
1935	中国国民党政府法币改革：规定白银国有，法币的发行权集中于中央、中国、交通和农民四大银行，法币和英镑实行固定汇率，同时四行负有无限制买卖外汇以稳定法币币值的责任

注：资料来源于南开大学经济学院王玉茹、燕红忠。

中国历史上白银作为货币历史悠久，在中国古代，金是指一切金属的统称，人们还按照金属颜色的不同，把金属分为“五金”，包括：黑铁、青铅、赤铜、白银、黄金。俗话说，物以稀为贵，因为金银的稀缺，有了贵金属的高贵地位。可以说，金的开采之后，才有了银的开采及冶炼，在中国战国时期的史册里，就有了对银的记录。由于战国时期不是以白银作为主要货币进行流通，白银更多是起到仪仗、装饰、宝藏等的作用。秦朝时期，秦始皇规定，不能把白银作为货币进行流通，而只能起装饰、宝藏的作用。元狩四年(119年)，张汤向汉武帝进谏铸造白金币，汉武帝采纳了张汤的建议。白金币由银锡合金铸造而成，在历史上被称为“白金三品”。当时，因为白金币币值太高，出现了许多盗铸者，由于假币与真币真假难辨，致使白金币的使用受到很大影响，即便在遭受贬值的情况下仍不受大家欢迎，政府虽然一再维持，但收效甚微，于是，白金币铸造发行一年后就被废除。两汉时期，随着中西方的贸易往来，中国有了丝绸之路，与此同时，阿拉伯人也开创出了华南沿海的贸易路线，于是，亚洲中部地区和西方的金银币流传到了中国。隋唐和南北朝时期，在外来金银币的启示下，中国一些达官贵族也开始铸造金银币，作为进贡及赏赐的礼品。宋代和元代，生产力有了很大的发展，白银货币开始被广泛使用，政府的主要收入和开支都是使用白银。宋朝时期白银不是正式货币，不过由于经济的发展、军事的需要及北方民族战争的失利，白银在一定程度上担负了货币职能，因此宋朝政府对白银有较大的需求。宋代银铤如图 2-14 所示。

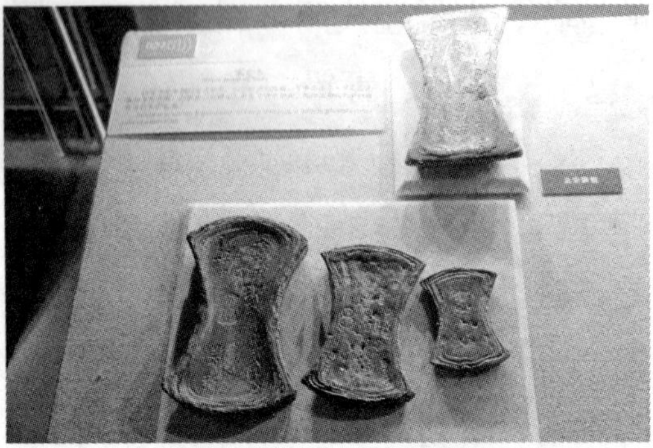

图 2-14　宋代银铤

（资料来源于中国钱币博物馆）

中国历史上白银的货币化，即它从贵重商品走向货币、从非正规的交换手段到成为合法的通货，是在明代完成的。明初白银并不是国家的合法货币，它经历了从非法到合法，并普及于全社会的货币化过程。首先出现在民间社会，随后得到了明朝事实上的认可，遂向全国展开。这是一个自下而上转变为自上而下的发展过程，并非是朝廷法令推行的结果。白银的货币化，一方面，促成了一系列改革的发生和发展，引发了明朝初年制定的各项制度的崩坏与演变；另一方面，正如马克思所说“货币不是东西，是一种社会关系”。随着贵金属白银成为社会上流通的主币，白银货币体系将社会各阶层无一例外地全部包容了进去，白银货币的极大发展，推动了人们的社会关系从对人的依附关系向对物的依赖关系转变，中国传统社会从自然经济向货币经济的转变，小农经济向市场经济转变，晚明社会出现了重要的变迁迹象。事实上，白银这一重要社会现象，是当今研究晚明社会变迁的一把钥匙。明代白银货币化过程是中国社会经济货币化的过程，是市场萌发的过程，启动了晚明社会变迁，成为中国古代社会向近代社会转型的重要标志。

银币成为明朝正式货币，而银元宝、银元和碎银成为清朝法定货币（见图 2-15）；历史上西方白银的大量流入，使

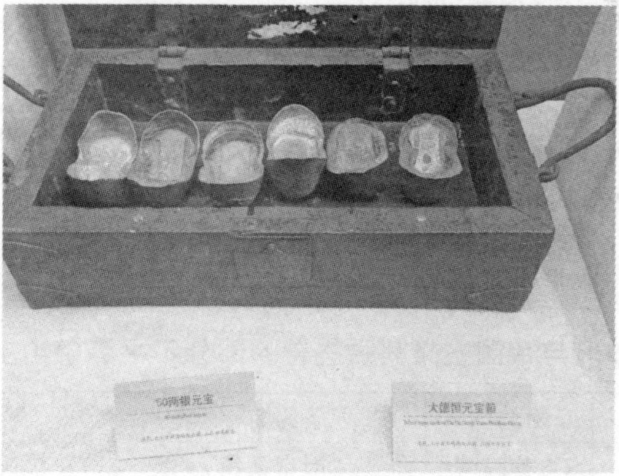

图 2－15　清朝 50 两银元宝

（资料来源于晋商博物馆）

19世纪的中国能够完成从铜钱到白银，再到银元的通货转化；通货的转化对国内商品的流通，大规模市场网络的形成具有极大的意义；另外白银流入中国也是16～19世纪中国对外贸易发展的动力；银元成为中国通货，造成了中国对银元的大量需求，也使中国商品具有国际性，使中国成为世界市场的组成部分。

白银作为一种金属货币，在明朝中后期曾被大量使用，在清朝前期成为中国最主要的通货，并在民国政府前期成为中国的本位货币，中国是当时国际白银市场的边际购买者。鸦片战争后，随着一系列不平等条约的签订及中国自身国力的衰退，中国白银开始不断大量外流。根据国家博物馆资料显示，清政府与帝国主义列强签署众多不平等条约赔款约12.3亿两白银和2140万银元（见表2-4）；在此背景下，中国也逐渐地从国际白银市场的边际购买国变为被动求购国。说明：根据中国钱币博物馆资料，清代白银与制钱的比价随时随地各有不同，白银的衡制（平码）与成色各地也不相同，地区间发生交易时，必须经过极其复杂的换算，而清代税务全国库平换算为：白银一两折合37.301g，其他关税、漕粮折银、民间交易等折合数值也各不相同（见图2-16）。

表2-4　清政府与帝国主义列强签署的部分不平等条约主要赔款简表

签约时间	缔约国	条约名称	赔款数额
1842年8月	英国	《南京条约》	2100万银元
1858年11月	美国	《赔偿美商民损失专约》	50万两白银
1860年10月	英国	《北京条约》	800万两白银
1860年10月	法国	《北京条约》	800万两白银

续表 2-4

签约时间	缔约国	条约名称	赔款数额
1881 年 2 月	俄国	《改订条约》	900 万卢布 （约折银 500 万两）
1895 年 4 月	日本	《马关条约》	赔偿军费白银 2 亿两
1895 年 11 月	日本	《辽南条约》	3000 万两白银
1901 年 9 月	英、美、俄、日、法、德、意、奥、荷、比、西	《辛丑条约》	4.5 亿两白银， 分 39 年还清，本息合计白银 9.8 亿两
1906 年 4 月	英国	《续订藏印条约》 附《拉萨条约》	750 万卢比银， 后减为 250 万卢比银 （折银 120 余万两）
1905 年 11 月	德国	《胶（州）高（密）撤兵善后条款》	40 万银元
总 计	约 12.3 亿两白银和 2140 万银元		

注：资料来源于国家博物馆。

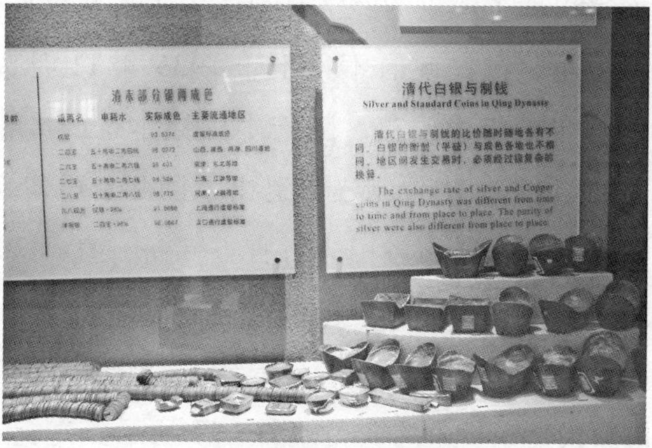

图 2-16 清代白银银两成色与制钱

（资料来源于中国钱币博物馆）

前清和中华民国国民政府在1910~1935年实施过银本位制；宣统二年（1910年）清政府颁行《币制则例》，正式采用银本位，以“元”为货币单位即大清银币。辛亥革命前夕，随着西方资本主义商品不断涌入中国商品市场，外国银元也大量流入中国货币市场。到1910年，在中国市场流通的外国银元已达11亿元左右，其中墨西哥鹰洋大约有4亿元，占1/3左右。此后1913年国民政府公布《国币条例》，1933年3月颁布《银本位币铸造条例》，同年4月国民政府实行“废两改元”，发行全国统一的银币——“孙中山头像”银元。20世纪30年代前期，由于世界经济危机爆发以及国际银价的持续上升，中国的白银货币大量外流，这不仅造成中国银根紧缩、工商业萧条，而且引发了严重的经济衰退。为了挽救民族经济，解决金融困境，国民政府不得不于1935年11月废除银本位制度，实行货币改革。随着中国银本位的废止，20世纪30年代以后银本位制逐步退出了国际货币体系。不过白银长期以来还是由各国央行官方储备，直到20世纪80年代国际货币基金组织（IMF）才宣布白银退出各国官方储备。

中国历代金银货币的演变如图2-17所示。关于白银货币职能演变的更多内容，可以参考阅读《有色金属系列丛书》中《中国黄金》第二篇相关内容。

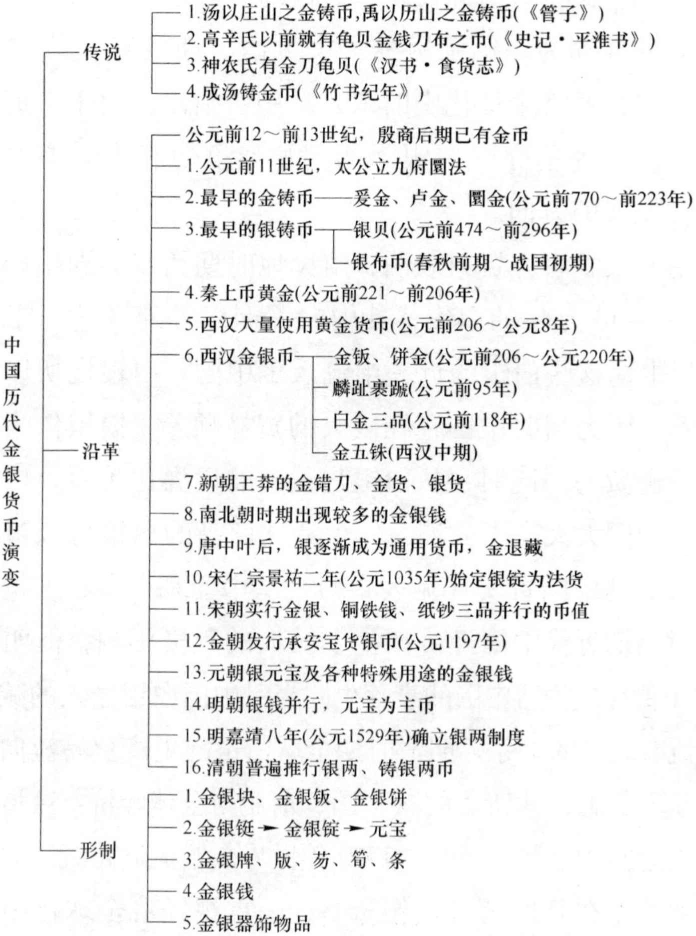

图 2-17　中国历代金银货币的演变

（资料来源：《黄金价值论》，王强著）

第二节　中国明清白银流通与鸦片战争

白银在中国明清经济社会发展中曾经起到的重要作用十

分独特。有关学者研究发现，白银的流入是明末清初中国经济繁荣的推动力；德国历史学家贡德·弗兰克在《白银资本——重视经济全球化中的东方》中曾指出，由于中英贸易逆差巨大，为争夺“白银”的鸦片战争彻底改变了中国经济社会发展的方向。

南开大学研究资料表明，殖民地时期西属美洲生产了大约10万~13万吨的白银，其中向美洲以外地区输出了大约80%以上，这些白银的近一半流入了中国。白银之所以流入中国，是因为当时中国存在巨大的贸易顺差，白银作为货币可以平衡贸易，同时，从白银与黄金的世界比价看，白银的价格在中国大大高于欧洲，作为特殊商品的白银可以被从欧洲贱买而到中国贵卖（见表2-5），从中套利。白银大量流入中国对早期近代中国经济产生了巨大的积极影响，但明朝的灭亡和鸦片战争后中国的衰落也同当时中国白银输入的减少甚至外流有直接的关系。明清时期全球白银的生产贸易流向可以参考斌下武志在其所著的《中国、东亚与全球经济：区域和历史的视角》中绘制的1650~1750年世界白银流通路线图以及贡德·弗兰克在其所著《白银资本——重视经济全球化中的东方》中绘制的16~18世纪世界白银的生产、出口和流向图。

表2-5 1601~1780年西欧黄金与白银流出情况（以银当量计算）

（t）

时 间	到波罗的海岸	到地中海岸	从荷兰到亚洲	从英国到亚洲	合计
1601~1650年	2475	2500	425	250	5650
1651~1700年	2800	2500	775	1050	7125
1701~1750年	2800	2500	2200	2450	9950

续表 2-5

时　间	到波罗的海岸	到地中海岸	从荷兰到亚洲	从英国到亚洲	合计
1751～1780 年	1980	1500	1445	1450	6375
合　计	10055	9000	4845	5200	29100

注：资料来源于麦迪逊《世界经济千年史》（黄金也按照一定比例折算成白银）。

鸦片战争前，中国是典型的自给自足的封建经济，很少购买外国商品，外国商品很难进入中国消费市场。但外国人却非常喜欢中国的茶叶、生丝和瓷器等商品，这就使得以茶叶、生丝等为主的中国商品能够大量进入外国市场。这种商品供需的不平衡使中国的对外贸易长期保持出超地位。而当时中国货币市场上习惯以白银作为支付手段，因此这些外国商人常常是“开着满载银元的商船来到中国”，然后“购买满船的中国货物回去”。当时流入中国的外国银元种类很多，有西班牙本洋、墨西哥鹰洋、英属地银元、日本龙洋等，其中西班牙本洋是流入中国最早的外国银元。据东印度公司记录，康熙二十年（1681 年）到道光十三年（1833 年）的 153 年中，输入中国的银元和生银块有 7000 多万两，其中大部分是由东印度公司输入的。

直到 1820 年鸦片贸易在中国兴起之前，中国的 GDP 比欧洲和其衍生国的总和还要高。在这个朝贡体系与殖民体系并存的世界中，中国一直是全球最大的经济体和白银吸收者。16 世纪中至 17 世纪末，西属美洲的白银产量约占全球的 80%，这个区域生产的白银有很多最后都输进了中国。即便如此，与朝贡体系下中国从附属国获取的白银比较，这个时期从西欧获取的白银比例仍然较低（见表2-6）。

表2-6 1550~1700年中国白银进口主要来源 (t)

时 间	日本	菲律宾	从葡萄牙贩运到澳门	合 计
1550~1600年	1280	584	380	2244
1601~1640年	1968	719	148	2835
1641~1685年	1586	108	0	1694
1685~1700年	41	137	0	178
合 计	4875	1548	428	6951

注：资料来源于 Von Glahn，“Fountain of Fortune：Money and Monetary Policy in China”。

西属美洲的白银经由三条路径运往中国，这三条路径依其重要性依次为：

（1）西属美洲→菲律宾马尼拉→中国（1570年后）；

（2）西属美洲→西班牙塞维尔→葡萄牙→中国（1570年后）；

（3）西属美洲→西班牙塞维尔→荷兰、英国→中国（17世纪初以后）。

明后期，世界另一个白银的重要产地为日本，其产量约占世界的15%，在朝贡贸易体系下，日本生产的白银绝大部分都输进了中国。

邵宇在《人民币之路：三次失衡、三个世界、三足鼎立》中指出，18世纪以来，亚洲在英国贸易中的地位越来越重要，也成为英国贵金属的主要输出地。英国对殖民地和以英国东印度公司为渠道的贸易体现为直接掠夺和严重的非等价交换。但在亚洲的其他区域中，中国却成为了英国最大的逆差制造者：丝织品和茶叶逐渐成为英国从亚洲进口的商品中重要的组成部分，但英国成功向欧洲大陆和美洲大量输出的工业品却始终无法打开中国的市场，这也让英国的白银源源不断地流入中国。在中英贸易中，英国是连年绝对的逆差。从18世纪中叶起，白银一直占英国东印度公司对华输出货值的90%；及至18世纪末，英国已是中国第一大外贸伙伴，其对中国的贸易输入值已占所有西方国家的90%左右，输出值也占70%以上。当时来广东的英国商船上只有少部分货物，而其他都是现银。在重商主义的影响下，新兴的资本主义帝国——英国对财富的流出极为不满，为扭转这种趋势更是绞尽脑汁。而中国只需要更多的白银，且多用于窖藏和土地兼并，传导到欧洲则是贸易逆差带来的货币紧缩使得英国无法获取所渴望的扩大再生产用资本。进入19世纪，走私鸦片成为中英实现白银平衡的公开途径。鸦片贸易给中国带来了严重的灾难：中国的国际收支很快逆转，盈余变为赤字，且每年须以大量白银支付贸易上的差额，19世纪20年代中期后，鸦片贸易愈演愈烈，白银外流成了经常现象，而且数字越来越大（见图2-18）。鸦片流毒中国，吸食者日众，使广大人民的身心受到严重摧残。由于把大量金钱消耗在鸦片上，人民日益贫困，社会购买力萎缩。当时中国农民出卖农产品得来的是铜钱，但交纳赋税必须用银，银贵钱贱的现象日趋严重，大大加重了农民的负担，刺激了物价上涨，也加剧了清政府的财政危机。清政府在对白银流失的担忧下开始禁烟，中英对贵金属的争夺和贸易失衡带来的矛盾终于无法调和，为争夺白银的鸦片战争终于爆发，这也彻底改变了中国经济社会的发展方向。

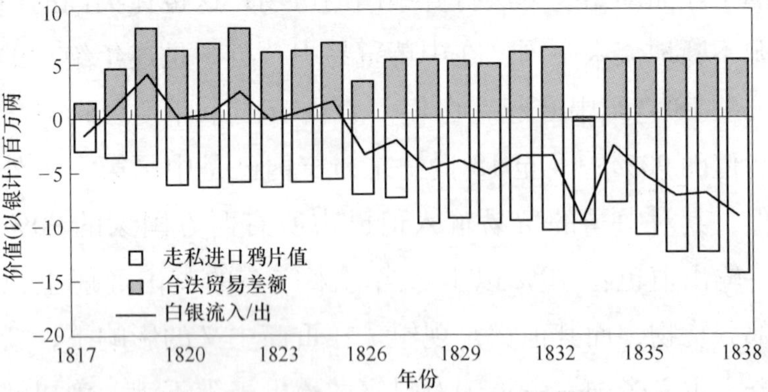

图 2-18 鸦片贸易与中国白银外流

（数据来源于严中平等著《中国近代史统计资料选辑》）

第三篇

白银资源

第一章　银的矿物种类、矿床及工业指标划分

第一节　银的矿物种类冶炼原料及矿床工业类型

一、银的主要矿物

银在自然界中与金通常以姐妹矿的形式存在。大银矿常存在于古老的变质岩中，中生代和新生代的火山岩地区也有大银矿发现。世界上约2/3的银资源是与铜、铅、锌、金等有色金属矿床伴生的，1/3是以银为主的原生银矿床。

银主要以矿物的形式存在，少数以类质同象进入其他矿物晶格中。到目前为止，发现有独立银矿物117种，可分为自然金属及金属的互化物、硫化物、硫盐、卤化物、硫酸盐等。最主要的银矿物是自然银、辉银矿、深红银矿、淡红银矿、黝铜矿-银黝铜矿、角银矿和银铁矾等。主要以辉银矿、

角银矿为主，其中自然元素及金属互化物9种，碲化物、锑化物、硒化物、砷化物23种，硫化物11种，硫盐类60种，卤化物10种，硫酸盐2种。

银的主要矿物见表3-1。

表3-1 银的主要矿物

矿物名称	分子式	含银量/%
自然银	Ag	80～100
辉银矿	Ag_2S	87.1
锑银矿	Ag_3Sb	75.6
硫铜银矿	$(Ag、Cu)_2S$	
深红银矿	Ag_3SbS_3	60.3
淡红银矿	Ag_3AsS_3	65.4
辉锑银矿	$Ag_2S \cdot Sb_2S_3$	
辉铜银矿	Ag_2CuS_3	
硫锑铜银矿	$(Ag、Cu)_{16}Sb_2S_{11}$	75.6
脆银矿	Ag_5SbS_4	68.5
辉锑铅银矿	$4PbS \cdot 4Ag_2S \cdot 3Sb_2S_3$	
硫锑铅银矿	$Ag_3Pb_2Sb_3S_8$	23.76
硒铜银矿	Cu_2SeAg_2Se	18.7
硒银矿	Ag_3Se	
碲银矿	Ag_2Te	
角银矿	$AgCl$	75.3
溴银矿	$AgBr$	
碘银矿	AgI	46

续表 3-1

矿物名称	分子式	含银量/%
黄碘银矿	$(Ag、Cu)I$	
脆硫锑银矿	$5PbS \cdot Ag_2S \cdot 3Sb_2S_3$	
硫砷银矿	$Ag_7(As、Sb) \cdot S$	
银黝铜矿	$(Ag、Cu)_{12}SbS_{12}$	18.62
黝铜矿	$(Cu、Fe、Ag)_{12}(Sb、As)_4S_{13}$	
银铁矾	$AgFe_3(SO_4)_2(OH)_6$	
黑硫银锡矿	$4Ag_2S \cdot Ge(Sn)S_2$	

二、黄金副产白银

金和银二者可形成天然的 Au-Ag 固溶体，形成自然金-自然银系列的天然矿物。金矿中银与金共生组合成银金矿或金银矿，这种矿石通称为富银矿石，回收金时也可回收相当数量的银。此类矿石中金银常与黄铁矿共生，一般采用浮选法富集精矿，然后用氰化法回收金银或者送冶炼厂综合回收金银。中国一些金矿物中的银元素含量见表 3-2。

表 3-2　中国一些金矿物中的银元素含量

大类	类型	矿物名称和矿物分子式	银元素含量/%
自然元素、合金及金属互化物	金-银系列矿物类	自然金 Au 银金矿(Au,Ag) 金银矿(Ag,Au) 自然银 Ag	0~20 20~50 50~80 80~100
	金(银)-铂族元素系列矿物类	铂质自然金(Au,Pt) 铂质金银矿(Ag,Au,Pt)	9.0 54.4~68.4

续表 3-2

大类	类型	矿物名称和矿物分子式	银元素含量/%
碲、硫、硒化物	金-铜系列矿物类	铜质自然金(Au,Ag,Cu) 铜金矿 Cu(Au,Ag)	0.3 0~13.56
	金(银)-汞系列矿物类	汞质自然金(Au,Hg) 汞质银金矿(Au,Ag,Hg) 汞质金银矿(Au,Ag,Hg) α-汞金银矿 $(Au,Ag)_3Hg$ 金汞齐 $(Au,Ag)_2Hg$ 围山矿 $(Au,Ag)_3Hg$ γ-汞金矿(Au,Ag)Hg	8.29~31.06 61.00 36.07~47.05 0.09~6.54 3.17 1.55~9.16 0~7.55
	金-锑系列矿物类	方锑矿 $AuSb_2$	4.56~5.85
	金-铬系列矿物类	铬质自然金(Au,Cr,Ag)	13.0
	碲化物类	板碲金银矿(Au,Ag)Te 铜质碲金矿 $(Au,Cu,Ag)Te_2$ 斜方碲金矿 $(Au,Ag)Te_2$ 针碲金银矿 $AuAgTe_2$ 未定名 $AuAgTe_3$ 碲金银矿 Ag_3AuTe_2	3.0~3.31 4.05~9.77 9.78~11.9 23.39 33.2~44.94 41.0~67.7
	硫化物类	硫金银矿 Ag_3AuS_2	48.0
	硒化物类	硒金银矿 Ag_3AuSe_2	

三、有色重金属副产金银

有色重金属铜、铅、锌、镍、铋、锑等的硫化矿和铬矿都含有贵金属，一般硫化铜含金、银较多，硫化镍、铬矿床常含有少量的金、银和较多的铂族金属，而硫化铅、锌和钡矿床通常含有大量的银，而锑、砷、碲矿床常与金共生形成金锑矿床、金毒砂矿床和金碲矿床等。重金属冶炼几乎回收了所有的贵金属，这些贵金属的富集过程不占成本，所以生产费用更加低廉。

有色重金属副产物中生产金、银主要有以下几种原料：

（1）铜电解阳极泥及湿法炼铜浸出渣；

（2）镍电解阳极泥；

（3）铅电解阳极泥或火法精炼铅产出的银锌壳；

（4）火法蒸锌的蒸馏渣或湿法炼锌的浸出渣；

（5）黄铁矿的烧渣；

（6）锡、锑、铋、汞、铬等矿石冶金产出的含贵金属副产物。

在近代湿法冶金中，主金属浸出过程产生的大量浸出渣中含有一定量的金、银时，常采用成本低并且处理量大的大型旋涡炉熔炼法，使金、银、铜等有价金属富集后，再进一步分离和精炼提纯。

四、银矿床主要工业类型

银矿床的主要工业类型见表3-3。

表3-3 银矿床主要工业类型

矿床工业类型	成矿地质特征	常见金属矿物	矿体形状	规模及品位	伴生组分	矿床实例
碳酸盐岩型银（铅锌）矿	产于大理岩、白云岩、灰岩、不纯灰岩、白云质灰岩中，大致沿层产出	方铅矿、闪锌矿、黄铁矿、黄铜矿、自然银、辉银矿、银黝铜矿、黑硫银锡矿、脆银矿等	层状、似层状、透镜状、脉状、囊状等	大、中、小型均有，品位贫富兼有	铅、锌、铜、硫、镓、铟、锗、镉、锑等	广东凡口，辽宁八家子
泥岩—碎屑岩型银矿	产于含炭质黑色页岩、泥岩夹薄层泥灰岩、白云岩的岩层中，大致沿层产出	黄铁矿、辉硒银矿、硒银矿、硫银锗矿、辉银矿、自然银、辉锑矿	层状、似层状、脉状、透镜状、扁豆状	大、中、小型均有，品位贫-中等	锑、钒、硒、锗、金、铂族	湖北白果园，广东梅县嵩溪

续表 3-3

矿床工业类型	成矿地质特征	常见金属矿物	矿体形状	规模及品位	伴生组分	矿床实例
海相火山岩、火山—沉积岩型银矿	产于凝灰岩、熔岩及与碎屑岩互层带中，基本上沿层产出	黄铁矿、方铅矿、闪锌矿、黄铜矿、辉银矿、螺硫银矿、辉铜银矿、金银矿、自然银等	层状、似层状、透镜状、扁豆状	大、中、小型均有，品位较富	铜、铅、锌、金、硫、锑、锗、镓、铟、锡等	甘肃小铁山，青海锡铁山，四川白玉呷村
千枚岩片岩型银矿	产于炭质绢云石英片岩、含炭绢云千枚岩、绢云石英片岩中，沿层或层间破碎带产出	方铅矿、闪锌矿、黄铜矿、黄铁矿、辉银矿、自然银、螺硫银矿、银铜矿、硫锑铜银矿	层状、似层状、透镜状、扁豆状	大、中型为主，品位较富	铅、锌、铜、硫、镉、金	河南破山，陕西银洞子，辽宁高家堡子
陆相火山、次火山岩型银矿	产于火山岩或次火山岩中的断裂、裂隙带或斑岩体接触带外侧围岩中	黄铁矿、辉银矿、螺硫银矿、深红银矿、淡红银矿、硫锑银矿、硫铋银矿、金银矿、自然银、角银矿，次为方铅矿、闪锌矿等	脉状、不规则似层状、透镜状等	大、中、小型均有，品位贫-富均有	铅、锌、锑、砷、汞、铋、碲、硒、金等	内蒙古额仁陶勒盖，查干布拉根，浙江大岭口，江西银露岭、鲍家
脉状银矿（与铅锌矿工业类型相同）	产于各种围岩构造破碎带中的脉状银（铅锌）矿	黄铁矿、辉银矿、自然银、硫铜银矿、硫锑铜银矿、方铅矿、闪锌矿、黄铜矿、磁铁矿、赤铁矿、菱锰矿等	脉状、复脉状、不规则似层状、透镜状	大、中、小型均有，品位较富	金、铜、铅、锌、锡、锑、镉、铟、锗、硒等	内蒙古赤峰官地，江西虎家尖，安徽鸡冠石，湖南桃林

第二节　银矿工业指标和银精矿标准

根据中国银矿资源和冶炼的特点，即单一银矿少、伴生银矿多，银矿石较少采用直接氰化提银工艺，通常银精矿与其他有色金属精矿搭配混合，在冶炼其他有色金属产品时回收银。为此，由中国有色金属工业标准计量质量研究所（全国有色金属标准化技术委员会）归口提出制定了中华人民共和国有色金属行业标准《银精矿》，标准中规定了银精矿银含量大于3000g/t，并依据不同有色金属产品的冶炼工艺流程确定了杂质及其限量。银矿床的工业指标见表3-4。

表3-4 银矿床工业指标一般要求

项 目	指 标
边界品位/$g \cdot t^{-1}$	40～50
最低工业品位/$g \cdot t^{-1}$	80～100
矿床平均品位/$g \cdot t^{-1}$	>150
最小可采厚度/m	0.8～1
夹石剔除厚度/m	2～4

第二章 全球白银资源概况

银在地壳中的含量很少，仅占$1 \times 10^{-5}\%$。在自然界中银有呈单质自然银存在的，但主要呈现化合物状态。全球重要的银矿资源主要集中分布在环太平洋构造－成矿带、古亚洲构造－成矿带、特提斯－喜马拉雅构造－成矿带，以及北美地块、中欧地块、南非地块、印度地块和澳大利亚地块中年代相对老的矿区等，其中以环太平洋成矿带最为重要。银矿主要勘察和开发的矿床类型有：与陆相、海相火山作用有关的矿床（陆相火山岩型、海相火山－沉积型），与岩浆侵入活动有关的矿床（斑岩型，碳酸岩型、矽卡岩容矿的热液交代型，前寒武纪变质岩中的“五元素”（Ag、Co、Ni、

Bi、As）矿床），与沉积作用有关的矿床（沉积岩容矿的喷气沉积型，变质岩、碎屑沉积岩、页岩容矿的浸染型和层状型矿床等）。白银的资源主要包括两大类，即原生矿产资源和二次再生资源。原生矿产资源以各种各样的矿石矿物存在，二次再生资源则是指矿产资源以外的各种再生资源，其来源和范围十分广泛。其中银矿产资源基本上分两类，包括伴生银矿和独立银矿。根据世界白银协会（The Silver Institute）公布的数据，伴生银产量占世界全部矿产银产量比重要超过2/3；截至2012年全球矿产白银产量中，来自铅锌矿伴生占39%，铜矿伴生占20%，黄金矿伴生占13%，独立银矿占28%，而近期新增的白银矿产资源主要来自于黄金矿山等的最新发现。目前世界上白银的生产主要以伴生银矿资源为主；白银的二次资源十分广泛，主要包括在生产和加工过程中产生的废料、各种含银的器件和材料以及含银且具有回收价值的各种物料等。二次资源的详细内容将在第五篇中介绍。

虽然白银是世界上分布最广泛的矿产之一，从陆地到海洋均有可供开发利用的银矿床，目前全球约有60多个国家和地区拥有工业银矿床，但世界银矿资源储量主要集中在秘鲁、波兰、智利、澳大利亚、中国、墨西哥、美国、玻利维亚、加拿大、俄罗斯等国家和地区（见表3-5和图3-1），中国白银资源储量位居世界第五位（截至2012年数据）。根据美国地质调查局（USGS）公布的资料显示，2008~2012年间，世界白银储量逐年增加（见图3-2），2012年白银的储量较2008年增长了100%，截至2012年年底世界白银储量为54万吨，世界白银储量静态保证年限分别为22.06年。由于白银资源仍将主要伴生于副产银的基本金属矿产，因此白银产量很大程度上取决于铅、铜、锌等基本金属市场的需求。

表3-5　2012年世界主要产银国白银储量

国家或地区	储量/t	国家或地区	储量/t
秘　鲁	120000	美　国	25000
波　兰	85000	玻利维亚	22000
智　利	77000	加拿大	7000
澳大利亚	69000	俄罗斯	NA
中　国	43000	其他国家和地区	50000
墨西哥	37000	世界总计	540000

注：资料来源于“Mineral Commodity Summaries 2013”（USGS）。

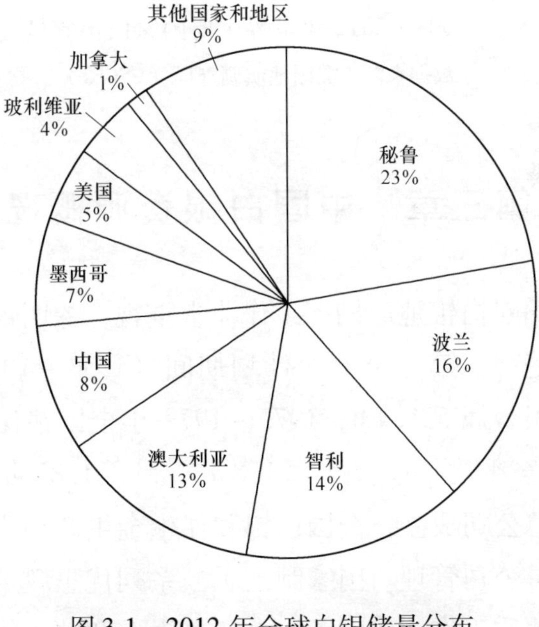

图3-1　2012年全球白银储量分布

（资料来源于美国地质调查局（USGS））

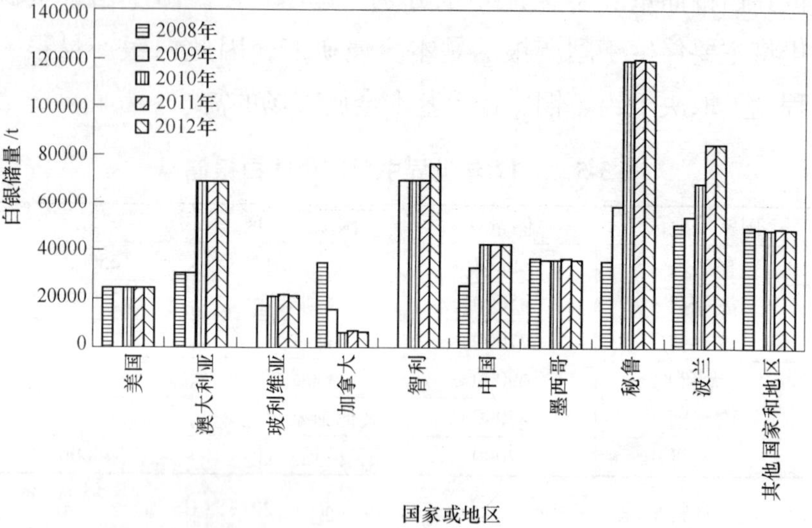

图 3-2 2008～2012 年世界主要国家白银储量变化

（数据来源于美国地质调查局（USGS））

第三章 中国白银资源概况

新中国对白银地质勘探工作非常重视，探明银储量呈现不断上升趋势。第一个五年计划期间（1953～1957 年）全国共探明银金属 535.49t；1972～1979 年全国银保有储量增长 1.14 倍，平均年增长率为 1.8%。到了 1983 年中国有色金属工业总公司成立，全国白银和伴生金生产划归中国有色金属工业总公司管理。国家制定了一系列优惠政策，开展了独立银矿地质工作，建设了一批独立银矿和共、伴生银较丰富的有色金属矿业，为白银发展提供了资源，使其储量大幅度增加，为白银可持续发展创造了有利条件。1983～2000年的17年间全国白银产量以年均5.8%的速度增长。为了迅速缓解白银供应紧张局面，了解中国银矿资源状况、银矿类型及找矿前景，中国有色金属工业总公司于1987年4月下达（87）中色科字第0268号文，确立“中国银矿资源和银矿类型及找矿方向研究”项目，项目由北京矿产地质研究所负责；通过研究取得了一系列的成果，并根据研究成果编写了《中国银矿》专著。而纵观1980～1987年全国白银的保有储量增长了1.7倍，平均年增长率为9.1%。1989年中国白银工业储量达1.46万吨，远景储量为6.23万吨，控制储量已达到4.08万吨，从此中国银储量达到了世界领先水平。至1996年底，全国利用国家白银地质勘探基金勘探了36个以银为主的矿床，为白银发展提供了资源保证；利用国家金银专项资金建设了20多个以银为主的矿山；利用国家金银开发基金和专项贷款进行了417个新建和技改项目，形成了中国白银矿业发展新格局。不断增加银资源储量及发展白银生产对增加外汇储备、稳定经济发展、保证改革开放顺利进行具有战略意义。2000年6月，国家有色金属管理体制改革，大部分有色金属企业下放地方，加上2000年1月国家白银市场开放，地方的积极性得到提高，银矿资源储量及企业的发展迈上了一个新台阶。

中国目前探明的银矿中，储量在千吨以上的省区有江西、广东、广西、黑龙江、湖北、云南、河南、内蒙古和四川等。近年来，青海、新疆、甘肃又勘探出较大型的伴生银矿，河南、陕西、山东也发现了大型银矿。按银矿储量大小不同，可以将银矿规模划分为三类：银储量在1000t金属量以上的为大型银矿；储量在200～1000t的为中型银矿；储量在200t以下的为小型银矿。初步统计，目前全国大型银矿大约有41个，占银矿总数的7.2%左右，储量占银总储量的50%以上。而按银矿品位不同，一般可分为独立银矿（银品位不小于150g/t）、共生银矿（银品位100～150g/t）和伴生银矿（银品位不大于100g/t）。

根据国土资源部统计资料显示，截至2010年底，全国白银矿区总数1408个，查明白银基础储量3.64万吨，储量1.58万吨，资源量14.09万吨，查明资源储量17.72万吨。查明资源储量包括独立银矿、共生银矿、伴生银矿，其中独立银矿和共生银矿储量占总储量的65.2%，伴生银矿储量占总储量的34.8%。

中国银矿分布范围较广，全国绝大多数省区均出产白银，2010年全国探明矿区1281处，以江西储量最多，占全国的16.28%；内蒙古、云南、四川、湖南等地的白银资源也很丰富（见图3-3）。中国重要的银矿区有江西贵溪冷水坑、广东凡口、湖北竹山、辽宁凤城、吉林四平、陕西柞水、甘肃白银、河南桐柏银矿等。

中国的银矿床以中生代和新生代为主，如广东的富湾银矿形成于新生代初期，云南的白秧坪银矿形成于新生代，四川的夏塞银矿形成于中生代后期（相对于拉拉米期），江西的冷水坑银矿形成于白垩纪。中生代和新生代银矿占总数的

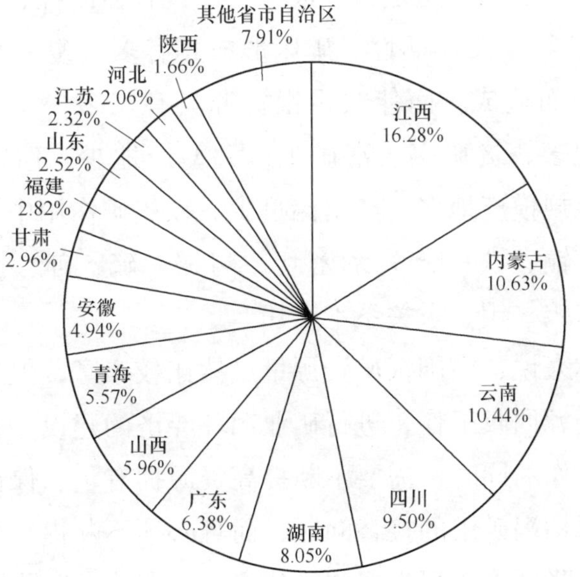

图 3-3　中国白银资源分省区分布比例

（资料来源于国土资源部 2010 年数据）

68%，这与世界上银矿床的主要成矿时代是一致的。此外中国的银矿以伴生银矿为主，银矿床的矿集区也与其他类型尤其是铅锌矿矿集区的分布密切相关。火山岩控矿型的银矿分布比较广泛，出现了额仁陶勒盖、孟恩陶勒盖、山门、支家地、呷村和冷水坑等多个矿集区；变质岩中构造破碎带控矿型的银矿主要见于云南的白牛厂和河南的破山；沉积岩中与铅锌矿密切伴生的银矿出现在广东凡口、云南的老厂和新疆的彩霞山等地；沉积型中构造破碎带控制的银矿如广东的富湾等。

中国银矿资源特点是：分布广泛，但储量相对集中；矿石类型多，银品位不高，而且变化大，银的赋存状态复杂。

矿石组分也复杂，这是由于成矿物质具有多源性、成矿作用演化具有多（长）期性、矿床形成具有多（复）成因性等多次叠加而造成。而伴共生银资源具有三多一少，即储量多、产地多、贫矿多、富矿少；大型产地少，但产出储量多，中性规模产地多，产出储量少。在成矿作用中，银多与铅、锌、铜、铁、金关系密切，与铋、硫、砷、锑、锡次之，而与钨、钼、汞关系不密切。

总体来说，中国银矿资源量虽然比较丰富，但还必须加强再生资源回收工作，进行矿业循环经济的建设。在加强地质勘查工作的同时，需要不断提高资源拥有量、保证程度及解决资源枯竭矿山的接替问题；而且必须不断提高技术、工艺水平，降低采矿损失率和贫化率，提高选矿回收率以及冶炼生产过程中银的回收率。

有关专家指出未来中国银矿找矿有如下几个方向：在钨锡矿床及钨锡矿化分布区找银矿、在铅锌矿床地区找银矿、在铜矿床分布区找银矿、在汞锑矿床及矿带中找银矿、在铁锰帽及其下部找银矿、在黑色岩系分布区找银矿、在西部地区找银、物化探异常找银等。

第四篇

白银的采选及冶炼加工技术

白银采选、冶炼、加工过程各单元工艺及工艺类型见表4-1。

表 4-1　白银采选、冶炼、加工过程各单元工艺类型

序　号	单元工艺	工艺类型
1	破碎、细磨	物　理
2	筛分与分级	物　理
3	选　矿	物理、表面化学
4	氧化预处理	湿法冶金、火法冶金
5	浸　出	湿法冶金
6	固液分离与洗涤	物理、表面化学
7	溶液纯化与富集	湿法冶金
8	回收	湿法冶金、火法冶金
9	废物处置及处理	湿法冶金
10	加　工	物理、化学

第一章　白银的采选技术

第一节　矿产银采矿

一、采矿方法分类

采矿方法就是根据矿床赋存要素和矿石与围岩的物理学

性质等因素包括采区的地压控制、结构参数、回采工艺等确定的矿石开采方法。由于金属矿床赋存条件复杂，矿石和围岩物理学性质差异很大以及其他因素等，因此采矿方法种类繁多。

依银矿物的数量、矿物组合及银的含量，可将银矿石划分为独立和伴生银矿石两类：（1）独立银矿石。以独立银矿物为主，常见的矿石矿物为自然银、辉银矿、角银矿、金银矿等。（2）伴生银矿石。银以伴生组分赋存于多金属矿石和其他矿石中，如在铜、铅、锌矿石中，银或以单矿物机械混入物，或以类质同象混入物形式存在于铜、铅、锌硫化物矿物中，银在选冶过程中顺便提取。

银矿采矿方法很多，分类也很繁杂，常用的是以地压管理为依据的简要分类。按回采时的地压管理方法将采矿方法分为三大类：空场采矿法、充填采矿法和崩落采矿法，详见表4-2。

表4-2 银矿采矿方法分类

自然支架采矿法	人工支架采矿法	崩落采矿法
全面采矿法	支架采矿法	壁式崩落采矿法
房柱采矿法	干式充填采矿法	分层崩落采矿法
留矿采矿法	水力充填采矿法	无底柱分段崩落采矿法
横撑支柱采矿法	胶结充填采矿法	有底柱分段崩落采矿法
分段矿房采矿法		阶段崩落采矿法
阶段矿房采矿法		

（1）空场采矿法。这类方法用于开采围岩和矿石都很

稳固的矿床，地压管理是用采区中所留下的矿柱支撑和维护采空区。在回采过程中随矿石被采出后所形成的采空区不立即进行处理（充填或崩落）而空放着，这是该类方法的基本特征。

(2) 充填采矿法。这类方法是用在开采矿石比较稳固（允许在一定的暴露面积下进行回采工作）而围岩不够稳固（暴露面积不能很大，否则会引起冒落）的矿床。采场地压管理是在矿石回采期间必须用充填法的基本特征。支柱充填法也属此类。根据充填料的特性，该类方法可分为干式充填法、水砂充填法、胶结充填采矿法。

(3) 崩落采矿法。这类方法用于开采围岩和矿石不够稳固或中等稳固的矿床。崩落法的地压管理是随崩落矿石的同时（或稍滞后）而围岩自动崩落或人工崩落充满采空区。这类方法主要有分层崩落法、分段崩落法（有底柱或无底柱）、阶段崩落法。

二、银矿的开采

银矿开采分为露天开采和地下开采两种，地下采矿法是从地下的矿块内采出矿石所进行的采准、切割和回采工作的总称。

（一）露天开采

露天开采境界封闭圈以上为山坡露天矿，封闭圈以下为深凹露天矿。掘沟、剥离和采矿是露天矿生产中的三个重要工程，而穿孔爆破、采装和运输生产工艺贯穿在每项工程中。

露天开采的生产工艺主要有：

(1) 穿孔工作。穿孔是露天开采中的第一个工序，它为爆破工作提供装放炸药的孔穴。

(2) 爆破工作。爆破是露天开采的又一重要工序，其目的是为随后的采装工作提供适宜的挖掘物。在露天开采中，使用的爆破方法有：浅孔爆破法、深孔爆破法、硐室爆破法、药壶爆破法、外覆爆破法等。

(3) 采装工作。采装是露天开采全部生产过程的中心环节，主要设备是电动挖掘机、前端装载机、推土机等。

(4) 运输工作。运输是露天矿主要生产工序之一，常用的运输方法有：窄轨铁路运输、公路运输和其他运输（如平硐溜井、斜坡卷扬等)。

（二）地下开采

地下开采，即在地表以下进行开采作业，工作面不敞露于地表，矿床与地表之间由一系列的井巷连通。

地下开采是银矿最主要的开采方式，金银矿（矿山）可分为开拓、采准、切割和回采四个步骤。

(1) 矿床开拓。从地面掘进一系列巷道通达矿体，使地面与地下形成完整的提升、运输、通风、排水以及动力供应等系统，以便把人员、材料、设备、动力和新鲜空气送入地下，同时把矿石、废石、矿坑水、污浊空气等送到地面，从而在矿床与地表之间形成完整的运输（提升)、行人、通风、供排水、动力供应、充填、通信联络等系统。为此目的而掘进的巷道，称为开拓巷道，如平硐、井筒、石门、阶段平巷、井底车场及其硐室、主溜井、充填井、斜坡道等。

常用开拓方法有：平硐开拓法、竖井开拓法、斜井开拓法、平硐与竖（斜）井联合开拓法、竖井与斜井联合开拓法、井筒与斜坡道联合开拓法等。具体采矿方法有全面采矿法、留矿全面采矿法、留矿采矿法、充填采矿法等。

（2）矿块采准和切割：1）矿块的采准工作。在已完成开拓的矿块中，掘进采准和切割巷道，将阶段划分成矿块，并在矿块内创造行人、凿岩、放矿、通风等条件的工作。2）矿块切割工作。在进行或已完成了采准工作的矿块里，开辟自由面和自由空间，为大规模回采矿石创造良好的爆破和放矿条件并把漏斗颈扩大成漏斗等工作。常用采切系数和采切工作比重两项指标衡量采切工程量的大小。采切工作量是比较采矿方法优劣的一个重要指标。

（3）回采工作。在进行或已完成切割工作的矿块中进行的大量采矿工作。矿井服务年限的计算、矿床工业储量、矿井生产能力和矿井服务年限之间有下列关系：

$$A = \frac{QK}{T(1 - r)}$$

式中　A——矿井生产能力，t/a；

Q——矿床工业储量，t；

T——矿井服务年限，a；

K——矿石总回收率，%；

r——废石总混入率，%。

第二节 银矿选矿

由于银矿含银不同，因此采取的处理方式也不相同，有的选矿产品是银精矿，而有的选矿产品是铅锌铜精矿（含银）等；白银选矿与黄金选矿类似。

贵金属（金、银、铂）选矿的方法很多，但在实际生产中常见的主要有：重选、浮选、化学选矿和微生物处理等，或者几种方法的组合，有时候也用到磁选。贵金属矿石的加工处理一般包括：（1）矿石准备作业，包括破碎、筛分、预选（包括手选和拣选）、磨矿分级等；（2）选冶工艺的选择，在重选、磁选、混汞、浮选、堆浸、氰化、炭浆、硫脲等各种工艺对比中选择合适的流程；（3）选矿产品的处理，包括脱水、干燥等；（4）冶炼。这里就银矿选矿几种方法做一个简单介绍。

一、重选

重选法是一种古老而重要的选银方法。根据矿石中矿物颗粒的密度差，在流体介质（如水）中进行分选，又称重力选矿。重选不消耗药剂，对环境无污染，设备简单，能耗低，易于操作和管理。其缺点是对微细粒矿石的处理能力小，分选性差，因此只能作为辅助手段。目前中国独立银矿较少采用重选法。

重力选矿的方法较多，据介质动动方式可分为：重介质选矿、跳汰选矿、摇床选矿、溜槽选矿、螺旋选矿、离心选矿、风力选矿。这些重选方法都可用于金银矿物原料的处理。

选矿机是重选法的核心设备，其中以尼尔森（Knelson）选矿机为典型代表。该机是基于离心作用产生的高倍“强化重力”和流态化水松散富集床层的有机结合，是一种高效离心选矿设备。尼尔森选矿机离心力被确定为60倍重力加速度，在高倍强化重力场内，不同密度矿物之间的重力差别被极大地放大使得矿物间很容易分离；另外，专利的流态化水松散床层不断吐轻纳重，有利于富集比的提高。目前，世界上已有70多个国家使用共计3000台左右尼尔森选矿机，均取得了好的选矿指标。

二、浮选

浮选为浮游选矿的简称，是根据各矿物颗粒表面物理化学性质的差异而进行矿物分选的选矿方法。浮选时，将粒度和浓度合适的矿浆经各种浮选药剂作用后，在浮选机中进行搅拌和充气，在矿浆中产生大量的弥散气泡，悬浮状态的矿粒与气泡碰撞，可浮性好的矿粒附着在气泡上并随气泡浮至液面形成矿化泡沫层，刮出泡沫产品（常为精矿），可浮性差的矿粒不附着在气泡上而留在浮选槽内，排出槽外则为尾矿，从而达到矿物分离和富集的目的。

浮选过程一般包括下列作业：（1）浮选前的矿浆准备作业。主要包括矿石破碎、磨矿和分级等作业，其目的是为浮选作业准备矿粒粒度和矿浆浓度达要求的矿浆。（2）加药调整作业。根据矿石特性，加入所需的浮选药剂调节和控制矿粒表面的物理化学性质。（3）充气浮选作业。此作业在浮选机内进行，通过搅拌和充气作用，在矿浆中产生大量弥散气泡。实现不同矿粒与气泡的选择性附着，使可浮性好的矿粒附着于气泡上并随气泡上浮至液面形成矿化泡沫，收集泡沫产品即为精矿，可浮性差的矿粒不与气泡附着，留在矿浆中，排出浮选机外即为尾矿。

浮选时常将有用矿物浮入泡沫产品中，将脉石留在矿浆中，这种浮选方法称为正浮选。反之，若将脉石矿物浮入泡沫产品中，而将有用矿物留在矿浆中，则此浮选方法称为反浮选。若待选矿石中含有两种或两种以上的有用矿物、浮选时将有用矿物依次一个一个地分选为单一精矿，则称为优先浮选，若将全部有用矿物同时浮出得混合精矿，然后再将混合精矿分离为各个单一精矿，此浮选方法称为混合浮选。

银为亲硫元素，常与金属硫化物共生；也常以自然银形式产出，而硫化物和自然银为易浮矿物，可浮性较好，因此浮选法主要用于处理硫化银矿、伴生银矿等。

影响银矿浮选的工艺因素很多，通常主要考虑：矿物嵌布粒度和磨矿细度、矿浆浓度、叶轮转速和充气量、泡沫层的厚度等；影响浮选工艺的化学因素主要有：药剂制度、药剂配制、浮选时间、浮选介质的 pH 值、水质等。而用到的浮选药剂可分为捕收剂、起泡剂和调整剂。目前浮选设备朝着大型化、节能、高效发展，逐步淘汰高耗能、低效率、污染环境的落后设备是浮选设备总的改进方向；工艺流程的优化、浮选药剂的不断创新、工艺流程的延伸强化浮选流程等是浮选工艺的改进方向。

有关资料显示，过去中国以生产银为主的独立银矿基本上都采用浮选法选银（见表4-3），而共伴生银矿采用单一浮选法和浮—重选法、浮选—氰化法的联合流程，其中以浮选最为重要（见表4-4）。

为了提高独立银矿浮选的回收率，采取了三个措施：(1) 针对银矿物嵌布粒度的粗细特点，尽可能使银矿物充分解离，提高银的回收率；(2) 选择中性或弱碱性的浮选矿浆碱度和选用碳酸钠作浮选矿浆的调整剂，提高银的浮游性；(3) 搭配使用黄药与黑药，增强对银的捕收能力。

银矿石经选（或选冶）后，所得到的产品有银精矿、银泥和各种有色金属的含银精矿。目前对前两者通常采用火法熔炼（反射炉、电炉、坩埚、鼓风炉、闪速炉），或者用湿法冶金分离提取，再行电解精炼；后者主要是在冶炼有色金属过程中，银富集到阳极泥（主要是铜、铅阳极泥）中综合回收。

三、其他选矿方法

其他银矿选矿方法有：化学选矿、磁选、手选、微生物处理等，这里重点介绍化学选矿和磁选。

表 4-3 过去我国部分独立银矿选矿工业流程及技术经济指标

矿山名称	主要矿石类型	入选矿银品位 /g·t^{-1}	磨矿细度及原则流程	主要捕收剂及抑制剂	银的回收率 /%	备 注
山东十里堡	银(金)矿	289	小于 0.074mm (200 目)占 75%,浮选(精矿氰化)	丁基黄药、丁铵黑药、松醇油、氰化钠、锌粉	91.9(银精矿) 97.7(贵液)	工业生产
江西万年	银(金)矿	347	小于 0.074mm (200 目)占 60% ~70%,单一浮选	丁基黄药、丁基黑药、硫酸铜	81.5(银精矿)	小型生产(基建)
河南破山	银(金)矿	280	浮-重选(精矿氰化)	丁铵黑药、异戊基黄药、2 号油、硫酸钠、硫酸锌	20.32(银精矿) 90.0(贵液)	工业试验(已建成投产)
河南罗山	银(金)矿	290	小于 0.074mm (200 目)占 87%,单一浮选	丁铵黑药、异戊基黄药、碳酸钠	78.0(银精矿)	工业试验(基建)
湖北银洞沟	银(金)矿	164.7	小于 0.074mm (200 目)占 65%,浮选(精矿氰化)	丁基黄药、丁铵黑药、2 号油、硫酸锌	92.0(银精矿)	设计试验(基建)
浙江天台	银(铅锌)矿	158	小于 0.074mm (200 目)占 65% ~72%,混合浮选	丁铵黑药、硫酸铜、松醇油	90.7(混合精矿)	小型工业生产(扩建)
江西银路岭	银(铅锌)矿	190	小于 0.074mm (200 目)占 69%,部分优选浮选(精矿氰化)	丁铵黑药、丁基黄药、松醇油、乙硫氮	51.3(银铅精矿) 97.35(银泥)	研究试验(筹建)

注：资料来源于骆水华、陈修玥所著《矿产资源战略分析》、《银》，1990 年。

表 4-4　过去我国部分主要共伴生银矿的选矿工业流程及技术经济指标

矿山名称	矿石类型	入选矿银品位 /g·t⁻¹	磨矿细度及原则流程	主要捕收剂及抑制剂	主要产品及含银品位 /g·t⁻¹	银的回收率 /%
江西银山	银铅锌矿石	183	小于 0.074mm(200 目)占 60%~65%,优先浮铅锌硫混选-分离	丁基黄药、硫酸锌、硫氮 9 号	铅精矿 2441.0 锌精矿 497.9 硫精矿 45.0	64.9 15.3
广东凡口	银铅锌矿石	104	小于 0.074mm(200 目)占 80%,优先浮选(铅、锌、硫)	丁基黄药、硫酸锌	铅精矿 627 锌精矿 232 硫精矿 31	40.3 43.3 10.1
陕西银硐子	银铜铅矿石	158	银铜铅混选,分离	丁基黄药、丁铵黑药、硫化钠、硫酸铜、亚硫酸氢钠	铜精矿 15693 铅精矿 3533	40.17 44.94
甘肃小铁山	银多金属矿石	113	小于 0.074mm(200 目)占 72%,全浮选,混合精矿再磨,小于 0.074mm(200 目)占 94%,分离选	丁基黄药、亚硫酸钠、硫化钠	铅锌精矿 5031 铜精矿 971 硫精矿	
辽宁八家子	银铅锌矿石 银铜铅锌矿石	162	小于 0.074mm(200 目)占 80%,银铜铅混选-分离,锌硫混选-分离	乙硫氮、丁铵黑药、丁基黄药、硫酸锌、亚硫酸钠、氰化物	铜精矿 6813 铅精矿 2657 锌精矿 541 硫精矿 118	9.3 51.6 13.15 10.10
内蒙古孟恩陶勒盖	铅锌银矿石	93	小于 0.074mm(200 目)占 65%,优选浮选	苯胺黑药、Z-200、碳酸钠	铅精矿 4473 锌精矿 774	74.8 20.8

续表 4-4

矿山名称	矿石类型	入选矿银品位 /g·t^{-1}	磨矿细度及原则流程	主要捕收剂及抑制剂	主要产品及含银品位 /g·t^{-1}	银的回收率 /%
江苏栖霞山	铅锌铜银矿石	79	小于 0.074mm(200 目)占 65%,铜铅(银)混选-分离、锌硫混选-分离	丁铵黑药、丁基黄药、水玻璃、硫化钠、磷铵 4 号	铜精矿 5386 铅精矿 1653 锌精矿 330 硫精矿 177	18.31 26.67 10.49 34.65
青海锡铁山	铅锌银矿石	78	小于 0.074mm(200 目)占 60%,可浮选、铅、锌、硫分离	丁基黄药、硫酸铜、2 号油、硫化钠、石灰	铅精矿 650	70.3
广东厚婆坳	锡银矿石	180	小于 0.074mm(200 目)占 55%,全硫浮选		铅精矿 1950 锌精矿 58	71.29 5.9
辽宁青城子	铅锌银矿石	50.6	小于 0.074mm(200 目)占 90%,(中矿)锌铅混选-分离	丁基黄药、25 号黑药、2 号油、硫酸锌、氰化钠	铅精矿 1233 锌精矿 156 硫精矿 57	74.11 5.68 12.93
湖南桃林	含银铅锌矿石	8	小于 0.074mm(200 目)占 50%,部分混合浮选,铜铅分离	丁基黄药、乙基黄药、丁铵黑药、乙硫氮、碳酸钠、氰化钠	铅精矿 315 铜精矿 550	57.7 19.3
江西永平	含银铜矿石	14	小于 0.074mm(200 目)占 68%,铜硫混选-分离	丁基黄药、乙基黄药、2 号油、硫化钠、石灰	铜精矿 171	57.4

注：资料来源于骆水华、陈修玥所著《矿产资源战略分析》、《银》，1990 年。

（一）化学选矿

化学选矿是利用矿物之间或矿物组分之间化学性质的差异，采用化学方法改变矿物组成，分离和富集有用组分的一种选矿方法。化学选矿方法或者化学选矿与物理选矿方法组成联合流程，可以有效处理某些有用成分含量较低、有用矿物嵌布粒度细、组成复杂，用一般物理办法难以分选或者不可分选的矿物物料。化学选矿的发展与金银等贵金属和其他含量相对较低元素的选矿富集密切相关，尤其是在金等贵金属氰化方面，更是得到了广泛的应用。

（二）磁选

磁选是利用矿物之间的磁性差异，在不均匀磁场中分选矿物的一种方法。与其他选矿方法相比较，磁选可应用的矿种虽较为有限，仅限含铁、锰的少数几种矿物，但其应用非常成功，另外磁选生产成本低廉，无污染也是其独特的优点。磁选法在贵金属选矿中的应用主要在铁-铜伴生贵金属矿山和镍多金属矿石高冰镍的分选中，因为单一的贵金属矿物基本没有磁性，或者磁性很弱，不能用磁选分选。在高冰镍分选中磁选用于选出贵金属合金，在铜铁矿石分选中，作为综合回收磁铁矿之用。

第二章　白银的冶炼加工技术

由于原料的复杂性，白银的生产冶炼方法主要分为三种，分别是独立银矿的原生矿产银生产，铅、锌、铜冶炼企业的副产银生产和含银废料的再生银生产等。从产量看，最大的就是铅、锌、铜冶炼企业的副产银。这里重点就矿产银生产技术、有色副产银（铅铜阳极泥提银、锌浸出渣提银）生产技术做一个简单介绍。

第一节 矿产银生产技术

从含银矿物中提取白银（原生矿产银）的过程通常由三大作业组成：矿石准备（破碎、磨矿）、选矿（重选、浮选等）和冶金（氰化、焙烧、熔炼等）。

一、主要银矿物及其适宜处理方法

银在自然界除少量以自然银、金银矿形态存在外，主要呈硫化物形态存在。主要的银矿物有辉银矿、硫锑银矿、硫砷银矿、黝铜银矿、角银矿、含银方铅矿、含银软锰矿、针碲金银矿等。主要银矿物的适宜处理方法列于表4-5中。银在矿物原料中以自然银、金银矿、银金矿、辉银矿等形态存在时，可直接用氰化法提银。若银以硫砷银矿、针碲金银矿存在时，浮选精矿须经焙烧后才能用氰化法提银。若银以硫锑银矿、黝铜银矿、含银方铅矿形态存在时，都是浮选精矿后送冶炼，在冶炼过程中综合回收银。

表 4-5 主要银矿物及其适宜处理方法

矿物名称	主要组分	适宜的处理方法						原则流程
		混汞	重选	浮选	氰化	硫代硫酸钠	酸性盐水	
自然银	Ag	可	可	可	可	可	可	重选，混汞或直接氰化
金银矿	Ag，Au	可	可	可	可	不	不	重选，混汞或直接氰化
角银矿	AgCl	不	可	可	可	可	可	直接氰化
辉银矿	Ag_2S	不	可	可	可	不	不	长时间的直接氰化
硫锑银矿	$3Ag_2S \cdot Sb_2O_3$	不	可	可	可	不	不	浮选，精矿送冶炼
硫砷银矿	$3Ag_2S \cdot As_2O_3$	不	可	可	可	不	不	浮选，精矿焙烧后氰化
黝铜银矿	$4(Cu_2S、Ag_2S) \cdot Sb_2O_3$	不	可	可	可	不	不	浮选，精矿送冶炼
含银方铅矿	$Ag \cdot PbS$	不	可	可	不	不	不	浮选，精矿送冶炼
含银软锰矿	$Ag \cdot MnO_2$	不	不	不	不	不	不	锰还原后氰化
针碲金银矿	$Ag \cdot AuTe_4$	不	可	可	可	不	不	浮选，精矿焙烧后氰化

二、氰化提银

从银矿中直接提取原生矿产银通常采用氰化法，即用稀氰化钠处理硫化物矿，银转化为可溶性的银氰化钠，加入锌粉，还原成银。而大约有65%的金属银来自铜、铅冶炼中的阳极泥，它用浓硫酸处理，可转化为硫酸银，再用铜将其还原为金属银。

氰化提银的原理与氰化提金相似，其电化学方程可表示为：

$$Ag(CN)_2^- + e = Ag + 2CN^-$$

$$\varepsilon = -0.31 + 0.0591 \lg a_{Ag(CN)} + 0.118PCN$$

氰化浸出时以溶解氧作氧化剂，氰化浸出银的化学反应方程为：

$$4Ag + 8CN^- + O_2 + 2H_2O = 4Ag(CN)_2^- + 4OH^-$$

$$AgCl + 2CN^- = Ag(CN)_2^- + Cl^-$$

$$Ag_2S + 4CN^- = 2Ag(CN)_2^- + S^{2-}$$

氰化提银的主要影响因素与氰化提金相似，主要为有害氰化的杂质组分含量、银矿物的存在形态及嵌布粒度、矿浆中氧的浓度、矿浆pH值（保护碱）、矿浆液固比、矿泥含量及浸出时间。

工业上常用氰化钠和氰化钾作浸出剂，用于处理含自然银、自然金银矿及角银矿的物料。氰化法发明于1887年，20年后已几乎完全取代了其他提银方法，但随着适于用氰化法提银的银矿石逐步耗尽，应用越来越少，但一般仍与浮选法结合使用。1972年以后，由于制粒堆浸技术的进步，氰化法提银又重新得到重用，成为从低品位银矿中提银的一种低成本、高效率方法。氰化法提银也由此分为传统氰化法和制粒堆浸法。

传统氰化法由矿石破碎、研磨、分级、氰化浸出、转鼓过滤、锌粉置换、阳极熔铸、电解精炼等过程组成，与氰化法提金类似，而氰化提银的不同之处是：（1）氰化物浓度高达0.3%～0.6%；（2）处理硫化矿石所需的时间长至2～3天；（3）磨矿粒度细（小于0.15mm）；（4）需要强烈充气。有时还加入铅盐，以除去使银沉淀的硫化物。制粒堆浸法向低品位银矿、碎矿或尾矿中加入水泥、石灰和水，制成球团矿，筑成矿堆，用氰化钠溶液循环喷淋矿堆，得到含银的溶液（贵液），贵液收集在衬有塑料的储液槽中，用活性炭吸附或锌置换贵液中的银。

氰化—吸附工厂主要处理以含金为主的矿石，一道回收矿石中的银与金。近期，也开始用此法处理含银高的矿石，在处理时使用一段氰化吸附法，银的回收率不高，造成大量损失。为此试用两段氰化—吸附法（见图4-1）。银在氰化时虽也和金一样生成银氰络合物 $Ag(CN)_2^-$，但在通常条件下，能生成 $Ag(CN)_2^-$ 的主要是金银矿、自然银。其他银矿物，特别是硫化银矿物就难以生成 $Ag(CN)_2^-$ 了。在氰化液中，硫化银的溶解反应是：

$$Ag_2S + 4NaCN \rightleftharpoons 2NaAg(CN)_2 + Na_2S$$

式中反应的方向取决于溶液中氰化物和可溶硫化物的数量比。当反应过程中生成的硫化钠在矿浆中不断积累直至逐步建立平衡后，银的溶解反应就会停止。为使反应向右进行到底，就必须提高矿浆中的氰化物浓度并强化矿浆充气。这

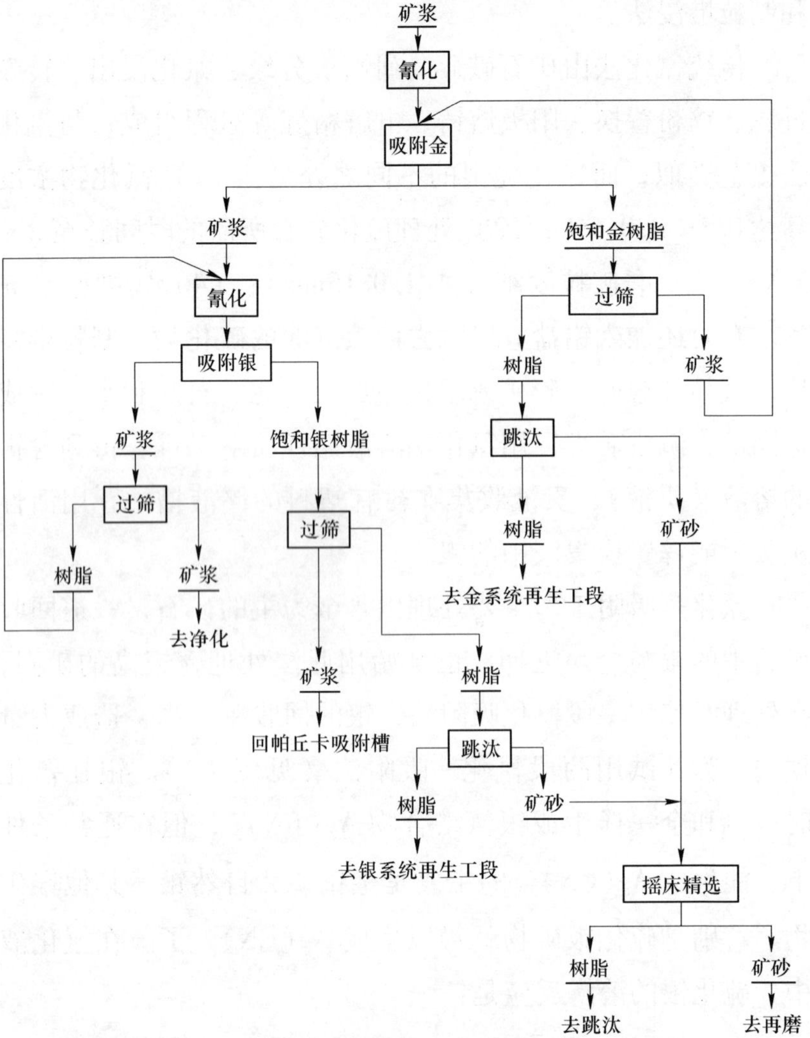

图4-1 两段氰化—吸附回收金银工艺流程

时的硫化钠在氧的存在下会首先氧化为硫代硫酸钠，然后再氧化成硫酸钠：

$$2Na_2S + 2O_2 + H_2O \longrightarrow Na_2S_2O_3 + 2NaOH$$

$$Na_2S_2O_3 + 2NaOH + 2O_2 \longrightarrow 2Na_2SO_4 + H_2O$$

所以，在有氧存在的高浓度氰化物溶液中，硫化银分解的总反应式为：

$$Ag_2S + 4NaCN + 2O_2 \longrightarrow 2NaAg(CN)_2 + Na_2SO_4$$

由上可知，要使硫化银在氰化矿浆中有效地分解，矿浆中必须含有高浓度的氰化物和氧。

第二节　有色副产伴生银冶炼技术

一、新中国成立后伴生金银冶炼技术回顾

（一）伴生金银冶炼技术的进步

1. 传统火法金银冶炼技术改造

传统火法金银冶炼技术的改造：一是工艺流程的改进。改进后的铜铅阳极泥提取金银工艺流程为：（1）硫酸化焙烧脱铜，并蒸发回收粗硒；（2）脱铜、硒的浸出渣和粗银与铅阳极泥按1∶4混合，在贵银炉中还原，炼出贵铅（含贵金属的铅）；（3）经分银炉炼成金银合金，金银合金再经电解，产出金和银的成品。二是对旧设备的改造。主要有：建成外加温回转窑，用此设备同时完成硫酸化焙烧和蒸硒两道工序；将分银炉改造为手摇转动式，以利于进料、放渣和出炉等操作；将原电解槽（人工出槽）改为聚氯乙烯连通电解槽，使出槽、装槽可连续进行，减少非生产时间；用中频电炉代替坩埚地炉，改善劳动条件，减少金属损失和降低能耗等。

2. 金银冶炼新工艺的研究和应用

20世纪70年代中期，金银冶炼厂与有关研究单位开展了冶炼新工艺的探索与应用，重点是研究选—冶联合流程及全湿法新工艺。1977年研究成功选冶联合处理铜阳极泥的工艺，该工艺对阳极泥中铜、硒的脱除改用氯酸钠作氧化剂酸浸；浸出渣用浮选法处理；并加配苏打与浮选精矿进行熔炼。该法与旧的火法工艺相比，金直收率提高了5%～10%，银直收率提高了4%。1974年试验成功用“水氯法”处理银阳极泥的工艺。该法用水溶液氯化分离出金、铂、钯，可得99.99%纯金，99.95%的纯铂钯。1981年和1982年还分别研究成功水火法处理新工艺和阳极泥湿法处理新工艺并运用于生产。

目前全国大型铜铅冶炼厂仍普遍使用传统的火法—电解工艺，但在设备和工艺条件等方面有重大改进，已经开始试验火法—湿法相结合的流程；中小冶炼厂则多采用湿法处理工艺。除了铜、铅阳极泥外，锡、锑、磷、镍、铁电解阳极泥以及锌渣、铋渣和浮选尾矿物的处理也做了一些有成效的工作。今后，阳极泥湿法处理新工艺或湿法—火法联合新工艺仍将是伴生金银冶炼的主要发展方向。

近些年来，国内多家铜、镍、锌冶炼项目企业引进国外先进技术，收到了很好的效果。如江西铜业公司、山东阳谷祥光铜业公司、安徽铜陵有色金隆铜业公司、甘肃金川有色集团、湖南株洲株冶火炬金属公司（锌厂扩建工程）等引进了奥图泰技术；铜陵有色公司则引进瑞典奥托昆普公司技术建造了世界最大的卡尔多炉，建成了年处理4000t铜阳极泥，年产黄金12t、白银350t、精硒140t的生产线。

最近几年来铜陵有色集团、湖北大冶有色集团、金川有色集团、山东阳谷祥光铜业公司等纷纷上马大型阳极泥回收项目，金银产量增速明显；此外江西铜业公司进军黄金矿业、铅锌冶炼，有色金银产量位居全国第一。最新进展是2014年3月20日，金川集团公司重点项目——铜阳极泥稀贵金属综合回收项目开工。该项目总投资4.3亿元，占地面积6480m^2，采用目前世界公认的先进工艺，设计年处理铜阳极泥6000t。该工程由中国恩菲工程公司设计，金昌诚信监理公司监理，金川集团工程建设有限公司承建，项目将于2015年底建成投产。项目建成后，使金川集团公司达到黄金30t、银600t、硒200t和碲产品20t的贵金属年生产能力。

（二）金银再生回收技术的进步

新中国成立前，金银再生回收技术极少，可谓空白。新中国成立后，从1960~1961年的“白银大会战”回收民间银元、银器开始，金银再生回收得到一定发展。但回收量与总量的比率还偏低，20世纪80年代白银再生回收占产量比重约为12%。

金银市场开放前，金银的回收主要由国有企业承担。生产银电接点和焊料的苏州合金材料厂除回收自身的废料外，还回收其他单位送来的废银。

金基合金废料的回收再生工作主要配合创制新型金基合金系列进行。金银含量低的废料，如破热水瓶胆、含金银的泥渣等也进行了回收。如上海永胜金属提炼厂20世纪70年代从中回收黄金140kg，截至1983年总计回收白银386t。北京稀贵金属提炼厂的黄金回收量也与其相当，截至1983年总计回收白银152t。

河北保定胶片厂从感光材料废料的回收银的成效显著。1971年该厂建成废胶片处理车间，使卤化银沉淀回收。该厂还与吉林冶金研究所、保定市银行等合作，研究出火法回收银的工艺。1978年又研究出废乳剂中回收银的工艺，使每年近40t的废乳剂得到处理。1980年建成含银污水处理站，进一步减少银的损失。1957年开始国内不少单位从定影液中回收银。如北京电影洗印厂、天津熔炼厂、北京稀贵金属提炼厂等单位分别建立了从定影液中回收银的车间。

20世纪70～80年代中国部分金银再生回收企业见表4-6。

表4-6 20世纪70～80年代中国部分金银再生回收企业

序号	企业名称	回收方法及产品
1	吉林冶金研究所、北京无线电综合元件厂	碘和碘化钾的方法回收金
2	国家物资局徐州稀贵金属研究所	硫脲退金
3	苏州合金材料厂	废旧电触和焊料提银
4	昆明贵金属研究所	金液中用草酸还原法提金
5	上海永胜金属提炼厂	热水瓶胆、含金银的泥渣提金，“三废”提银
6	北京稀贵金属提炼厂	“三废”提金、银
7	河北保定胶片厂	废胶片、废乳剂等提银
8	北京电影洗印厂、天津熔炼厂	定影液提银

注：资料来源于中国有色金属工业协会《有色金属工业50年资料汇编》。

白银、黄金市场相继放开后，金银再生回收发展迅速，很多民营企业等纷纷参与白银的再生回收，形成了湖南永兴和浙江省仙居等再生白银产业基地。中国人民银行 1999 年批准湖南省永兴县金银回收总公司自行销售回收金银，并实行优惠税收政策。目前，国内民营企业白银产量占全国白银总产量的一半左右。

二、有色副产阳极泥中金银的回收技术

在通常情况下，铜矿含金较多，铅矿含银较多，而镍矿含铂族金属较多，在电解精炼时，这些贵金属大部分都进入相应的阳极泥中，在重金属铜、铅、锑冶金过程产出阳极泥，阳极泥中的主要有价金属为金银，因此从铅、铜阳极泥回收金、银是有色金、银产量的最主要来源。

铜、铅精矿中所含的金、银等贵金属在火法冶金过程中几乎全部进入粗铜和粗铅，粗铜和粗铅再进行电解精炼。铜电解阳极泥的产率为粗铜阳极板质量的 0.2% ~1%。铅电解阳极泥的产率比铜电解阳极泥的稍高，通常为 0.9% ~1.8%。阳极泥中除含金、银等贵金属外，通常还含有 Se、Te、Pb、Cu、Sb、As、Bi、Ni、Fe、Sn、S、SiO_2、Al_2O_3 等，其含水量在 35% ~40% 之间，铅阳极泥中 Sb、As 的含量比铜阳极泥高。

由于白银原料来源复杂，因此生产工艺流程多较复杂。目前产量最大的是铅、铜阳极泥白银的提取，而锌冶炼厂因为锌浸出渣回收提取白银比较困难，产量较少。火法—电解

法是处理铅阳极泥的常规工艺，该工艺在熔炼前脱除硒、碲，再经火法熔炼产生金银合金板送电解银。这一工艺除单独进行外，还常常与脱铜、硒后的铜阳极泥混合熔炼。阳极泥提取金银分为铜阳极泥提取金银、铅阳极泥提取金银和铅铜阳极泥混合处理工艺三类，从锌精矿中提银技术后面单独介绍。

（一）铜阳极泥提取金银

铜阳极泥中各种元素的物相见表4-7。

表4-7 铜阳极泥中各种元素的物相

元素	主要物相
Cu	$Cu, Cu_2O, CuO, Cu_2S, CuSO_4, Cu_2Se, Cu_2Te, CuAgSe, CuCl_2$
Pb	$PbSO_4, PbSb_2O_6$
Bi	$Bi_2O_3, (BiO)_2SO_4$
As	$As_2O_3 \cdot H_2O, Cu_2O \cdot As_2O_3, BiAsO_4, SbAsO_4$
Sb	$Sb_2O_3, (SbO)_2SO_4, Cu_2O \cdot Sb_2O_3, BiAsO_4$
S	Cu_2S
Fe	$FeO, FeSO_4$
Te	$Ag_2Te, Cu_2Te, (Au, Ag)_2Te$
Se	Ag_2Se, Cu_2Se
Au	Au, Au_2Te
Ag	$Ag, Ag_2Se, Ag_2Te, AgCl, CuAgSe, (Au, Ag)_2Te$
铂族	金属或合金状态(Pt,Pd)
Zn	ZnO
Ni	NiO
Sn	$Sn(OH)_2SO_4, SnO_2$

铜阳极泥火法处理主要有以下三个工序：硫酸化焙烧除铜、除硒，还原熔炼生产贵铅，贵铅氧化熔炼除杂。

1. 硫酸化焙烧除铜、除硒

硫酸化焙烧在回转窑内进行，铜阳极泥送入不锈钢混料槽，按铜、银、硒、碲和硫酸进行化学反应的理论量的130% ~140%（铜阳极泥与浓硫酸比例大概为1∶0.8）配加浓硫酸，搅拌成糊，用加料机均匀送入回转窑内进行硫酸化焙烧。硫酸化反应完成后，硒生成 SeO_2 挥发，挥发率可达93% ~97%。含 SeO_2 和 SO_2 的气体经进料端的出气管进入吸收塔。塔内装水，SeO_2 溶于水形成 H_2SeO_3 并被 SO_2 还原成粉末状的硒，经水洗干燥得95%左右的粗硒。塔液和水洗液用铁置换后含硒低于0.05g/L，弃去，含硒置换渣返回窑内处理。硫酸化焙烧使铜转化为 $CuSO_4$，用水浸渣使 $CuSO_4$ 进入水溶液而实现脱铜。脱铜渣送至下一工序，硫酸铜溶液用泵送至铜电解车间回收铜。

2. 还原熔炼

铜阳极泥经提硒脱铜处理的浸出渣、阳极泥或两者的混合物是还原熔炼的原料，配入粉煤和石灰等熔剂进行还原熔炼生产贵铅。熔炼的目的是把阳极泥中的金银富集起来，成为金银合金。熔炼是在反射炉或者转炉（贵铅炉）进行，温度1373 ~1473K，放渣后得到的是贵铅，贵铅是铅、铋和金、银等的合金，其含银量根据原始物料含贵金属而定，一般含银25% ~33%，含金0.8% ~1%等。熔炼贵铅所用的熔剂一般为苏打、萤石、石灰、石英，还有少量的还原剂如焦粉和铁。还原熔炼在转炉内进行。阳极泥中的金、银与还原出来的铅熔体形成贵铅，沉于炉底，少量的碲、铜、硒也进入贵铅。

3. 贵铅氧化熔炼除杂

将贵铅在反射炉或者转炉（分银炉或者灰吹炉）中在温度 1273~1473K 鼓风氧化，使铅、砷和锑氧化挥发，同时使一些不挥发的杂质氧化物如铜等造渣。当炉内合金含银达到 75%~80% 时，加入苏打和硝酸钠使碲造渣，可得到含碲 3% 左右的碲渣，用作提碲的原料。继续吹风氧化使含银量达到 97%~98% 为止，浇注成金银合金阳极，用来作电解精炼阳极使用。铜阳极泥火法—电解常规工艺流程如图 4-2 所示。

目前，国内铜阳极泥处理工艺主要有三大类：（1）全湿法工艺流程：硫酸化焙烧（或氧化焙烧）蒸硒—稀酸分铜—氯化分金—亚钠分银—金、银还原—银电解。（2）湿法—火法相结合的流程：加压浸出铜、碲—火法熔炼、吹炼（卡尔炉）—银电解—银阳极泥氯化提金。对于规模小的企业采用较多流程为：硫酸化焙烧（或氧化焙烧）蒸硒—稀酸分铜—贵铅炉、分银炉熔炼—银电解。（3）选冶流程：湿法分离铜、硒—浮选分离贵、贱金属—分银炉熔炼—银电解—银阳极泥氯化提取金、铂、钯。浮选产生的尾矿返回铜系统进一步回收有价金属。

中国恩菲工程公司资料显示，在中国采用选冶流程的企业很少；对于年产 20 万吨以上的铜厂大多采用湿法—火法相结合的流程；中小规模的铜厂大多采用全湿法流程。采用全湿法流程的企业根据各厂的规模、原料的不同，在工艺上

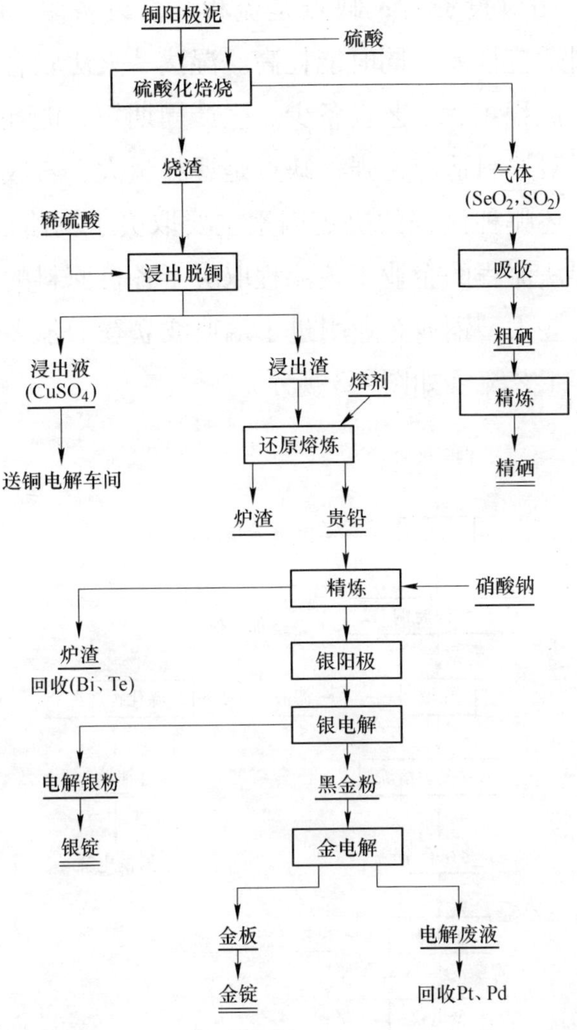

图 4-2　铜阳极泥火法—电解常规工艺流程

又有所不同。例如焙烧采用氧化焙烧；铜阳极泥中含碲高，则在氯化分金前增加碱浸工序；有的厂采用萃取提金，或采用不同的还原剂还原金、银。湿法流程的优点是工艺成熟、返料少，相对投资省；缺点是流程长、设备多、生产成本高、原料适应性差，同时能耗高。湿法—火法联合流程的优点是主干流程短、工艺设备少、生产周期短、能耗低、运行成本低、对原料适应性强；缺点是返料量大、直收率低。目前采用上述哪种流程的决定因素主要取决于铜冶炼的规模。而选择湿法流程的企业工艺流程取决于各自原料的成分。目前国内一些大型铜业企业引进了瑞典波立登卡尔多炉处理铜阳极泥，工艺流程如图 4-3 所示。

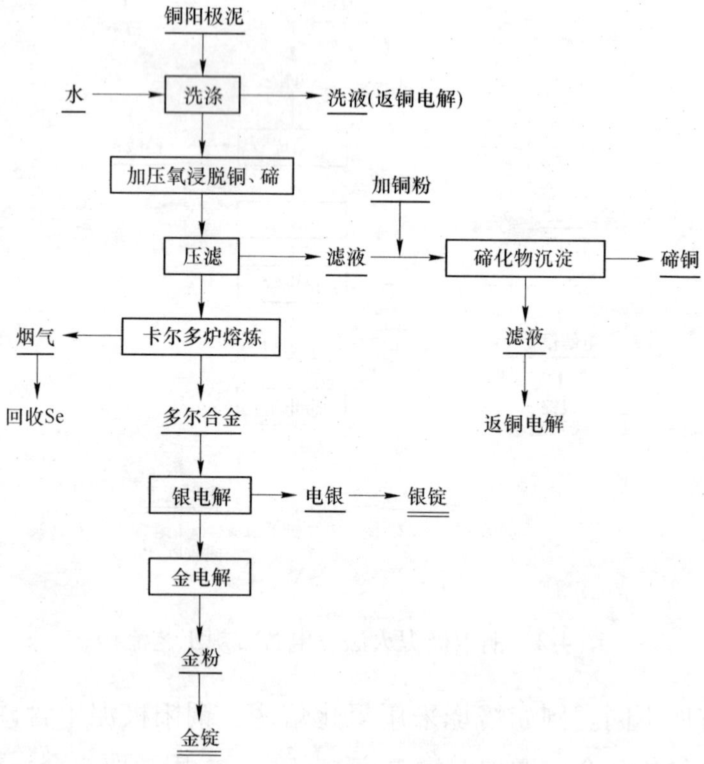

图 4-3 瑞典波立登卡尔多炉处理铜阳极泥工艺流程

（二）铅阳极泥提取金银

铅阳极泥的物相组成见表4-8。

表4-8 铅阳极泥的物相组成

金属元素	金属物相及化合物
Ag	Ag, Ag_3Sb, ε′-Ag-Sb, AgCl, $Ag_ySb_{2-x}(O \cdot OH \cdot H_2O)_{6\sim7}$ ($x=0.5, y=1\sim2$)
Sb	Sb, Ag_3Sb, $Ag_ySb_{2-x}(O \cdot OH \cdot H_2O)_{6\sim7}$ ($x=0.5, y=1\sim2$)
As	As, As_2O_3, $Cu_{0.95}As_4$
Pb	Pb, PbO, PbFCl
Bi	Bi, Bi_2O_3, $PbBiO_4$
Cu	Cu, $Cu_{0.95}As_4$
Sn	Sn, SnO_2
其他相	SiO_2, $Al_2Si_2O_3(OH)_4$

铅阳极泥是铅电解精炼过程中产出的一种副产品，主要是由阳极粗铅中还原电位较高的杂质金属及在电解液中的不溶成分组成，其成分和阳极泥产率主要取决于阳极成分、铸造质量和电解的技术条件，所以各种组分都有较大的波动范围。铅阳极泥产率一般为粗铅的1.2%～1.8%，通常含有金、银、硒、碲、铅、铜、砷、锑、铋、镍、铁、锡、SiO_2、Al_2O_3和铂族金属等有价元素，在一般情况下，银、铅、锑、锡、铜、砷等元素的总量占干重的70%以上，阳极泥含水量通常在35%～40%之间。目前，铅阳极泥的处理基本上有三种方式：一是火法—电解处理工艺，有的厂将铅阳极泥和铜阳极泥进行混合熔炼；二是全湿法工艺；三是湿

法—火法联合流程。

铅阳极泥冶金的常规方法是火法熔炼—氧化精炼—电解法（见图4-4）。对于含硒、碲高的铅阳极泥，火法熔炼前通常先脱除硒和碲，铜高时也包括脱铜。经熔炼产出的贵铅进行鼓空气氧化精炼得到金银合金，银品位达96%以上。再经电解精炼得到银、金产品。火法处理铅阳极泥一般是将铅阳极泥与助熔剂一起加入到转炉中还原熔炼，产出以铅、铋、金、银为主的合金，烟化的砷、锑用布袋收尘。铜、铋是火法熔炼最难排除的元素，它们在贵铅分银时需要很高的温度和较强的氧化条件才能成渣；而且铜、铋黏度较大，成渣时常夹带金、银，导致金、银损失。烟气中含有有毒的砷氧化物，污染环境。铅阳极泥熔炼时，返渣多，金、银直收率低，生产周期长，特别不适于中小企业采用。因此，阳极

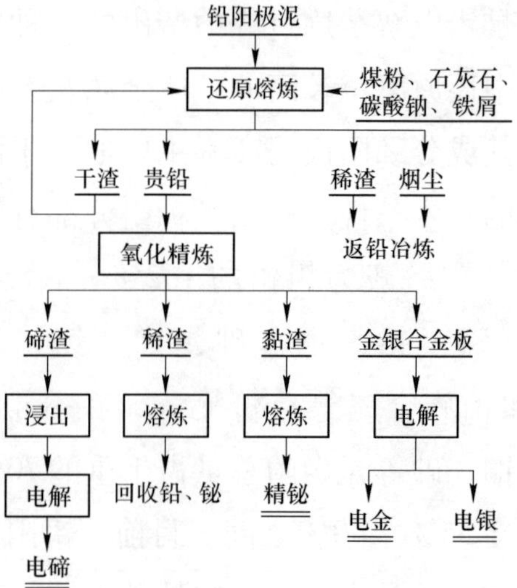

图4-4　铅阳极泥火法工艺流程图

泥湿法处理工艺应运而生。采用湿法工艺处理铅阳极泥，金、银收率高，生产周期短，对环境无污染。对金、银含量较低的铅阳极泥，采用湿法工艺更具有明显优势。

目前中国处理铅阳极泥的工艺流程主要有以下三种：(1) 传统的火法流程：贵铅炉还原熔炼—分银炉氧化精炼—银电解；(2) 湿法—火法流程：湿法除贱金属—碱转化—分银炉精炼—银电解，浸出液分别水解沉锑—中和沉铋—氧化沉铜；(3) 全湿法流程：湿法除贱金属—浸出渣氯化分金—氨水浸银—金、银还原—银电解，浸出液分别水解沉锑、铋—氧化沉铜。对于湿法除贱金属工序又有三氯化铁体系、盐酸+食盐体系、盐酸+氧化剂体系、氢氧化钠体系等，有的是先除铜，然后再除贱金属。传统火法流程的优点是对原料适应性强，处理能力大；缺点是直收率低，劳动环境差。

中国恩菲工程公司资料显示，由于目前各厂原料的不确定性及规模的大型化，年产 8 万吨以上的铅厂和铜铅联合企业大多采用火法。湿法—火法流程优点是金属直收率高，劳动环境较好，有价金属能有效地加以回收。对于该流程银的直收率可比传统的火法流程提高 8% 左右，该流程的缺点是一次投资较大、所需试剂品种多、介质腐蚀性强、原料成分要求相对稳定，所以通常适用于中小规模的企业。全湿法流程通常适用处理含金较高的铅阳极泥。

(三) 铅、铜阳极泥混合处理工艺流程

铅、铜阳极泥混合处理工艺分为还原熔炼、氧化精炼和电解几个过程，铅、铜阳极泥混合处理流程如图 4-5 所示。

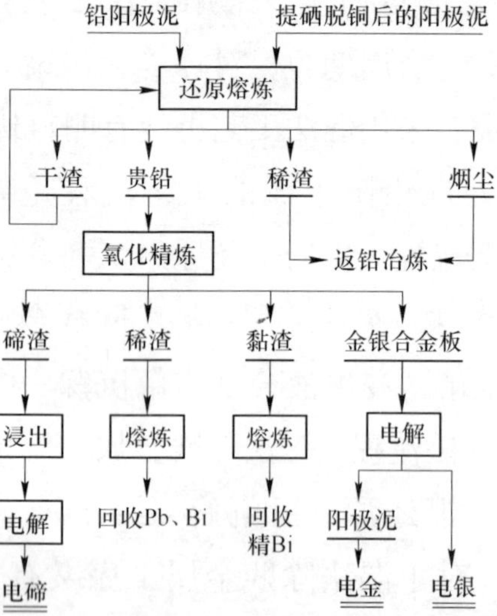

图 4-5 铅、铜阳极泥混合处理流程

三、从锌精矿中提银技术

在湿法炼锌过程中，锌精矿中的银几乎全部富集于高酸浸出渣中。中国湿法炼锌工厂每年产出大量的高酸浸出渣，含银量约 100～600g/t，同时还含锌 20% 左右和少量其他有价元素。银存在形态复杂，回收困难，随着银用量的不断增加和资源的日益匮乏，银的价格日益攀升，因此目前对从含银的湿法炼锌高酸浸出渣中分离回收银的研究很多。

从高酸浸出锌渣中回收银的方法主要有浮选法、碱熔法、硫脲法、氯盐法和氰化法等，但存在着银的回收率因为高酸浸出锌渣的性质和生产厂家的特点不同而存在较大差别、碱耗大、成本高、能耗大、污染环境等问题，为了解决从高酸浸出渣中分离回收银的有关工艺问题，国内有学者（王瑞祥，唐谟堂，唐朝波，杨声海，何静，杨建广）研究提出了硫酸焙烧—水浸脱锌铁—氯化浸银—冷却结晶 $PbCl_2$—铅片置换沉银的工艺（见图 4-6），从高酸浸出渣中回收银，取得了良好的效果（从含银废料中提银将在第五篇第一章讲述）。

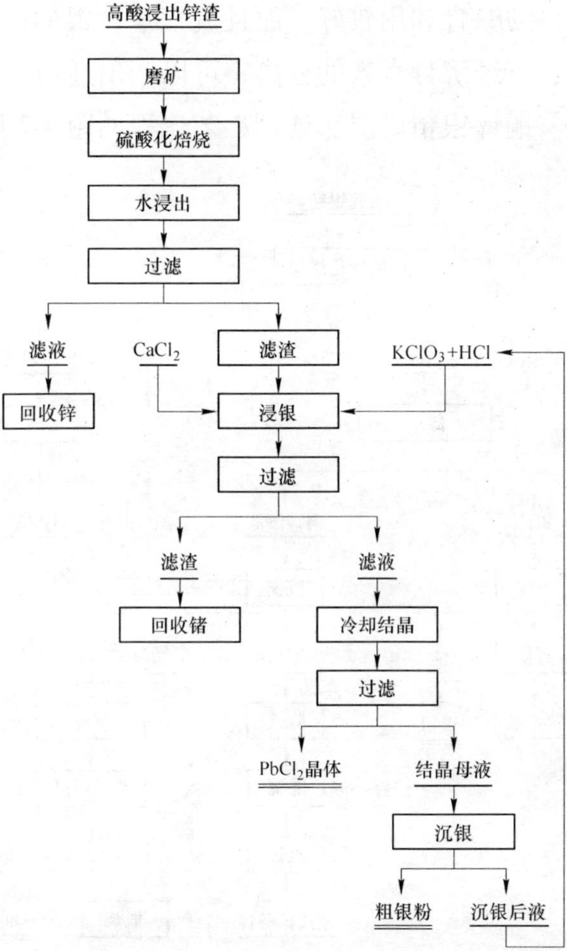

图 4-6 高酸浸出锌渣分离回收银的工艺流程

针对复杂铜锌银精矿的处理，由于矿石中铜、锌、铁、铅的质量分数都比较高，用火法根本无法处理，而采用湿法则需要解决铜、锌有效分离及使银富集在一种渣或溶液中的问题。中南大学冶金与环境学院杨声海、唐谟堂研究提出一种铜锌银精矿冶炼新工艺。该研究提出的湿法炼锌工艺对铜、锌、铅的综合利用较好，而且流程短，银的回收率高并实现了铜、锌经济且有效的分离，可以产出适应市场需求的化工产品。铜锌银精矿湿法处理工艺流程如图4-7所示。

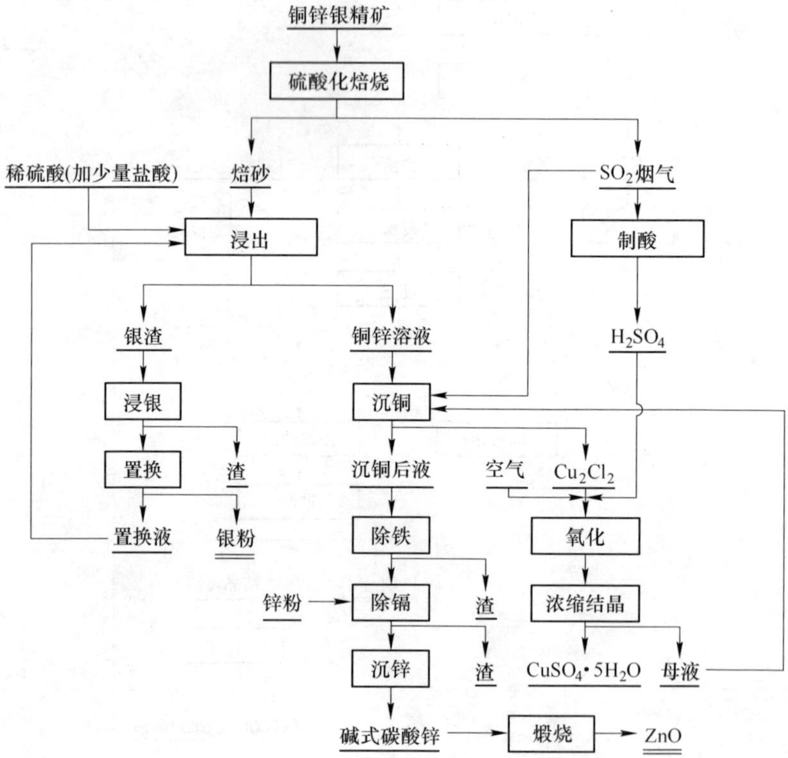

图4-7 铜锌银精矿湿法处理工艺流程

四、银的提纯

银的提纯分为银的化学提纯、银的电解精炼和银的萃取提纯三种，这里简单介绍银的电解精炼。白银电解精炼以金银合金板为阳极，不锈钢板为阴极，在硝酸银溶液中进行电解制取纯度为 99.99% 的银，工艺流程如图 4-8 所示。火法冶金经过长期生产实践，工艺日臻成熟，适应性强，能综合回收的元素多，特别是银和金的回收率高，为世界主要大型冶炼厂所广泛采用。但它也存在能耗高、熔炼产出的烟气严重污染环境、需要集中大量阳极泥造成贵金属积压量大等缺点。

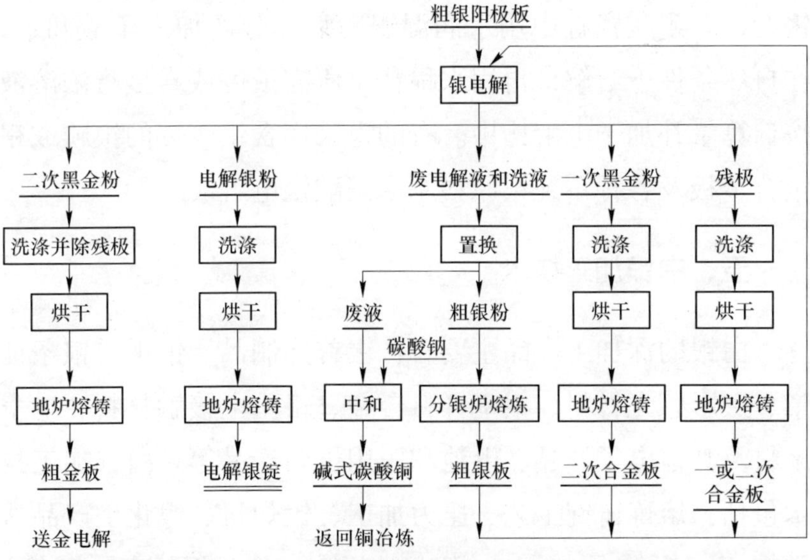

图 4-8　银的电解流程

（一）极板

电解提纯银的原料为各种不纯的金属银，铸成粗银阳极板，要求阳极板铜含量小于5%，金银总量达95%以上，其金含量不超过1/3。若含金过高，须配入粗银，以免阳极钝化。粗银阳极板须装入隔膜袋中，以免阳极泥和残极落入槽底污染电解银粉。银电解阴极最好为纯银板，但也可采用不锈钢板或铝板。电解银呈粒状在阴极析出，易于刮下，刮下的银粒直接沉入槽底，阴极可长期使用。

（二）电解液

银电解时目前均采用硝酸银电解液。其电化系统可表示为：Ag(阴极) | $AgNO_3$、HNO_3、H_2O，杂质 | Ag，杂质（阳极）配制电解液一般均采用含银99.86%～99.88%的电解银粉，在耐酸瓷缸中用水润湿银粉后，分次加入硝酸和水，在自然条件下溶解，再用水稀释至所需浓度或直接将浓溶液按计算量补加于电解槽中。有的也采用含银较低的银粉或粗银合金板及各种不纯银原料制取硝酸银电解液。

五、白银加工技术

白银的深加工产品主要有：银首饰制品、银币与银条证章、摄影感光材料、银基钎料合金、银基电接触材料、电子浆料及其他电子产品、电池和医用抗菌产品等。白银加工技术包括：熔炼铸锭工艺、压力加工、银焊接、银化工产品盐类加工、银饰品加工、银材料（线、丝、板、带、箔等）加工、合金材料加工、银粉银浆加工、电镀工艺等，限于篇幅，这里主要介绍部分银精细化工产品、银合金材料加工的生产方法与工艺和银首饰及银器的制造。

（一）银精细化工产品生产

1. 硝酸银的生产

硝酸银是白银深加工的第一个产品，是许多其他深加工产品的原料。硝酸银的生产主要采用酸解法，即由金属银与硝酸直接反应而得。其主要反应如下：

$$Ag + 2HNO_3 \longrightarrow AgNO_3 + NO_2\uparrow + H_2O$$

$$3Ag + 4HNO_3(\text{稀}) \longrightarrow 3AgNO_3 + NO\uparrow + 2H_2O$$

根据所用银原料的纯度不同，酸解法生产硝酸银通常有纯银法和杂银法两种生产工艺。

2. 氧化银、超细氧化银和纳米氧化银的生产

（1）普通氧化银生产方法。氧化银由硝酸银溶液与NaOH溶液反应而得：

$$2AgNO_3 + 2NaOH \longrightarrow Ag_2O\downarrow + H_2O + 2NaNO_3$$

（2）超细氧化银和纳米级氧化银生产方法。按普通氧化银的生产方法所生产的氧化银的粒度一般约为0.0475mm（300目）。国家质量标准中对氧化银的颗粒度未作具体规定，但在实际工业应用中，不同行业对氧化银产品的颗粒度都有明确的要求。由于氧化银的颗粒很硬，一旦颗粒形成后，很难再将其细碎。若要得到颗粒度更小的氧化银产品，如超细氧化银（颗粒度在几个微米）或纳米级氧化银（颗粒度在几十纳米），则必须采用新的生产方法。

原理：普通氧化银生产中，硝酸银溶液直接与氢氧化钠

溶液反应时，溶液中的 Ag^+ 浓度过大，生成的氧化银微粒在反应体系中的生长速度过快，同时颗粒之间很容易团聚，导致得到的氧化银产品颗粒过大。若能降低反应时 Ag^+ 的浓度，使氧化银的生成速度加快而生长速度减慢，同时在氧化银颗粒生成后被立即保护起来，阻止团聚现象的发生，则可得到颗粒度极小的氧化银颗粒产品。

生产方法：将硝酸银配成溶液，加入浓氨水得到银氨溶液，逐渐加入到预先加有保护剂（如 PVP 等）的氢氧化钠溶液中，超细氧化银沉淀即生成。经过洗涤、分离和干燥得到超细氧化银成品。按该方法所生产的纳米级氧化银平均粒径约为 88nm，最大粒径与最小粒径之差不大于 5nm。改变反应物的浓度和反应条件，可以得到指定粒径的微米级或纳米级氧化银。

3. 硫酸银的生产

硫酸银是斜方晶系白色晶体或结晶性粉末，熔点为 660℃，分解温度为 1085℃。微溶于水，在硝酸或热硫酸中的溶解度比在水中大，主要用于压电陶瓷浆料、部分电镀产品和热敏电阻等产品的生产。硫酸银的生产可分为直接法和间接法。直接法是将电解银粉或银板与浓硫酸直接在加热条件下反应而得到硫酸银。间接法指将银先制成适当的中间产物，如硝酸银、氧化银或碳酸银，使之再与硫酸或硫酸盐作用而得到硫酸银。

4. 氰化银钾和氰化银的生产

氰化银钾是白色晶状粉末，易溶于水。遇酸会生成氰氢酸和相应的银化合物，剧毒。氰化银钾是镀银及其合金工艺中一种十分重要的银盐，目前产品虽未形成国家标准，但在镀银行业已逐步取代了原先使用的硝酸银、氯化银和碳酸银等其他银盐。氰化银钾的纯度对镀层的质量和镀液的寿命影响很大，尤其在电子元器件的表面镀银中，对 $KAg(CN)_2$ 的纯度要求十分严格。目前，氰化银钾的生产方法主要有电解法、中间产物法和直接法。

（1）电解法。电解法以纯银作为阳极，氰化物溶液作为电解液，通入直流电后银从阳极溶出，进入溶液与 CN^- 结合，再将电解液取出进行浓缩结晶而得到氰化银钾。近年来电解法发展很快，除传统电解法外，隔膜电解等新工艺纷纷应用于电解法生产氰化银钾。

（2）中间产物法。中间产物法是将纯银或粗银制成适当的中间产物，如硝酸银、氰化银、氯化银或氧化银，再与氰化钾反应而得到氰化银钾。相应的以这些中间产物命名的生产方法有硝酸银法、氰化银法、氯化银法和氧化银法。这些方法各有优缺点，但均存在生产周期长、银耗大和产品纯度易受人为操作影响的不足。

1）硝酸银法。将硝酸银和氰化钾按物质的量之比为 1∶2 投料，经过浓缩、结晶而直接得到氰化银钾成品。此法操作简单，但因浓缩结晶过程中不易控制氰化银钾的结晶度，易使产品中混有硝酸钾。

2）氰化银法。将略少于化学计量的氰化钾和硝酸银反应，得到氰化银沉淀，经洗涤后溶于等物质的量的氰化钾中，经浓缩结晶而得到氰化银钾。此法可克服硝酸银法的缺点，产品纯度较高，但收率低。原因在于在得到氰化银沉淀的过程中，氰化钾的加入量少于理论量，有部分硝酸银没有变成氰化银沉淀而留在了滤液中。若氰化钾的加入量等于或大于理论量，则有部分氰化银将溶解于过量或局部过量的氰化钾中，影响所得氰化银沉淀的量。通过氰化银法可以得到镀银工艺中所需要的另一银盐——氰化银，此产品在许多电镀企业仍在使用。

3）氯化银法。为了克服氰化银法的缺点，提高产率，先将硝酸银制成氯化银后再将氯化银溶解于稍过量的氰化钾中，经浓缩结晶而得到氰化银钾。此法收率较高，但存在与硝酸银法相似的缺陷，即浓缩结晶过程中易在产品中引入氯化钾而影响纯度。

4）氧化银法。在饱和氰化钾溶液中加入略少于化学计量的氧化银固体，加热至60℃，搅拌至全部溶解。趁热过滤，滤液浓缩至浓缩水量达到一定体积时，在不断搅拌下冷却结晶而得到氰化银钾。用此法生产的氰化银钾纯度高，但生产成本也较高。

（3）直接法。直接法是以电解银粉为原料，采用氰化提银和氰化提金相同的原理，在氧气存在下用氰化钾溶液直接与银粉反应而得到氰化银钾。这是生产氰化银钾的一种新方法（又名鼓氧氰化法），其特点是原料简单、产品纯度高、生产操作容易、生产成本低和环保要求低。

5. 超细银粉、片状银粉和纳米银粉的生产

超细银粉指粒度为0.1～1μm的球形或近似球形的金属银粉末，依据粒度的不同，超细银粉的颜色从灰色至灰黑色不等，颗粒越小，颜色越黑。片状银粉指银粉颗粒的形状为片状，化学成分、平均尺寸和密度符合有关规定的银粉，其颜色为灰白色，带有金属光泽，有时又称为光亮银粉。粒度在100nm以下的银粉称为纳米银粉，它是随着纳米技术的发展而于近年开发出来的银粉新品。白银在电子元器件行业的最终应用在于将白银制成适当的化合物或混合物，涂布到相应电子元器件的基础材料上，从而具有一定的电学性质。银粉是白银在电子元器件上应用效率最高、使用最为方便的含银材料。另外，超细银粉和纳米银粉也是某些催化剂的主要成分。因此，将白银通过适当的方法加工成特定粒度和特定形状的银粉，是白银深加工的主要内容之一。

（1）超细银粉的生产方法。目前超细银粉的生产主要采用化学还原法，即将白银制成硝酸银后，加入适当的还原剂，将Ag^+还原成单质银粉。为了控制还原速度以及所得产品的粒度大小和粒度分布，生产中常将硝酸银制成适当的配合物（如$[Ag(NH_3)_2]^+$或$[Ag(CN)_2]^-$）后，再加入还原剂进行反应。由于超细粉末具有极大的表面能，超细粉末之间的团聚现象很明显，在反应过程中应加入必要的保护剂，以防止银粉颗粒之间的团聚。

（2）片状银粉的生产。片状银粉一般采用化学法形成超细颗粒、物理法研磨成片的方法生产，即将超细银粉加入

分散剂和研磨剂，在球磨机中研磨一定时间，经过干燥、筛分、检测合格后包装入库。

（3）纳米银粉的生产。由于纳米银粉的粒度很小，在 10^{-9}m 的范围，它的电学、光学和催化等方面的性质与大颗粒银粉有很大不同。因此，世界各国对纳米银粉及由纳米银粉组成材料的研究非常重视。生产过程中的关键问题在于控制颗粒之间的团聚。现已生产出粒度在 50～100nm 的颗粒状超细银粉，技术效果良好。

6. 银浆系列产品的生产

银浆为均匀的超细银颗粒或银化合物的悬浮物，或带有助熔剂、黏合剂、溶剂等组成的有机胶体混合物。按其用途可以分为导体浆料、电阻浆料、电极浆料、玻璃包封浆料、PTC 浆料和太阳能电池用浆料等；按银浆的烧结或固化温度，可将银浆分为低温银浆、中温银浆和高温银浆，不过，各低温、中温和高温的分界线并不十分明确；按银浆中贵金属的种类又可分为单组分纯银浆和含有其他贵金属的多组分银浆；按含银物质的种类可分为氧化银浆、分子银浆和银粉银浆等。它们广泛用于制造电容器、电位器、电阻器以及压电陶瓷材料的电极。随着银浆在工业上用途的不断扩大，银浆产品的品种和功能不断扩大，据不完全统计，目前市场上银浆的品种多达上千种，其中还不包括许多银浆用户根据自身产品的需要自产自用的银浆。因此，银浆系列产品的深加工必须紧密结合市场的需求，有的放矢地开展研究和生产。银浆产品的保质期一般较短（几个月或一年）。

银浆的生产步骤如下：

（1）制备含银物质。根据银浆性能和用途的不同，将白银制成适当的形态或物质是银浆生产的第一道工序。

（2）配料调浆。根据银浆性能要求，选择适当的成膜物质和改性物质，按有关比例加入含银物质和溶剂，充分搅拌使之均匀分散。为了保证分散效果，通常选择球磨方式进行分散。

（3）性能测试。根据预定银浆性能，对所配银浆进行有关电性能、烧结性能、涂布性能以及化学成分分析，达到预定要求后包装入库。由于银浆中各组分的密度相差很大，同时有关溶剂的挥发性较大，因此银浆在长期放置过程中容易出现分层和黏度增加现象。在保存和使用过程中应注意密封和随用随取。在使用时应充分搅拌，如果黏度过大，可用少量专用溶剂进行稀释。

（二）银合金材料的制造

银与银合金的型材制品，包括各种板（片）材、带材、棒材、丝材、管材和箔材，都是通过传统的熔炼和加工技术制备的。通常的工序有：原料配制、熔炼铸造、定量分析、表面加工、丝片管机械加工（包括若干工序）、表面处理、验收和精加工产品。银与银合金丝材、片材、管材制造的一般流程如图 4-9 所示。

（三）银首饰及银器的制造

1. 首饰制造

传统的首饰是手工制造为主，具体工艺细分有 3 类：

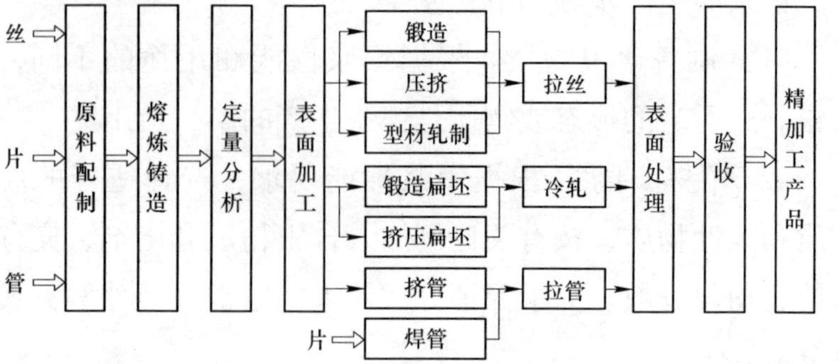

图4-9　银与银合金丝材、片材、管材制造一般工艺流程

(1) 花丝工艺，以银丝堆垒、编织等技法制作；(2) 镶嵌工艺，用齿镶、包边、硬嵌等技法；(3) 素坯工艺，用浇铸、打凿等技术。

现代首饰，在手工制作的基础上，用机器辅助生产，运用挤压、冲压、轧制等。近年来，随着科技的发展，粉末冶金、真空浇铸、激光成型加工、离子溅射、辐射敷色（变色）等先进工艺也开始推广应用，使生产效率提高，品种增多。

在首饰制作过程中应特别指出的是除刻花环、某些圆套环和扁平环外，所有环件都用熔模铸造法。用于项链、手镯和银器的各种首饰零件也都用此法制造。熔模铸造法包括如下步骤：原物造形，制作蜡模、组合膜模、制作耐熔铸模和浇铸，抛光和焊接。

项链和手镯用的链条可用机械和人工制造。铰链机可直接制作链环并进行铰接，然后经过焊接、抛光并装配为成品。

刻花环是表面刻有精细复杂图案的环饰品，使用金刚钻进行精雕。

2. 银器制造

银器在欧美很受欢迎，常作为新娘父母赠送的结婚纪念品。银器分扁平用具和空心器具，前者如刀具，后者如水壶和咖啡壶。扁平用具用锻造的银片在模具中冲压制成。空心器具制造过程包括制模，铸造、组装（焊接）、抛光和装饰（包括增加图案、制作浮雕和进行雕刻）等步骤。

（四）中国少数民族手工银器制造工艺

中国少数民族手工银器制造（选取云南鹤庆县新华村手工艺为例，新华村手工艺首饰银器加工至今已有一千多年的历史）至今还沿袭着较为原始的加工方法和技艺，且工序十分复杂，除了较为常用的工艺之外，加工过程中还保留了古老的铜走银、银走金、炸珠、錾金、鎏金、掐丝、镂空、拉丝等传统工艺，这些用手工雕錾琢磨出的闪着如月华般光辉的银器制品折射出了一个地域漫长的历史发展过程。

中国少数民族银器手工艺加工流程介绍如下：

(1) 选材。“工欲善其事，必先利其器”，加工制作银器，除了要有齐备顺手的工具之外，最重要的就是选择和辨别银毛料。挑选一块好的原料具体要分四个步骤：一摸、二看、三听、四捏，这是每一个走村串寨出门做活的小炉匠都必须具备的基本功。一摸，是看原料表面光滑度；二看，是看原料的光泽度；三听，可以用两块原料在耳边相互敲打，听它发出的声音；四捏，主要是感觉原料材质的柔软度。经验丰富的小炉匠加工制作银器通过以上四个步骤即可确定毛料的真伪和成色，以便为下一步的加工做好基础工作。

(2) 熔解。火是金属工艺的主要能源之一，火性的优劣直接影响到工艺品（产品）的质量。传统的火主要利用木炭。新中国成立后，逐渐发展成用煤，煤炭的特点是火力大，在原基础上节约了能源成本，节约了时间和人工。现在部分作坊已经发展为用电炉熔解和软化金属，电炉的特点是容量大，熔解快，节约能源。但由于新华村手工艺的多样化和个性化的特征，许多作坊根据自己的加工特点还是利用原始的炭火能源，其特点温和易掌握，加工出来的工艺品色泽温润。

(3) 敲片。把有形的金属加温软化之后用锤敲打成片称之为开片。开片的均匀程度直接影响到下一步制作的质量。开片时，可以一人敲，也可以 4 ~ 5 人同时敲，其中一人必须负责翻片，也就是用一只手拿火钳夹住金属，另一只手和其他几个人一起抡锤敲打，把金属敲制成薄片，越薄时就越难翻转，必须有很高技艺和经验的师傅才能把薄片翻过来敲打另一面，通过不断地翻转敲打之后，形成相对均匀的金属片，每一次翻转必须加温，如不加温就会敲裂。开片结束之后，根据需要用铁剪剪成一定的形状，做下一步的雕花和造型。

(4) 下料。在整个手工艺制作过程中，下料是一个不容忽视的环节，从下料上就能看出一个银匠对手工艺加工的熟练程度。下料是对接下来要打制的手工艺做材料上的准备，一件完整的工艺品是由很多部件组成的，下料前就得在大脑中构思要做一件什么样的工艺品，需要些什么样的材料，不同材料的量是多少等。如果同一件工艺品需要加工两个或是多个的时候，下料时掌握不好的话，就会使打制出来的工艺品在造型上有很大的差异。构思好之后，就可以比照设计好的银饰图稿下银片，银片要比图稿略大一点，留出一定的加工余量，如果成品造型特殊，要将其展开成平面来加工。

（5）拉丝。丝线在工艺品中占有重要的地位，最初是完全靠手工敲制，有多大的能力就敲制出多细的线条。后来根据纯银有较强延展性的特点，利用钨钢丝眼，把敲制到一定程度的丝线细头放入丝眼当中，用铗钳夹住，靠人工拉出，根据需要可制作粗细不同的丝眼，拉出各种直径的细丝线。但由于钨钢丝眼有一定的局限性，而且有时遇到钢质稍差的钢，丝眼在拉丝的过程中就会越拉越大，拉出的丝线就会越来越粗，给下一步的加工生产带来很大的困难，而且耗费工时量很大。

（6）制模。因为银质较软，延展性强，为了在其上錾刻花纹方便，凸显纹样的立体感和明暗变化，在敲制的银片下面必须要有硬物固定和依托。利用铅比银熔点低的属性，把粗加工的半封闭或全封闭的银片置于砂箱中，将熔化好的铅液注入其中，待铅液冷却后即可在银片上进行錾刻，雕刻完毕后，把其置入火中加热，把铅托熔化后即完成了这个步骤。

（7）成型。把银片放在用锡制成的模具中，用锤敲打，冲压出银器的基本轮廓，此工序也叫“括形”或“成型”。在用锤子敲打模具的过程当中，锤子的种类也分很多种。不同的锤子要在不同的时间段用，力度的掌握和控制也很重要。过重会发生形变，太轻的话又达不到效果。待一切敲打工序完成之后，打开模具取出银器的时候也要注意，必须从侧面慢慢将其向上打开，以便打开后看银器的轮廓是否完全被压出。如果有未压完整或是不理想的地方，还得将模具重新盖上继续敲打，只有等到完全出型之后才能进行下一道工序。

（8）画样。在雕刻进行之前，必须在粗形上用铅笔或毛笔画上传统的图案，然后再根据所画的图形进行雕刻。在这个过程中，绘制图案的过程基本上决定了最后成型的效果，画功的好坏决定了质量的好坏，许多刻功很好的匠人就是因无法绘出满意的图案而不能实现完美的效果。面对这种情况，许多匠人采取了照样板模仿的方式或请人画样的方法解决暂时的困难。近来，新华村为了解决这一困扰多年的问题，小炉匠们从一开始学徒就十分注重美术功底和审美意识的提升，他们经常定期或不定期地请来各美术院校的老师和社会上知名的艺术家进行培训和指导，银器产品纹样的精细度、造型的准确性和创新意识得到了空前的发展。

（9）錾花。在某一件工艺品初具大形并铸入支撑物后，在其上进行手工錾刻的过程称为錾花。錾花在整个工艺品形成的过程中是一个最重要的部分。从唐代至今，新华村手工艺品的錾花一直沿袭着纯手工方式，其中分为蜡雕和铅雕两种，錾刻的工具是各种形式的凿子和手锤，蜡雕因蜡和松香的支撑力有限，许多细花纹不能成型，铅雕则因铅的质地细腻、密度大、支撑力好，便于细部的造型雕刻，所以铅雕成为主要的雕刻方法。錾花的工具是各种形式的錾子和手锤，錾子的样式有几十种之多，最常用的有平花錾、梅花錾、月芽錾、片錾、双线錾、麻花錾、单线錾、压花錾、冲花錾等，而雕花的手锤相对单一，无样式上的区分，只是在大小轻重方面有所不同。錾花的过程是其他科技手段不可以代替的，用制模翻砂和电子雕刻技术完成的工艺品已经丧失了人文艺术特征，所以新华村的手工艺始终保持着手工雕制的原始性，维护着与史俱来的个性特征，因而备受世人的青睐。

(10) 焊接。一件工艺品的整个加工过程应该说是一个艺术造型的过程，焊接技术的优劣直接关系到成品的美观度。焊接过程中关键在于局部用火的技巧，焊接用火法最初为吹线法，就是用吹线灯燃火之后，用人工吹灯火加温，火的大小、温度的高低靠嘴中的含管与火苗间的距离控制，吹线过程不能断接，不然就会前功尽弃。新中国成立后改进为用气筒和气泵蓄气吹火苗，从根本上解决了人工吹气焊接的缺点，随着科技的发展和应用，以液化气和氧气直燃和助燃法的利用很大程度上改进了焊接技术，可以有效地控制火温、方位，焊接口的焊接效果比原来平滑和牢靠，技术上也比原来的方式更加容易掌握。

(11) 组装。组装是一个拼合、镶嵌、串联的过程，要把所有雕刻焊接好的部件和装饰材料拼凑在一起，形成一个整体。在这个过程当中，遇到衔接不吻合的环节还得进行细部处理修饰，所以组装程序也是需要十分耐心、细致才能完成的。复杂的工艺品由上百个部件组成，往往还会有绿松石、红宝石、炸珠、玛瑙、银丝线等饰物进行拼接镶嵌，同时要注重色彩的搭配协调、造型的合理准确和局部的精细度，这个时候就需要照图拼接，还需要具备纯熟的组装技巧。

(12) 打磨。早期在没有现代化工具的时候，打磨一般都是用细沙擦拭。而随着技术的改进以及量和时间的需求，大都用打磨机来完成打磨工序，但对于小件或是带有凹凸花纹的工艺品也仍然只能采用最原始的打磨方法。在打磨的时候还得注意很多，对于细部的地方不能太用力，因为稍不注意就很可能会损坏细部的花纹。用机器打磨也要掌握好时间和砂轮的转速。有些打磨后的工艺品还得把它放在响铜制成的小砧子上，用小榔头轻轻敲打，用钢锉打去毛边，使银器表面光滑发亮。打磨是一个后续环节，这道工序最仔细，也最费时间，打磨好了，银器就会发出闪亮光泽。

(13) 清洗。经过反复地敲打与加热，银饰表面会发黑或沾上杂质，需要清洗。清洗银器一般都是采用“酸洗”，早期石寨子银匠加工完成工艺品后都会去树上采摘一些酸木瓜或青梅子，把它的汁水压出来，用于清洗银器。对于银器的清洗方法也有很多，去除污斑也可以将醋烧热后，用软布蘸醋进行擦洗，再用水漂洗，最后用柔软的干布擦干。此道工序时间掌握十分重要，浸入酸洗液的时间太短，杂质洗不干净，会影响银饰的光泽。浸入时间过长，酸洗液会腐蚀银饰，同样破坏色泽与光洁度。漂洗后还要对银器进行晾晒，一定要选晴天，天气越晴朗，晾晒出的银饰色泽越漂亮。

（14）抛光。抛光是整个手工艺加工流程中的最后一步，也是至关重要的一步，之前的种种繁琐工序在这一步才能得到体现。玛瑙刀是过去许多老银匠出门做活的必备工具，用玛瑙给银器抛光是一种古老的方法，但也是最有效的方法，所以新华村匠人一直沿用至今。过去用玛瑙给银器抛光只加入清水，而现在则可以在抛光过程加入少量的洗洁精。这样抛出来的银器不仅色泽光亮，而且表面光滑润泽。给银器抛光的方法有很多，还可用等量的肥皂和纯净的白垩粉配制的混合物抛光。具体操作方法是：将水加热，将肥皂溶入水中，待肥皂溶解后加入白垩粉，搅拌均匀，将此混合物浆涂在银器上，再用干净的布擦拭。抛光就等同于画龙点睛，给银器工艺品注入灵魂。

（五）现代电铸银摆件制品生产工艺

现代电铸银摆件制品用银作底模，采用现代高科技中空电铸技术和时尚的设计理念，造型精美别致，工艺品沙面光泽鲜艳，纹饰清晰，造型栩栩如生。现代电铸银工艺流程（以湖南某银业股份公司电铸银工艺流程为例）如图 4-10 所示。

雕刻起版 → 制作硅胶模 → 制作蜡模 → 上导电油 → 电铸 → 清洗、脱蜡 → 喷砂、打水磨 → 抗氧化保护 → 清洗、烘干 → 检验、入库

图 4-10 电铸银工艺流程

第三章 白银采选及冶炼装备

图 4-11 所示为矿产黄金生产流程与简单设备示意图（矿产银类似）。

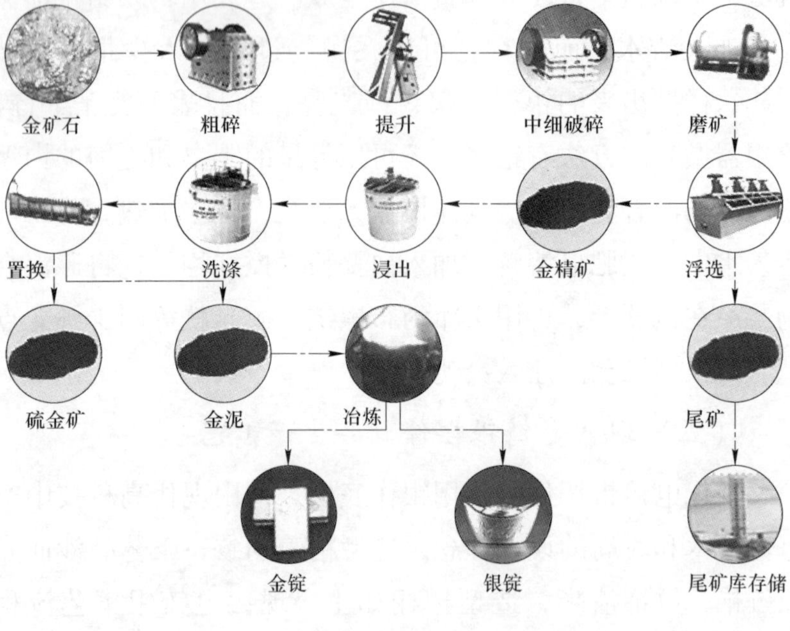

图 4-11 矿产黄金生产流程与简单设备示意图（矿产银类似）

（资料来源于山东黄金集团公司）

第一节　白银采矿和选矿设备

一、采矿设备

世界先进国家地下矿山的采、装、运以及其他辅助作业如喷锚、装药、松石等设备，基本上实现了无轨化，并向大型化发展。近年来，中国金属矿山在无轨化、大型化、液压化和自动化方面有了较大的进展，先后研制成多种规格的铲运机、液压钻车、地下牙轮钻机、各种凿岩台车和胶轮辅助车辆等。

（一）穿孔设备

通过将露天矿使用的潜孔和牙轮两种凿岩方式引用到井下，实现了从小直径浅孔、中深孔向大直径深孔的发展，使地下采矿实现了较大的变革。如瑞典地下矿山使用潜孔钻，直径为165mm，生产能力为50m/工班，每米崩矿量为15～30t；加拿大基德克利克矿和澳大利亚芒特艾萨矿使用的牙轮钻机直径为170～250mm，凿岩速度为6～10m/h，每米崩矿量为75～88t。在国外液压凿岩台车已成批生产并广泛使用（见图4-12），与风动凿岩机相比，效率高50%～100%，而且没有雾气，还便于自动化。瑞典等国已使用了程序控制台车，无需工人操作，可自动定好炮孔位置，自动钻进。

（二）装运卸设备

国外装运卸设备的发展较快，从柴油铲运机、电动铲运机到遥控铲运机，斗容从最小0.38m^3到最大15m^3各种型号和规格。中国在引进消化、吸收的基础上，研制生产了20

图 4-12　履带双臂液压凿岩台车

多种不同型号和规格的铲运机。国产的铲运机从规格品种上来说，已能满足地下矿山生产需要，但在设备性能、质量和备件供应方面与国外先进设备相比，还存在着相当的差距。

（三）辅助设备

国外矿山的喷锚、装药、撬顶松石等都采用机械化辅助车辆。如阿特拉斯公司生产的锚杆台车，阿立马克公司生产的松石机（撬顶、清理浮石用），尼特诺贝尔公司生产的装药车等均已在地下矿山普遍使用。20 世纪 80 年代，中国地下金属矿山先后从芬兰、瑞典、法国、德国、美国、加拿大等国引进锚杆钻车（见图 4-13）、混凝土输送和喷射车、装药车、松石机（撬毛车）、自行式碎石机、抛掷充填车、材料车、检修车、润滑车、人车、平板车等无轨辅助设备，这些引进设备为无轨辅助设备的国产化提供了有利条件。

随着科学技术的发展，地下金属矿山已有越来越多的设备（工序）实现了遥控或全自动化。如阿特拉斯公司的 Simba 209 型遥控潜孔钻机，DataRobolt 型长锚索安装机；芬兰 ARA 公司研制的铲运机计算机控制系统；蒙塔贝特公司的

图 4-13　液压锚杆钻车

Rofore 型自动钻车，无人驾驶汽车等业已出现；连续自动出矿系统、自动化运输系统、分析作业设备通信调度系统、设备故障诊断和监测系统等均不同程度地应用于个别矿山。瑞典基鲁纳铁矿的整个地下运输系统——列车装载、取样、主水平的运输、计量、卸载、破碎、箕斗提升和卸载已全部自动化，并在地下集中控制室内遥控。近些年来，中国已研制出铲运机遥控装置，用于 $2m^3$ 和 $3.8m^3$ 铲运机；在凡口铅锌矿、梅山铁矿、西石门铁矿已采用微机连锁的集中运输控制系统，提高行车安全程度和线路的通过能力，并在箕斗提升、装卸自动化等方面都有着一定的进展。综上所述，目前国内外地下矿都十分注重改革、创新，卓有成效地把露天矿的同类设备引进到井下，不断地更新设备和工艺，从而获得较高的生产效率。

二、选矿设备

（一）破碎与磨矿设备

破碎与磨矿作业是岩金矿山（独立银矿类似）选矿厂物料

加工过程中必不可少的主要工艺环节，其费用一般约占选厂总成本的40%～60%。因此，如何通过研制和应用碎磨设备以提高效率、减少能耗、降低成本，是破碎与磨矿技术发展的关键。

1. 破碎机

破碎机是将大块物料变小块物料的设备，根据工作原理、技术特征和结构，可以分为摆动式破碎机（颚式破碎机等）、旋摆式破碎机（旋回破碎机、圆锥破碎机（见图4-14）、双腔旋转破碎机等）、辊压式破碎机（对辊式破碎机、高压辊破碎机等）和冲击作用破碎机（锤式破碎机、反击式破碎机、笼形破碎机）等几种类型。

图4-14 圆锥破碎机

黄金矿山（独立银矿类似）的破碎设备以大破碎比和超细碎为发展方向。法国诺德伯格公司生产的HP系列破碎机是这一技术的典型代表。该设备与传统破碎机相比，具有破碎比高、处理量大、运转安全可靠、操作灵活方便等优点，国内已有多家黄金企业使用。西澳大利亚开发研制的威斯考恩（Wescone）破碎机的破碎比更大，能取代典型的两段磨矿回路中的第一段磨矿。

2. 磨矿设备

磨矿是将小块矿石的粒度进一步变小，使目的矿物与脉石单体解离，从而达到分选的要求；而磨矿方式分为干磨、湿磨和润湿磨。常见的磨矿设备有：棒磨机、球磨机（见图4-15）、自磨机（半自磨机）和砾磨机等。

图 4-15　半自磨和球磨机

由德国洪堡公司（KHD Humboldt）研制的高压辊磨机，不仅破碎比高、功耗低，且能使矿物更好地解离，这种设备在美国、巴西、印度和智利等国的铁矿应用，在澳大利亚的 Argyle 和俄罗斯的 Suchoj log 金矿得到应用，国内的金矿已进行过工业试验，有应用的趋势。而国内一些有色金属铜、铅、锌矿（矿石通常含银），纷纷采用大功率、大直径的磨矿设备，如江西某铜业公司选厂采用了 $\phi 10.37\mathrm{m} \times 5.19\mathrm{m}$ 半自磨机、ϕ7. 32m × 10. 68m 溢流型球磨机等（见图 4-16）；相比而言国内独立银矿规模要小，采用的磨矿设备功率与直径也要小（见图 4-17）。

图 4-16 江西某铜业公司大型半自磨机、溢流型球磨机

图 4-17 内蒙古某银矿选厂磨机与分级设备

3. 筛分与洗矿设备

对于筛分设备，常见的设备类型主要有：振动筛、固定筛、滚轴筛、圆通筛、弧形筛和细筛等。分级设备一般按介

质分类主要有干式分级机和湿式分级机两类。而常用的洗矿设备有：圆筒洗矿机、槽式洗矿机、水力洗矿筛、筛分设备及螺旋洗矿机等。

（二）选矿设备

1. 重选设备

各种重选设备都对其所处理的物料有一定的粒度范围要求，超过或低于这个粒度范围，将得不到好的选别效果。因此，物料在入选前，必须进行分级。重选过程中，常用的筛分分级设备有固定格筛、振动筛、转筒筛和弧形筛等。

大于2mm的物料多采用筛分的方法进行分级。如砂金矿的矿砂在进入溜槽选矿之前，要用固定格筛或振动筛进行筛分，把大于15～20mm的砾石筛出；在采金船上则用转筒筛把大于10～20mm的砾石筛出。脉金矿的磨矿产品如需用跳汰机选别时，可用振动筛进行分级，使小于3～5mm的矿粒进入跳汰机，而大于3～5mm的矿粒则返回磨矿机再磨。

小于2mm的物料分级，一般都采用水力分级机。选矿过程中所用的水力分级机有如下几种形式：

（1）上升水流水力分级机。这种设备又分为自由沉降式和干涉沉降式两种。在重选之前，用这类分级机可将物料按等沉比分成不同级别，以利选矿。

（2）圆锥分级机。用于事先将入选物料分成矿砂和矿泥以利于选矿，也可用于脱水。

（3）离心式分级机（水力旋流器）。用于微细级别的分级或者脱泥、脱水。

（4）机械分级机。在磨矿循环中作为预先筛分或控制分级。

目前国内外利用重选法回收黄金、白银的主要设备有：跳汰机、溜槽、离心选矿机、尼尔森选矿机、法尔肯选矿机等。金银矿山主要重选设备的应用特点及分选粒度范围见表4-9。

表4-9 金银矿山主要重选设备的应用特点及其分选粒度范围

设备类型			分选粒度/mm			应用特点
			一般	最大	最小	
粗粒重选设备	重介质选矿设备	振动溜槽	75～6	100	3	分选粒度粗，处理量大，分选精度高，适于预选贫化率高的矿石，介质制备及其回收工艺系统复杂
		鼓形分选机	100～6	300	5	
		圆锥分选机	50～6	75	1.5	
		涡流分选机	35～2	75	0.5	
		重介质旋流器	20～2	35	0.5	
	矩形大粒跳汰机		50～10	70	0.074	分选精度较差，处理量较大，工艺过程简单，分选精度不如重介质
中粒重选设备	跳汰机	旁动隔膜跳汰机	12～0.1	18	0.074	处理量较大，富集比高，可用于粗选及精选作业
		侧动隔膜矩形跳汰机	12～0.1	18	0.074	
		复振跳汰机	12～0.1	18	0.074	
		圆形跳汰机	12～0.1	18	0.074	
		下动圆锥跳汰机	6～0.1	20	0.074	
		锯齿波跳汰机	8～0.074	25	<0.074	
		梯形跳汰机	5～0.074	10	0.037	
	台浮		5～0.2	6	0.074	能分离出粗粒硫化矿物，产品多、分选效率高，处理量小

续表 4-9

<table>
<tr><th colspan="2" rowspan="2">设备类型</th><th colspan="3">分选粒度/mm</th><th rowspan="2">应用特点</th></tr>
<tr><th>一般</th><th>最大</th><th>最小</th></tr>
<tr><td rowspan="5">砂矿重选设备</td><td>摇床</td><td>2～0.037</td><td>3</td><td>0.02</td><td>处理量小，富集比高，可得多种产品，多用于精选</td></tr>
<tr><td>螺旋选矿机</td><td>2～0.1</td><td>3</td><td>0.074</td><td rowspan="3">处理量较摇床大，省水省电，结构简单。富集比低，用于粗选作业</td></tr>
<tr><td>螺旋溜槽</td><td>0.6～0.05</td><td>1.5</td><td>0.037</td></tr>
<tr><td>扇形溜槽</td><td>1.5～0.074</td><td>2</td><td>0.037</td></tr>
<tr><td>圆锥选矿机</td><td>1.5～0.074</td><td>2</td><td>0.037</td><td>处理量大，省水电，占地面积小，富集比低，用于粗选作业</td></tr>
<tr><td rowspan="2">矿泥重选设备</td><td>离心选矿机</td><td>0.074～0.01</td><td>—</td><td>—</td><td>处理量大，富集比低，用于矿泥粗选作业</td></tr>
<tr><td>各种皮带溜槽</td><td>0.074～0.01</td><td>—</td><td>—</td><td>处理量小，富集比高，用于矿泥精选作业</td></tr>
</table>

长春黄金研究院资料显示，近年来岩金矿重选设备与工艺的发展方向是在技术指标上力求达到混汞工艺水平以取代它。如国外研制的在线压力跳汰机、尼科尔瑟跳汰机、自动摇床、法尔肯选矿机和尼尔森选矿机等。其中具代表性的是由加拿大利马（LeeMar）工业公司研制开发的尼尔森（Knelson）选矿机，已被国内外多家金矿应用。应用效果表明，虽其一次性投资大，但自控程度高，对矿物中的细粒金回收更为有效。

国内的岩金重选设备与工艺配置的进步也较快，长春黄金研究院较早研制的与尼尔森（Knelson）选矿机的工作原理相似STL型水套式离心选矿机，通过与其他重选设备配套应用，不仅可获得与混汞工艺相类似的技术效果，而且工艺改造成本和设备投资低，可操作性强，因而近年来在国内多家岩金矿山应用并彻底取代了混汞作业。

2. 浮选设备

浮选机是完成浮选过程的主要设备。浮选机应具备工作连续、可靠、电耗少、耐磨、构造简单等良好力学性能，并具有充气作用、搅拌作用和调节作用的专门功能。浮选机根据充气方式不同，基本上分两大类：机械搅拌式和压气式。机械搅拌式浮选机通过叶轮（或棒轮）快速回转搅拌矿浆，利用负压从槽底部吸入外部空气对矿浆进行充气。压气式浮选机无机械搅拌装置，由安装在槽下部的充气器引入压力空气对矿浆充气并进行搅拌。

目前浮选设备的发展方向是高效、节能和大型化。国内外知名设备厂家都在不断地研制节能设备，其中一种方法就是设备大型化。在有色金属选矿厂，浮选槽已经有 $160m^3$ 甚至 $240m^3$ 大型浮选设备；在贵金属选矿厂，也有奥托昆普公司生产的 $38m^3$、国内公司生产的 $39m^3$ 浮选槽在大量使用。大型浮选槽的应用既能节约资源，又能减少厂房面积，从而减少投资，比使用大量的小容积浮选槽要便于管理，生产效益也大大改善。国外主要的体现是浮选柱的应用。浮选柱具有结构简单、占地面积小、成本低、建设周期短和精矿质量好的特点，发达国家浮选柱的应用已经达到了较高的水平，从最初只用于粗选作业到目前的粗选、扫选及尾矿回收等作业。中国在浮选机改型方面进行了许多研究（见图 4-18 和图4-19）。对老式的 A 型浮选机做了改进。最新研制的 SF

型、BS-K4 型、JJF 型、QF 型、CHF-Y 型高效浮选机已在黄金矿山推广应用。生产实践证明选别指标均优于老式浮选机，且节能近 50%。

图 4-18　河北某银矿银金选厂浮选车间

图 4-19　四川某铜铅锌银多金属矿浮选车间

目前主要的浮选设备有：

(1) 叶轮搅拌式浮选机。这是一种带有辐射式叶片的叶轮进行搅拌充气的浮选机。中国广泛应用的是国产 XJK 型浮选机，其充气量大、生产能力大、检修方便。叶轮搅拌式浮选机与浮选柱比较，具有搅拌力强、药剂消耗少、可以处理粗颗粒密度大的矿粒、能适应复杂流程、应用范围广、指标较稳定等优点。其缺点是构造复杂、功率消耗大、液面不稳定、充气量小等。

（2）棒型浮选机。这是近年来研制成功的一种新型机械搅拌式浮选机。棒型浮选机与XJK型浮选机比较，具有浮选速度快、效率高，用于混合浮选时单位容积处理能力大；适应性强，选别指标高；对于粗细粒级都能有效回收，特别是用于密度大、粒度粗的矿物选别时，能克服使用其他浮选机时的沉淀现象，能获得较高回收率指标；槽身浅、搅拌力强、充气量大、电力消耗省等优点。其主要缺点是吸入槽结构复杂，维修不方便；分离浮选效果不如混合浮选好；由于有两个槽子，现场更改流程复杂。

（3）浮选柱。浮选柱是一种深槽型压气式浮选机，其结构简单，主要由柱体和充气装置构成。浮选柱已广泛用于选别有色金属硫化物矿、含金硫化物矿、铁矿以及煤、磷、萤石等非金属矿。浮选柱与机械搅拌式浮选机相比，其优点是：构造简单、制作容易、占地面积少、基建费用低，选矿富集比大、处理量较高、简化了工艺流程，维修、操作方便，易于自动控制，易损件少、耗电少。其缺点是：工作不稳定，压缩空气耗量大，药剂用量较多，精矿品位较低，检修时造成金属流失。最近研究证明，采用浮选柱有可能提高金的回收率，因为它比较平静的矿浆液相能使选择性捕收剂达到更有效的应用，它们也有可能使调整气体（如氮气和二氧化硫）达到更有效的应用。

（4）泡沫浮选机。该类浮选机给矿是从上部引入到泡沫床，而不给入矿浆区。其特点是：浮游比较大的矿粒；在同样速度下处理量非常高，因此成本较低，尤其是功率消耗很低；由于可处理粗粒矿粒，因而磨矿和脱水费用大大降低；改变了回收率与浮选时间的关系，当停留时间增加时，回收率降低而品位增高，这与矿浆充气式浮选机的情况相反。

（5）闪速浮选机。这是一种新型的 skin-air 充气刮泡式浮选槽，对金的浮选来说有重要意义，尤其是在尾矿未经氰化浸出（如铜-金矿石）的浮选厂应用中非常重要。由于金和某些金矿物的密度很大，这就意味着它们在磨矿分级回路中不断循环，磨到足够细度后才能排出旋流分级机外。与其他矿物一样，粒度很小，将影响浮选效果。在浮选回路中安装闪速浮选机使得单体金的回收得到改善，加药量较少，浮选速度加快。泡沫层的控制很重要，因为由于泡沫的负载量很高和精矿粒度较粗，会使泡沫的稳定性降低。

浓密机和浮选机如图 4-20 所示。

3. 磁选设备等

磁选设备常以磁场强度的大小来划分磁选机的种类（强磁与弱磁）。磁选设备按其磁场强度及梯度可以划分为：

（1）弱磁场磁选机。该磁选机磁极表明磁场强度为 80～120kA/m，该磁选机主要用来分选各种强磁性矿物。

图 4-20 浓密机和浮选机

（2）弱磁场磁选机。该磁选机磁极表明磁场强度为 800～1600kA/m，该磁选机主要用来分选各种弱磁性矿物。

（3）高梯度磁选机。该磁选机磁场强度与强磁选机相近，可以回收微细粒磁性矿物。

常见的磁选设备有：CT 型永磁磁力滚筒、湿式筒式磁选机、琼斯型强磁选机和高梯度磁选机等。

相关国内独立银矿照片可详见本书第五篇的内容。由于矿产银生产与矿产金工艺类似，相关更多采选冶装备可以参考阅读《有色金属系列丛书》中《中国黄金》第四篇的相关内容。

第二节 有色副产金银冶炼与精炼装备

随着企业规模的不断扩大和对综合回收的重视，铜、铅、锌冶炼企业对于原有的提取金银及有价金属的技术越来越重视，各企业均为此进行探索和试验，力求从中提高企业的经济效益。

一、铜冶炼方面

目前国内大型骨干铜冶炼企业通过技术改造，基本均采用国际先进冶金技术或者国内开发的具有国际先进水平的冶炼技术，如闪速熔炼闪速吹炼（双闪工艺）、奥斯麦特（或者艾萨）熔炼技术、氧气底吹熔炼等技术。而氧气底吹熔炼炼铜是具有中国知识产权的炼铜工艺（见图 4-21），氧气底吹熔炼炼铅在国内已经取得巨大成功。最近几年来，铜陵有色集团、湖北大冶有色集团、金川有色集团、山东阳谷祥光铜业公司等纷纷上马大型阳极泥回收项目，金银产量增速明显。西部某有色金属股份公司铜冶炼车间如图 4-22 所示。但铜阳极泥的处理技术没有太大的进展，采用湿法流程的企业均在各自的工艺流程上进行优化，以提高金属回收率，降

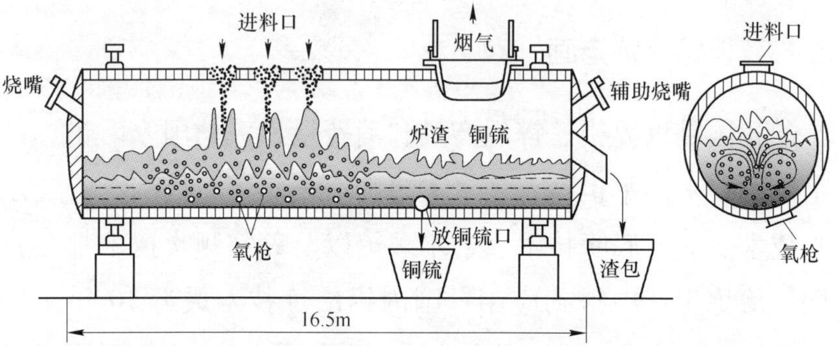

图 4-21　山东某有色集团氧气底吹（炼铜）生产过程示意图

图 4-22 西部某有色金属股份公司铜冶炼车间

低生产成本。据中国恩菲工程公司资料显示，目前有些大型企业面临整体搬迁或集中处理集团内部的阳极泥，所以希望设备大型化、自动化，以提高生产效率、降低生产成本，例如要求阳极泥处理核心设备——卡尔多炉由 0.8m^3 增大到 2m^3 或 4m^3。

二、铅冶炼方面

我国是世界铅、锌生产量和消费量最大的国家。铅、锌冶炼的技术水平也随着产量大幅度增长而不断提高，氧气顶吹技术、氧气底吹技术、卡尔多炉以及氧气侧吹技术都在我国铅冶炼生产中得到应用。国内铅冶炼技术最近 10 年来进步飞快，已有超过 30 家企业采用我国自主知识产权的“氧气底吹—鼓风炉炼铅技术”替代烧结机工艺（通常单系统 6

万~10万吨），并在此工艺上不断发展创新富氧熔池炼铅工艺，目前中国“氧气底吹—鼓风炉炼铅”及其发展创新的富氧熔池炼铅工艺已经引领国际铅冶炼技术潮流（见图4-23）；此外基夫赛特直接炼铅、闪速熔炼技术炼铅（见图4-24）等先进工艺也在几家国内铅锌冶炼骨干企业上马。

图4-23　河南某金铅集团（氧气底吹鼓风炉炼铅）

图4-24　河南灵宝某铅业公司（闪速熔炼技术炼铅）

但随着国家对铜、铅、锌行业的准入政策实施，铅厂规模的不断扩大，采用常规流程的贵铅炉远远不能适应企业的发展要求，河南某公司开发了“富氧底吹还原熔炼—氧化精炼技术”，在底吹还原过程中锑和砷先氧化挥发或进入浮渣与贵金属分离，得到一次烟灰、一次渣和金银品位相对高的贵铅，热态贵铅自流入精炼炉氧化精炼产出合格的银阳极板；并在配料、氧化程度、反应温度、进料速度等方面实现了自动化，大大提高了单台设备的处理能力和自动化水平，同时降低了劳动强度，改善了工作环境，单台炉日处理铅阳极泥25t（干），从阳极泥到阳极板周期由原来4天缩短到2天；吨铅阳极泥能源消耗较传统火法降低超过千元；金银回收率分别为99%、98.5%，直收率均为95%。

在银电解精炼方面目前全国各厂大多采用手工作业，随着银产量的提高，手工作业远远不能满足企业的要求。大型的银电解精炼厂正在尝试采用圆盘定量浇铸大耳阳极，自动排板，整槽阳极机械出装，以改变目前手工作业的现状。

三、锌冶炼方面

传统锌冶炼技术分为火法和湿法，目前国内锌冶炼以湿法为主；对于铅锌联合企业，目前均将铅银渣并入铅冶炼系统，以回收其中铅和银；但对于单一的锌冶炼厂，无论是浸出渣还是铅锌渣，企业均考虑银的回收，目前在银的浮选方面都有了新的进展。如云南某公司对含银300g/t浸出渣采用酸性浮选，采用一粗三精三扫流程，得到约2%铅银精矿，银的回收率达到83%～85%。湖南某公司对浮选药剂优化，采用一粗二精三扫流程，使得银的回收率达到84%以上。

云南某公司将含银200g/t的锌浸出渣与铅系统热熔渣搭配在烟化炉内连续吹炼，金属挥发率为：Zn约91%、Pb约96%，Ge约94%、Ag为80%，烟化炉密闭负压操作改善了工作环境，实现了微机在线检测、控制，不仅提高了有价金属的回收率，而且使渣无害化。

国内某些企业的铅锌生产车间如图4-25～图4-27所示。

图4-25　陕西某铅锌冶炼集团铅锌生产场景

图4-26　湖南某铅锌冶炼集团公司生产车间

图 4-27 云南某铅锌企业电解生产车间

四、阳极泥处理装备

在阳极泥处理生产设备改进方面，国内大型有色生产企业正向设备大型化、自动化上发展，如河南某公司的连续进料加热—间断放铅渣—连续富氧底吹精炼的自动化生产线已使同规格的传统火法设备的生产能力翻了一番；民营企业则向简单小型化、精细化上发展，如湖南永兴的小白银手工作坊也使金银回收率达到了较高水平。在节能方面主要体现在清洁能源的使用上有了长足的发展，如河南某公司的城市煤气代替燃油的应用，广东四会某公司的燃煤代燃油的应用，济源某公司的发生炉煤气在阳极泥处理上的应用。此外，最近几年真空炉也在国内有色冶炼厂也得到推广应用，而一些有色冶炼厂稀贵分厂用真空炉用于处理含银渣料、蒸馏铅银合金生产粗银和金属铅等。

瑞典波立登（Boliden）公司利用氧气顶吹转炉熔炼技

术，开发了卡尔多炉熔炼法。卡尔多炉最初应用于炼钢，现已发展应用于有色金属冶炼，可处理铜精矿、废杂铜、铅精矿、废杂铅、铅尘及阳极泥等。卡尔多炉是装有一套含燃烧、吹炼喷枪在内的物料喷嘴的富氧顶吹转炉，可使熔炼、渣还原、吹炼和精炼等在同一炉内完成（见图 4-28 和图 4-29）。该公司发明的贵金属精炼工艺在国际上推广较快。中国的几大黄金企业先后引进了该项技术。生产实践证明，波立登金银精炼技术具有如下优点：（1）工艺流程短，自动化程度高，安全可靠，产品质量稳定；（2）可处理各种原料（如合质金、金泥、含金重砂），进料灵活，规模可大可小；（3）处理时间短，生产系统中无滞留金，无环境污染；（4）回收率高，生产成本低，只消耗少量盐酸和氯气。在引进吸收的同时，企业根据自身生产特点对工艺进行了改

图 4-28 瑞典波立登金银精炼核心设备——卡尔多炉

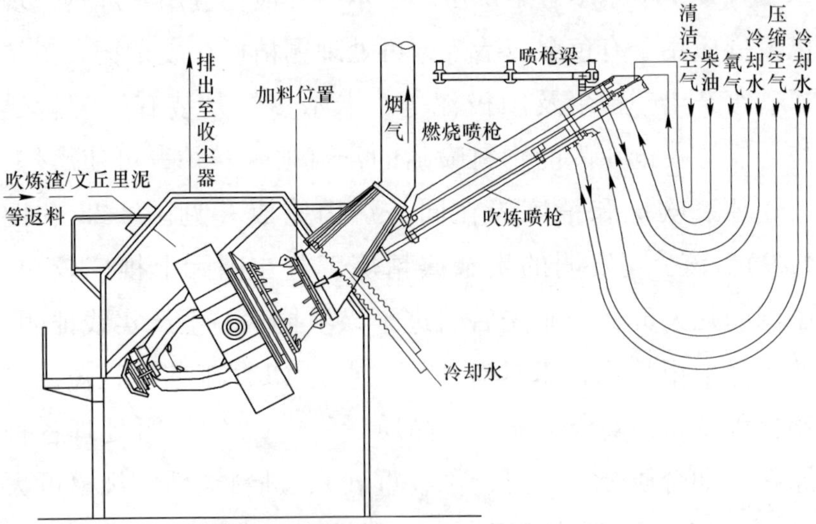

图 4-29 卡尔多炉及燃烧系统示意图

进与创新，使其更具技术优势。

卡尔多炉用于阳极泥处理始于 1993 年，现世界上约有 10 多座卡尔多炉用于阳极泥处理，而国内已有多家有色冶炼厂引进卡尔多炉处理阳极泥炼金银。如安徽某有色金属集团于 2007 年引进了卡尔多炉及工艺技术用于铜阳极泥处理，年处理铜阳极泥达到 4000t。

第五篇

白银绿色循环经济与行业品牌建设

第一章　白银的再生回收与绿色经济

第一节　白银二次资源的特点与来源

贵金属废弃物相对于贵金属矿产资源而言，可称之为贵金属二次资源，主要产生于贵金属的生产过程、深加工过程、使用过程和淘汰过程，主要形态为贵金属生产过程产生的尾矿、深加工和使用过程产生的废液和废渣、报废或淘汰的工业和民用电子产品等。

贵金属尾矿以外的废弃物的特点可归纳为品种多、来源广和价值高。由于贵金属使用面很广，化工、电子、医药、电镀和首饰等不同行业都在使用和废弃，因而贵金属废料的种类、形状、性质和品位差异很大，给贵金属废弃物的分类和再生利用带来了复杂性。

通常根据贵金属废弃物的来源，将贵金属废料分为三大类型：

（1）在贵金属深加工和贵金属材料使用过程产生的废弃物。如贵金属深加工过程中产生的废屑、边角料及使用过程中次生、派生的含贵金属的物料。这些废弃物大多数由产生废弃物的单位收集后自行处理，或交给有关企业进行深加工，流落到废料市场的部分极少。

(2) 性能变差或外形损坏，需要重新加工的贵金属化合物或含有贵金属的材料和产品。如含贵金属的失活催化剂，用坏的坩埚、器皿用具，性能变坏的电气、电子、测温材料等。这类废弃物是目前从事贵金属再生利用的企业或个人收集和回收的主要对象，原因是这类废弃物一般为贵金属材料使用企业所有，相对集中，并且废料中贵金属的含量容易确定，是目前贵金属废料市场的主体。

(3) 分散在众多的消费者手中的、已丧失使用价值的含贵金属制品。如贵金属用具、饰品、家用电器及耐用消费品（如汽车）上的贵金属零件等。这类废料的品种最为繁杂，单件含贵金属不多，但总的数量极大。通常因这些“废物”分布分散、单个器件含贵金属量偏低而不再回收或难以回收其中的贵金属。随着各类家电更新换代速度的加快，在这方面废弃的贵金属数量相当可观。近年来贵金属制品趋向小型化、节约化，材料中贵金属含量不断下降，复合材料增多，不少产品往往只在关键零部件上使用少量的贵金属，因而本身价值不高，收集和分类费时费力，常常被消费者忽视而难以回收。随着企业产生的贵金属废弃物市场的竞争日趋激烈，这类贵金属废弃物已经逐步成为贵金属废料市场的重要组成部分，但是由于其中的贵金属含量难以精确测定，以议价形式或对贵金属不计价方式进行交易较多。

从贵金属的种类看，含金废料主要来源于电子工业的各种废器件、废合金和各种废镀金液等。含银废料的来源与含金废料相似，但因银是最廉价的贵金属，银在工业上的用途比金广得多，相应的含银废料的来源也比含金废料要多。含银废料主要来源于电子工业的触点材料、钎料、涂镀层、银电极、导体和有关复合材料等，石油化工行业的含银催化剂和各类银化合物使用后的废弃物，照相工业的各种废胶片、相纸和洗相用液，首饰及装饰品的各类含银首饰、表壳和有关艺术品等（见图5-1）。各类废料所含铂族金属总量和各铂族金属元素的量差异很大。

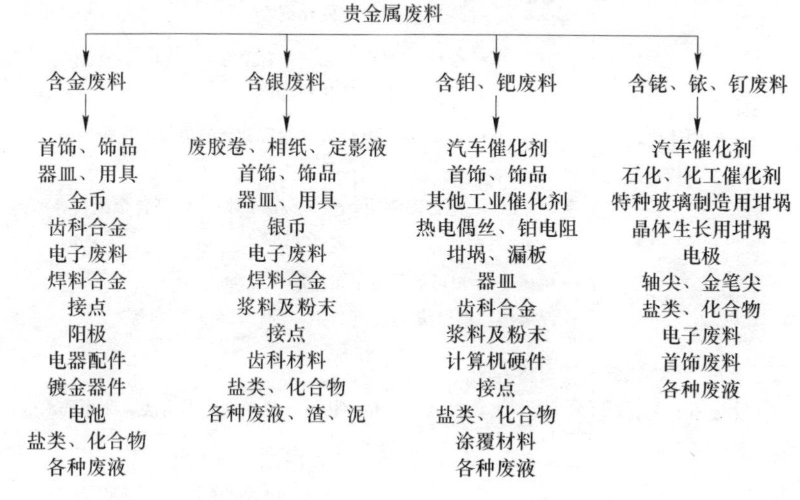

图5-1　贵金属废料的大致分类

第二节　白银二次资源的回收

含银废料中银的存在形态与金相似，主要为液态（如含银酸性废液和含银氰化废液等）和固态（如以单质金属或合金状态处于镀银废料表面、以浆料形式处于涂层表面、以合金形式处于元器件的触点和引线部位等）。目前在工业上得到应用的含银废料处置和回收方法主要有火法、湿法、浮选法和机械法四大类型，如图 5-2 所示。

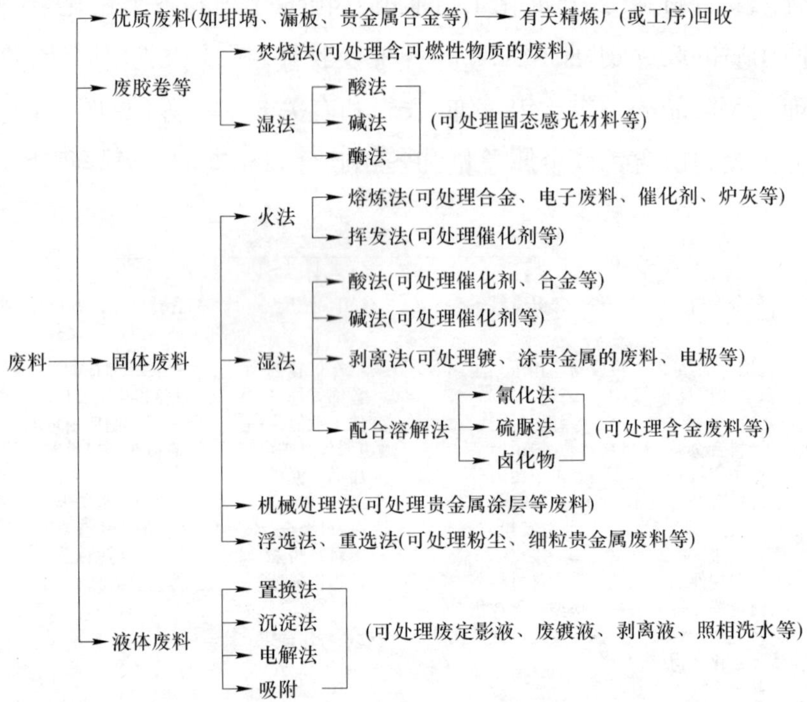

图 5-2　贵金属废料回收的主要工业方法及使用范围

一、含银废液中银的回收

从含银废液中回收银的工艺主要为湿法工艺，使废液中的简单银离子或配位银离子变成硫化银、氯化银等沉淀而达到与废液中其他物质分开的目的，或采用电解或还原的方式使废液中的简单银离子或配位银离子得到电子而直接变成单质状态的银。可以分为沉淀法、还原法和电解法三种方法。

二、含银固体废料中银的回收

各种湿法工艺回收固体废弃物中的银的共同点是在初步富集后先进行溶银造液，使各种形态存在的银全部转入液相。为了后续工序的方便和降低回收成本，所得溶液通常要进行金属分离富集和净化处理，以保证在金属提取过程中离子状态的银能够全部还原。

（一）含有机物质银废料的回收

含银废胶片、含银电子浆料等银废料常用的回收方法有焚烧法、化学处理法、微生物法等。目前国内外都以焚烧法结合化学法为主，单独的化学法和微生物法用得较少。

（二）镀银废件中银的回收

镀银废件中银以单质金属或银合金形式存在于镀件表面，通常在回收银的同时，要求不破坏基底材料。常用的从镀银废件中回收银的方法有化学退镀法和电解退镀法两类。化学退镀法的基本原理是用适当的化学试剂如浓硫酸和硝酸的混合酸、双氧水-乙二胺四乙酸（EDTA）混合溶液、单一硝酸等与镀银件作用，使处于镀银件表面的银或银合金进入溶液，把基底材料取出洗净，从溶液中再回收银。电解退镀法的基本原理是将镀银件作为阳极，控制电解条件使镀银件表面的银进入电解液或再从电解液中在阴极上析出金属银。

电解退镀法适用于镀件较大且比较规整的镀银件退镀，不太适用于镀件细小且杂乱无章的镀银废弃物。

（三）含银的废合金中银的回收

1. 从银金合金废料中回收银

对于银含量大大高于金含量的银金合金，回收银时可以采取直接电解的方法从阴极回收银。也可采用湿法工艺回收银：利用银可溶于硝酸而金不能溶解的性质，用硝酸造液，使银进入硝酸溶液而金留在造液渣中。但是当废合金中 Ag∶Au ＜ 3∶1 时，造液时银易钝化，不能被硝酸溶解，可以在废合金中配入一定量的粗银并使其熔融，形成 Ag∶Au 约为 3∶1 的银金合金，再从中回收银和金。

2. 从焊料和触点废合金中回收银

焊料和触点废合金中银含量高达 80% 的，都可铸成阳极直接电解，电银品位可达 99.98% 以上。含银 72% 的银铜合金也可直接进行电解，产出达 99.95% 的电银，但电解液中的含铜量迅速增加，增加了电解液净化量。采用交换树脂电极隔膜技术，处理银铜合金时除可产出电银外，还可综合回收铜。对其他低银合金，可用稀硝酸浸出，盐酸（或氯化钠）沉银，用水合肼等还原剂还原或用直接熔炼的方法回收其中的银。

第三节 白银工业环境保护

白银工业环境保护主要是指白银矿山开采冶炼过程中

的“三废”（废水、废气粉尘、废渣）处理和氰化物管理。其中：

（1）废水处理。包括含氰废水处理、含砷废水处理、重金属废水处理、含浮选药剂废水处理、含悬浮物废水处理等。

（2）废气粉尘处理。包括二氧化硫气体处理与回收（见图5-3）、含砷废气的处理、氮氧化物的治理、汞气污染预防、烟尘回收、粉尘治理等。

图5-3　湖北某有色金属公司冶炼厂烟气制酸系统

（3）废渣处理。包括尾矿处理与综合利用（见图5-4）、废石处理与综合利用、其他固体废弃物的处理与利用等。

矿产银生产工艺与矿产金类似，相关具体内容可参考阅读《有色金属系列丛书》中《中国黄金》第五篇。

图 5-4　河北某银矿尾矿库

第四节　白银绿色经济

2007 年，国土资源部发出了建设绿色矿业的倡议。“国家级绿色矿山”的要求包括依法办矿、规范管理、资源综合利用、技术创新、节能减排、环境保护、土地复垦、社区和谐、企业文化等九大方面。这些要求大致可以分为两类：一是以矿山企业的技术力为主导的，包括资源的综合利用、技术创新、节能减排；另一类是以矿山企业的责任心为主导的，包括依法办矿、规范管理、环境保护、土地复垦、社区和谐、企业文化。为推动矿业发展方式转变，2008 年国务院颁布《全国矿产资源规划（2008 ~ 2015 年）》提出，发展绿色矿业、建设绿色矿山的要求。2010 年国土资源部发布的《关于贯彻落实全国矿产资源规划发展绿色矿业建设绿色矿山工作的指导意见》提出，国家级绿色矿山须具备综合利用、技术创新、节能减排、环境保护、土地复垦等9项基本条件，绿色矿山建设工作全面推进。

2011年3月19日，国土资源部按照《关于贯彻落实全国矿产资源规划发展绿色矿业建设绿色矿山工作的指导意见》（国土资发〔2010〕119号）文件要求，经矿山企业自愿申请、协会推荐、专家评估及社会公示，确定煤炭、黑色金属、有色金属、黄金、化工、建材等6个行业37家单位为首批国家级绿色矿山试点单位，其中黄金行业有6个矿山入选首批国家级绿色矿山试点单位名单。2012年3月23日，国土资源部公告确定了183家第二批国家级绿色矿山试点单位名单，黄金矿山有21家。

2013年2月28日，国土资源部公告确定了242家第三批国家级绿色矿山试点单位名单，黄金矿山有30家，2家独立银矿——河北承德燕山银业有限公司（丰宁银矿，见图5-5）、吉林四平昊融银业有限公司（四平银矿，见图5-6）也首次入选国家级绿色矿山试点单位名单。

2014年7月28日，国土资源部公告确定了202家第四批国家级绿色矿山试点单位名单，20家黄金矿山，3家银矿山——广西凤凰银业有限责任公司凤凰山银矿（见图5-7）、江西银海矿业有限公司下鲍银矿、福建武平紫金矿业有限公司悦洋银多金属矿入选国家级绿色矿山试点单位名单（前两家银矿为独立银矿）。

图 5-5　国家级绿色矿山试点单位——河北承德燕山银业有限公司（丰宁银矿）

图 5-6　国家级绿色矿山试点单位——吉林四平昊融银业有限公司（四平银矿）

图 5-7　国家级绿色矿山试点单位——广西凤凰银业有限公司（凤凰山银矿）

绿色矿山建设的目标是：到 2020 年全国绿色矿山格局基本形成，大中型矿山基本达到绿色矿山标准，小型矿山企业按照绿色矿山条件严格规范管理。资源集约节约利用水平显著提高，矿山环境得到有效保护，矿区土地复垦水平全面提升，矿山企业与地方社区和谐发展。日前，中国矿业联合会绿色矿山促进工作委员会也正式成立。

第二章　白银行业品牌与产业基地建设

第一节　行业品牌建设

2004 年 10 月，中国有色金属工业协会授予湖南永兴县“中国银都”称号，2007 年 10 月中国工艺美术协会授予福建省莆田秀屿上塘“中国银饰之乡”称号，2008 年 11 月中国工艺美术协会正式授予贵州黔东南苗族侗族自治州雷山县“中国苗族银饰之乡”称号，2011 年 10 月贵州黔东南苗族侗族自治州雷山县被授予“中国少数民族银饰特色县”殊荣，并获得最佳银饰时尚风尚奖。

中国白银、黄金行业特色区域特定称号简表见表5-1。

表5-1　中国白银、黄金行业特色区域特定称号简表

序号	命　名	白银、黄金特色区域	授牌时间	授牌地点
1	中国银都	湖南永兴县	2004.10.17	湖南长沙
2	中国银饰之乡	福建省莆田市秀屿区东峤镇上塘	2007.10.28	福建莆田
3	中国少数民族银饰特色县	贵州黔东南苗族侗族自治州雷山县	2011.10.20	重庆
4	中国苗族银饰之乡	贵州黔东南苗族侗族自治州雷山县	2008.11.7	杭州
5	中国金都	山东招远市	2001.1.28	北京
6	中国金城	河南灵宝市	2005.1.18	河南灵宝
7	华夏金城	陕西潼关县	2005.3.28	陕西潼关
8	中国黄金珠宝第一城	上海豫园商城地区	2005.4.29	上海豫园
9	中国金州	贵州黔西南州	2005.9.28	贵州黔西南
10	中国金县	贵州贞丰县	2010.6.29	贵州贞丰
11	中国黄金第一镇	山东招远市阜山镇	2007.11.28	北京
12	中国黄金第一村	山东招远市九曲蒋家村	2007.11.28	北京
13	中国金箔城	江苏南京江宁区	2006.4.6	江苏南京江宁
14	中国黄金第一矿	中国黄金集团夹皮沟矿业有限公司	2006.9.16	吉林桦甸
15	中国第一大金矿	紫金矿业集团福建紫金山金（铜）矿	2008.4.26	福建上杭
16	中国黄金第一家	北京菜市口百货股份有限公司	2005.1.28	北京
17	中国黄金第一品牌投资金条	中国黄金集团营销有限公司（中金公司）旗下“中国黄金投资金条”	2010.1.8	北京
18	中国黄金投资理财第一家、全球铂金理财第一家	深圳市瑞金国际投资控股有限公司（深圳市粤豪珠宝有限公司）	2012.3.20	广东深圳
19	中国黄金制造第一家	深圳百泰珠宝首饰有限公司	2011.9.15	广东深圳
20	2012年度中国珠宝零售业十大品牌等	北京菜百、上海老凤祥、上海老庙、中金珠宝等	2012.12.11	北京

注：资料由中国有色金属工业信息中心(安泰科)、有色协会金银分会搜集整理。

2008年北京奥运会及残奥会所需的总计6000枚金、银、铜奖牌，由北京2008年奥运会及残奥会多元化矿物及奖牌赞助商——必和必拓公司（BHP Billiton）提供；而2008年北京奥运奖牌所需金属材料由必和必拓公司合作伙伴、国内两家有色金属企业——中国安徽铜陵有色金属集团有限公司和河南豫光金铅集团公司冶炼和精炼。

第二节　产业基地建设

湖南永兴县被授予“中国银都”称号之后（见图5-8），2007年12月又被确定为全国循环经济试点单位；2009年初，湖南永兴被认定为国家稀贵金属再生利用产业化基地。2012年9月18日，国家发改委、财政部等部委联合下文，正式明确湖南永兴县国家循环经济工业园入选第三批国家“城市矿产”示范基地，这是该县揽获的又一“国字号”殊荣。

湖南永兴县的金银回收冶炼迄今已有300余年的历史。近10年来，该县从“三废”和“城市矿产”中回收提炼白银1.8万吨、黄金53t、铟450t、铋2.5万吨、铂族金属30t，其他有色金属130余万吨。其循环经济工业园由精深加工及服务平台区、柏洞综合冶炼区、太和冶炼回收区三大功能区构成，总规划面积14.3km^2，现建设有众德集团铋碲综合回收等20多个稀贵及有色金属再生利用、废渣无害化处理项目。园区已经形成了遍布全国的再生资源回收市场网络，并延伸到俄罗斯等国家和东南亚地区。目前，园区每年处理各种含金

图 5-8　中国银都——湖南永兴

属废料 120 余万吨，约占全县利用总量的 88.9%。近年来，湖南永兴金银冶炼产业已迅速成为全县最重要的支柱产业，涌现出鑫达、兴光、西河、金荣、雄风、意水、鑫泰、永星、元泰、永兴招金、永兴贵研等一大批骨干企业。

据了解，湖南永兴县循环经济工业园“城市矿产”示范基地建设总投资额约为 104.5 亿元，建设的实施期限为 5 年，分两期实施，将着力建成全国最大的“城市矿产”稀贵金属再生利用产业化基地（见图 5-9）。预计至 2016 年项目建成后，示范基地年利用含稀贵金属的“城市矿产”资源 138 万吨，新增“城市矿产”资源量 105 万吨，回收提炼稀贵金属及其他有色金属 32 万余吨，年可创税约 20 亿元。

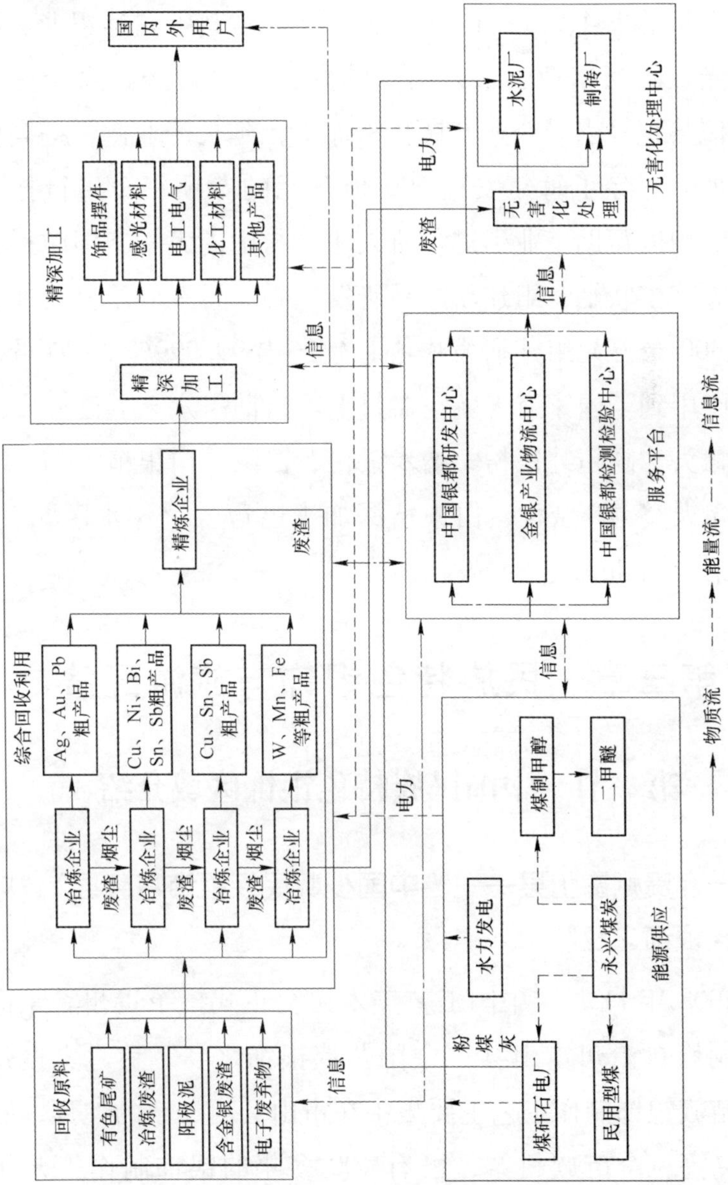

图 5-9　湖南永兴稀贵金属产业基地建设规划图

目前中国银都——湖南永兴年产白银2000余吨，约占全国产量的1/4，现有白银企业近百家，其中鑫达银业、湖南兴光、西河铅业、永兴招金的白银产量曾经跻身全国十强。该县积极引导企业开展精深加工，延长产业链，提高白银附加值。除了每年安排500余万元的专项资金进行扶持外，还积极帮助企业引进科研人才，与中南大学、国防科技大学等院校联姻，组建新产品研发中心。元泰应用材料通过投入300余万元组建研发中心，生产出99.999%高纯白银，成功应用到了国家航天航空器材上。目前，永兴县已开发出银基触头、高超纯银粉、纳米银粉、银浆等白银精深加工产品达3大类120余种，白银精深加工已迈入“深水区”，产品畅销全国和欧美一些发达国家。

第三章　民族特色银饰与旅游经济

第一节　中国民族特色银饰区域介绍

一、贵州雷山县——“中国少数民族银饰特色县”“中国苗族银饰之乡”

2008年11月，中国工艺美术协会正式授予贵州黔东南苗族侗族自治州雷山县“中国苗族银饰之乡”称号。贵州雷山苗族银饰制作工艺主要集中在雷山县西江镇的控拜、麻料、乌高三个苗族村寨，已有400多年的银饰制作工艺历史，并世代传承，是苗族银饰制品的重要产地（见图

5-10)。精湛的银饰制作工艺，是苗族银匠艺人聪明智慧的结晶，是一份宝贵的历史文化遗产，其具有很多价值：

（1）学术研究价值。苗族银饰传承了苗族文化因子，对于深入挖掘整个苗族的历史、民俗、宗教、信仰等方面的文化内涵，有着极其深远的研究价值。

（2）艺术审美价值。其造型艺术传承了苗族独特的视觉艺术和审美观，以全、满为美的审美观念和各种复合型文化符号，抽象、夸张变形的造型纹饰，隐含着苗族社会历史、宗教习俗等，是对人类审美学的贡献。

（3）经济价值。由于苗族银饰品工艺精湛，造型独特，深受国内外专家、学者、游客的青睐，目前银饰制品和代银制品遍布国内外。

图 5-10　贵州雷山县苗族银饰展示

银饰是苗族盛装不可缺少的装饰物，没有银饰的点缀，苗族服饰就失去华丽的色彩。苗族同胞大量使用银饰制品，成为银饰制作工艺不断发展的重要因素。雷山银饰的品种繁多，如手镯和项圈，就有空心的、实心的、泡花的、圆柱的、六角形的等。银饰大致可以分为粗细两大类：粗件为实心的项圈、项链、手镯，用银多，一般不需精细加工；细件为银花、银冠、银锁、银角等，用银较少而制作精细，工艺十分讲究，往往要经过数十次的加工焊接。目前雷山县从事银饰品加工的人数超过 3000 人。2011 年，贵州雷山县在西江苗寨建成了苗族银饰加工销售一条街，并设立苗族银饰加工创作基地，同时投入 1600 多万元兴建的苗族银饰加工基地已经初具雏形；2012 年该县投入 1000 多万元建立银饰加工基地，形成雷山、西江、台江银饰品加工线路。

2010 年 11 月 9 日，“中国雷山苗族银饰刺绣博物馆”在雷山县城苗族银饰一条街开馆（见图 5-11），据该博物馆曾经公布的资料显示，该馆银饰类的藏品数量达到了 3300

图 5-11　中国雷山苗族银饰刺绣博物馆

多件（套），其中各类完整的苗族盛装银器有20多套，此外服装、鞋、帽等服饰类藏品数量也有337件。

二、福建省莆田市上塘——“中国银饰之乡”

2007年10月，中国工艺美术协会授予福建省莆田秀屿上塘“中国银饰之乡”称号。福建莆田工艺美术历史悠久，而上塘及周边地区乡村自古有金银加工传统。近年来上塘银饰产业发展十分迅速，并形成了一定的产业集聚和较完整的产业链，以及原材料专业采购、模具加工、工具配套等服务业。2006年，上塘珠宝城成为福建省莆田秀屿区特色产业经济带四大工业园区之一，上塘金银珠宝首饰加工贸易区随之成立。2007年，上塘又被中国珠宝玉石首饰行业协会授予中国珠宝玉石首饰特色产业基地。如今，上塘已是福建省最大的金银珠宝集散地，国内继深圳、义乌之后的全国第三大银饰交易市场和国内最重要的金银珠宝首饰产业基地之一。

福建莆田市秀屿区上塘珠宝城是集“产、学、研、展、销”于一体的综合性工业园（见图5-12），其重点发展金银、玉石等珠宝首饰产品的开发和生产，集妈祖文化、商业旅游、购物展示、博览等，工业园占地面积1588亩，共引进内、外资企业150多家，总投资额达16亿元，涉及金、银、玉、宝石、寿山石雕等10多个种类3000多个品种，并带动相关产业发展，与全国各地有商业往来人数达5万多人，日交易额在1000万元以上。

图 5-12 福建莆田市秀屿区上塘珠宝首饰工艺城鸟瞰图

三、四川省布拖县——“彝族银饰之乡”

四川凉山州的布拖县享有“彝族银饰之乡”的美称，在历史上诞生了不少制作银饰的能工巧匠。彝族人喜爱打扮，以佩戴金银为时尚，特别是崇银尚银的情结最为突出，而且这一习俗一直流传至今（见图 5-13）。这些传统的民风民俗不但使银器在广大彝族地区风靡，也造就了一大批手工艺者。经过历代手工艺人的积累，彝族民间银饰制作工艺日益精湛，目前这一制作技艺已入选“四川省级非物质文化遗产名录”。

据考古发现，彝族是最早冶炼、铸造银器的民族之一。彝族银器大多构思巧妙奇异、造型传神美观、线条精美细腻。这些银器或厚实、或轻便、或繁琐、或简洁，让人目不

图 5-13　节日盛装佩戴银饰的彝族姑娘们

暇接、美不胜收。凉山彝族银器种类繁多，有众多的银质餐具、酒具、马具、刀具、宗教用具和佩饰等，有的则在漆器上包上一层银皮或镶嵌银片，增加漆器的美观和价值。彝族银器中占了绝大部分的是佩饰。有美观漂亮的缀泡头饰，有独树一帜的镂花领饰，有精巧别致的耳坠，有做工精细的胸饰、背饰，有造型奇异的手镯、手链，还有极富民族风格的戒指……它们与艳如山花的民族服饰交相辉映、美妙无穷。

第二节　旅游与特色白银经济

一、湖南永兴——中国银都工业旅游

2008 年 7 月 20 日，中国银都——湖南永兴县“中国白银第一坊”门前喜气洋洋，全国工业旅游示范点——“中国银都白银艺术博物馆”揭牌暨“中国白银第一坊”开园

庆典仪式隆重举行，来自国家机构、行业协会和湖南省市县领导等出席了庆典仪式，如图 5-14 所示。

图 5-14　中国银都白银艺术博物馆揭牌仪式

“中国白银第一坊”占地面积 40 亩，由中国银都——湖南永兴龙头企业之一的湖南鑫达银业公司投资，工程总投资 3000 万元。景区按冶炼观光区、形象展示区、旅游购物区、道教活动区等 4 个区进行规划，整个景区为中国传统的中轴对称式园林建筑，包括银楼（见图 5-15）、信仪堂、祖师殿、原始冶炼作坊、银文化博物馆（见图 5-16）、原始作坊展区、草堂寒竹等经典景点。

国家级工业旅游示范点和中国银都白银艺术博物馆，是在 2007 年建设的“中国白银第一坊”的基础上进行历史文化包装和内涵升级后申报并获得国家、湖南省批准的，是湖南永兴县立足 300 多年的金银冶炼发展史和近年来的产业升

图 5-15 中国第一银楼

图 5-16 中国银都白银博物馆

级成果，整合了永兴的金银冶炼产业和旅游业，志在实现产业与生态、经济和人文交相融合而精心打造的一个展现中国银都历史文化的艺术场馆。

2012 年 11 月 16 日，经过湖南省级旅游购物示范点验收组复核，湖南鑫达银业股份公司被评为湖南省旅游购物示范点，成为湖南郴州市首家省级旅游购物示范点。其银制品展销中心是全国工业旅游示范点——再生银循环经济产业观光、白银文化主题体验、中国银都形象展示、旅游购物中心 4 个功能分区之一;总体面积达 1000 余平方米,银工艺品种达 2000 余种。

"中国白银第一坊" 如图 5-17 所示。

图 5-17 "中国白银第一坊" 俯视图

二、江西德兴——"铜都""金山""银城"工业旅游

江西德兴市矿冶历史悠久(见图 5-18),唐总章二年(669 年)置兴利场,现存银山古银矿采冶矿井遗址 188 处,

是目前中国发现的面积最大、矿井数量最多、矿井形制最为复杂的一处大型银矿矿冶遗址，也是目前所见全国最早的银矿矿冶遗址之一。2008 年 5 月，银山采冶遗址列为国家文物保护单位。在这片土地上，还诞生了古代铜冶炼技术的先驱——北宋炼铜家张潜。古老的炼铜、炼金、炼银文化与当今现代化采冶相映成辉，成为德兴市发展工业生态游的突出优势。

图 5-18　江西德兴——“铜都”“金山”“银城”

2006 年开始，德兴提出发展工业旅游的部署，围绕亚洲最大的铜矿、全国保存最完整的古银矿遗址和江南最大的金矿及古金矿开采遗址等资源优势，挖掘、保护金、银、铜“三金合一”的古矿冶遗址，打造以展示古矿采冶遗址、现代采矿现场和矿藏科技、矿冶人文为特色的“金色”文化。依托矿山古文化和现代采掘业资源，江西德兴市着力打造“国家工业旅游示范点”，突出泗洲镇以铜为特色的工业游、花桥镇以黄金是怎样炼成的为中心的“金”旅游、银城镇以采银遗址为中心的“银”旅游，进一步弘扬独特、深厚的矿山冶炼文化，加快建设全国铜矿文化的工业旅游精品专线。

德兴国家矿山公园，位于江西德兴市银城镇、泗洲镇和花桥镇，由金山、银山、铜山和博物馆四大园区组成，总面积11.77km²；其中银山园区位于银城镇银山铅锌矿东侧，面积2.625km²。

三、云南大理——“银都水乡”新华村特色旅游

云南鹤庆县“银都水乡”新华村景区是云南大理州重点旅游建设项目之一（见图5-19）。从2008年开始，该风景区投资建成了东南亚较大的民族手工艺品展示园石寨子旅游购物广场、新华国际生态园、民族三市街等旅游项目，完善和修复了水磨坊、古戏台等历史古遗址，对景区道路、服务配套设施进行了充分地完善。2009年12月28日，国家旅游局正式批准“银都水乡”新华村为国家4A级旅游景区。近期大理“银都水乡”新华村的目标是促进新华村文化旅游资源优

图5-19　“银都水乡”新华村特色旅游

势向经济优势转变，把新华村打造成“中国银器之都”。

新华村位于云南大理白族自治州鹤庆县西北部，旧称“石寨子”，距离丽江机场12km，是茶马古道上一个典型的白族聚居村。从唐南诏国时期就有人从事金、银、铜器手工加工工艺，至今已有1200多年的历史。新华村传承和发扬了祖辈遗留下来的手工技艺，所生产的九龙系列工艺品包括九龙喷雾火锅、九龙壶酒具、九龙水桶、九龙奖杯等；藏区佛事、生活用品有各式法号、净水碗、净水壶、青稞盒、敬酒壶、敬酒碗、银包木碗和藏刀等；传统民族饰品、饰物类有各式手镯、百家锁、戒指、耳环、三须和银腰带；装饰工艺品及生活用品有龙凤工艺装饰品、十八般兵器、名片盒等。2000年，新华村被文化部命名为“中国民间艺术之乡”“中国民俗文化村”。

“云南银器博物馆”由云南盛兴集团在云南省银器之乡鹤庆县新华村创办，是目前国内首家银器专业博物馆（见图5-20）。

图5-20 云南银器博物馆

“云南银器博物馆”陈列了上千件唐代至近代的作品，整个陈列涵盖了银制品使用功能的方方面面，饰品琳琅满目，吸引着人们遨游银色世界的目光。

依托着悠悠岁月里“小锤敲过一千年”的漫长历史(早在明代就开始制作民间手工艺品世代相袭)，素称“小炉匠之乡”的云南鹤庆县新华村形成了“家家有手艺、户户是工厂、一村一业、一户一品”的发展格局，成为目前西南地区最大的民族工艺品加工基地。最近几年有关方面曾经做过统计，新华村全村从事手工业工艺品加工的有 877 户，占总户数的 85%；从业人员 1470 人，占全村总劳力的 59%。传统的手工工艺品加工，为人们开辟了一条生财之路。这个村因传统的手工艺加工，成为享誉国内外的手工艺加工专业村。

云南省鹤庆县新华村手工银手镯如图 5-21 所示，部分云南银器如图 5-22 所示。

图 5-21　云南省鹤庆县新华村手工银手镯

图 5-22　云南银器

第六篇

白银产品标准体系

第一章　白银产品标准分类

截至2012年，中国共有白银产品标准33项，其中全国有色金属标准技术委员会组织制定的国家标准和行业标准有24项，电子工业行业标准1项，轻工行业标准1项，化工行业国家标准1项。

目前能检索到的33项已完成的白银产品标准见表6-1。

表6-1　白银产品标准目录

序号	标准号	标准名称
第一部分		
1	YS/T 433—2001	银精矿
2	GB/T 4135—2002	银
3	YS/T ×××	银条
4	YS/T ××××	银粒
第二部分		
5	GB/T 1773—2008	片状银粉
6	GB/T 1774—2009	超细银粉
7	GB/T 26004—2010	表面喷涂用特种导电涂料

续表 6-1

序号	标准号	标准名称
8	GB/T 26010—2010	电接触银镍稀土材料
9	GB/T 26049—2010	银包铜粉
10	GB/T 26307—2010	银靶
11	GB/T 26309—2010	银蒸发料
12	YS/T 603—2006	烧结型银导体浆料
13	YS/T 606—2006	固化型银导体浆料
14	YS/T 611—2006	PTC 陶瓷用电极浆料
15	YS/T 612—2006	太阳能电池用浆料
16	YS/T 614—2006	银钯厚膜导体浆料
	拟立项	半导体封装键合用银丝
	拟立项	太阳能电池浆料用球状银粉
第三部分		
17	GB/T 5588—2002	银镍、银铁电触头技术条件
18	GB/T 10046—2008	银钎料
19	GB/T 15159—2008	贵金属及其合金复合带材
20	GB/T 18762—2002	贵金属及其合金钎料
21	GB/T 23515—2009	保险管用银铜合金丝
22	GB/T 23516—2009	贵金属及其合金异型丝材
23	GB/T 26041—2010	限流熔断器用银及银合金丝、带材
24	YS/T 201—2007	贵金属及其合金板、带材
25	YS/T 202—2009	贵金属及其合金箔材
26	YS/T 203—2009	贵金属及其合金线材
27	YS/T 207—1994	导电环用贵金属及其合金管材
28	SJ/T 10753—1996	电子器件用金、银及其合金钎焊料
29	QB/T 2995—2008	银箔

续表 6-1

序 号	标 准 号	标 准 名 称
30	GB/T 25942—2010	核级银-铟-镉合金棒材
31	YS/T ×××××	银二氧化锡/铜及铜合金复合板材
	拟立项	载银催化剂
第 四 部 分		
32	YS/T 476—2005	照相用硝酸银
33	GB/T 670—2007	化学试剂 硝酸银

注：1. 标准号×××为已完成报批尚未发布的标准项目。
2. 资料来源于中国有色金属工业标准计量质量研究所（全国有色金属标准技术委员会）。

表6-1中标准分为四个部分：第一部分为银单质及下游加工产品的原料；第二部分为目前半导体封装领域使用较多的银产品标准，该领域用途较为单一，但产品相对丰富；第三部分为银功能材料，用作焊料及电接触材料，银产品应用领域较分散，标准单一，故作为一组；第四部分为感光领域，包括照相用硝酸银和化学试剂硝酸银，为传统用银量较大领域。

第一部分包括4项标准，该部分主要作为银产品下游加工原料，其中YS/T 433—2001《银精矿》标准涉及的产品为银的矿产原料来源。国内白银生产主要来自三个领域：独立银矿，铅、锌、铜、金矿副产及再生回收。前两个领域为银的原生矿产领域。另根据有关方面的统计，目前国内矿产银中伴生铅锌矿占总产量的40%～50%，伴生铜矿占20%，独立银矿产银占总产量的15%，伴生其他矿（金矿、锡矿）

白银占总矿产银产量的15% ~25%。银精矿标准规定银金属量大于3000g/t。GB/T 4135—2002《银》为标准银锭，目前市场流通（包括期货和现货）领域适用标准，该标准等效采用美国ASTM B413—97a标准，相对于ASTM标准增加了部分杂质元素限量。该标准经过2001年修订目前已使用十多年，十多年时间国内白银产量快速增长，中国成为第一大产银国，对于白银产品标准也提出了新要求，目前已准备对该标准进行修订，其中将删除上次修订中增加的银粒产品内容。新制定的银粒和银条标准已完成报批工作，银粒标准主要适用于配重用银粒，行业用量较大且市场上要求较高，虽然上一版银锭标准修订中增加了银粒，但近些年市场对银条产品的需求也对配重用银粒的需要陡增，而银粒的使用以及生产与银锭的生产有一定区分，银粒为银锭的下游产品，主要为生产银条产品及相关首饰配重使用，因而，将银粒产品标准重新立项，而将银锭标准进行修订，独立作为一个标准；银条标准主要针对近些年投资市场银条产品无相关标准现状而制定，近几年中国个人进行白银投资和收藏市场一直比较活跃，各地相关企业纷纷进行银条生产工艺投资，而相关产品尚无标准可依。

第二部分包括12项标准，该部分为半导体封装配套用银产品标准大类。从工艺手段来说，可以简单分为薄膜材料和厚膜材料，其中GB/T 26307—2010《银靶》和GB/T 26309—2010《银蒸发料》用于制备封装用电子薄膜原料，而其他银粉以及浆料均为厚膜导体浆料。银蒸发料和银靶材为制备集成电路用金属薄膜，银蒸发料为传统电子薄膜的制备办法，随着技术的进步，采用磁控溅射技术制备金属薄膜因其操控性和稳定性正不断占有蒸发料市场，根据市场情况，2008 年同时制定了上述 2 项标准。剩下 10 项标准为厚膜技术用材料，如根据使用领域不同，采用不同银粉制备银浆料。目前已有的 3 项银粉标准，振实密度和粒度各有区别，具体是银包铜粉最小粒度 $D90$ 能达到 26μm，振实密度不做要求；片状银粉粒度 $D90$ 能达到 5μm，振实密度最高为 4.5g/cm^3；超细银粉粒度 $D90$ 能达到 0.8μm，振实密度最高达 4.5g/cm^3。对于几个浆料标准因其使用领域不同而有所不同。随着电子工业在众多新领域的不断拓展，传统用于电子元器件的几种银浆已远远不能满足电子工业的发展需求。许多电子元器件厂家对用于电子元器件的银浆牌号、种类、材料技术要求等方面提出了新的要求，银浆的应用领域也更为广泛。制定不同银浆料产品标准满足市场需要，是近一段时间标准制定的主要工作任务。

第三部分包括 15 项标准，该部分为银功能材料。银钎焊料、触头材料及其他银产品因功能不同用于不同领域。据有关部门统计，电器工业中用银量最大的一项就是电接触材料，全世界银和银基电接触材料年产量约 2900～3000t。世界各国接触材料的牌号已有数百种以上，应有尽有。这一方面是由于现代工业对接触材料的要求日益增加，另一方面也和各国自己的资源情况不同有关。一些牌号经过改进，添加某些新的元素，实际上也成了另一种牌号的合金。各种牌号的混乱现状也给标准化工作提出了更急迫要求，全国有色贵金属标委会正积极考虑修订 GB/T 18035—2000《贵金属及其合金牌号表示方法》，同时也将及时制定《贵金属合金牌号》标准。

第四部分包括 2 项标准，为硝酸银化合物。GB/T 670—2007《化学试剂 硝酸银》主要适用于化工行业硝酸银试剂，YS/T 476—2005《照相用硝酸银》适用于感光行业用硝酸银。胶片感光行业曾经是银用量的最大领域。

随着新兴产业的快速发展，银的使用领域也不断扩展。银以其优异的性能适用于新能源、新能源汽车和高端装备制造业。而标准化工作也正在关注这一市场需求，近些年，标委会将重点关注以下几个领域标准的制定和修订。

（1）核电发展用银-铟-镉合金中子棒材。核电中子吸收棒采用银-铟-镉合金，由于其具备良好的中子吸收性能和力学性能，应用于压水反应堆控制组件中的关键功能材料，担负着功率调节，使反应堆处于临界、次临界和超临界状态运行的重要作用。随着全国核电产业的不断发展，核级银-铟-镉合金棒产品的需求量大增。由于对制造技术有较高的要求，国内核电站用核级银-铟-镉合金棒一直依赖进口，随着中国核电的发展和对核控制组件技术的掌握，近年来中国企业进行了核级银-铟-镉合金棒国产化研制和生产。为保证产品质量稳定可靠以及核电使用中安全稳定，在市场急需的条件下，全国有色贵金属标委会积极制定了 GB/T 25942—2010《核级银-铟-镉合金棒材》，该标准技术指标远远超过美国 ASTM 标准技术水平。

(2) 光伏行业用银浆料和银粉。中国光伏产业产能已跃居世界第一，而每片6in (15.24cm) 125×125 晶体硅电池背面所需太阳电池的导电银浆料为0.15g，估算1MW需要60kg，按中国2010年产能8000MW计算，仅光伏行业用银浆料近480t，以含银50%计算，银粉至少需要240t。

(3) LED及其他半导体封装用键合银丝。中国LED产业近期火爆，带来了相关产业的快速发展。21世纪的第一个十年，金价的持续走高也使得集成电路后端键合金丝成本持续增加，行业为降低成本，键合丝材厂家也积极投入对键合银丝的研发，从而替代金丝，目前键合银丝已入主部分半导体分立器件封装。

(4) 银-锌储能电池。银-锌储能电池是电池中的贵族。在20世纪90年代的银-锌电池生产中，美国每年银消耗约40多吨，估计全世界年耗银量在100t以上。银-锌电池在飞机、潜水艇、浮标、导弹、空间飞行器和地面电子仪表等军事及特殊用途中，始终保持长盛不衰的态势。针对民用领域对大容量充电电池的迫切需求，而锂离子电池发展到了极限困境，采用氧化银-锌作电极的军用电池，跃入人们视线。银-锌电池能克服锂离子电池的衰减快、易起火、续航短、寿命短的弊病，具有同样体积下笔记本高达8h续航能力，银-锌电池正以电池贵族的身份出现在民用领域。相信不久将来如同锂离子电池替代铅酸电池一样，走到民用市场的前台成为高端电子产品主角，这将更大拉动银产品的生产。

新兴产业的发展对于银产品提出新要求的同时，也对现有银标准体系提出了新的挑战。新的挑战在于，对于已有产品的标准与新兴产业需要新制定标准交叉领域的划分，既要积极制定新标准，又要对已有标准进行积极修订，而相邻领域不能重复纳标。同时新兴领域标准项目的确定要具有前瞻性，即不拘泥于现有产品，对于未成熟产品不纳入标准，以市场急需和产品工艺成熟为双重考量确定材料标准。标准体系的与时俱进也能保证下游相关行业使用的稳定可靠。银-铟-镉棒材的标准就是一个最好的例证。同时，标准制定和修订过程也是行业技术积累沟通增值的重要过程。标准制定过程中的调研、征求意见以及审定会，能让已有的技术更加完善和成熟，从而为企业带来更高的价值。新兴产业对标准体系带来了挑战，但同时标准体系也会以开发态度接纳新兴产业，并提供稳定的技术平台为新兴产业进一步发展保驾护航。

第二章　银 锭 标 准

通常所说的白银就是指纯银产品，国家标准为 GB/T 4135—2002《银》。GB/T 4135—2002《银》与国际标准相比较，限定的杂质元素达到了 8 个，与美国 ASTM 标准相比，增加了锑元素限量，铜元素限量比 ASTM 标准加严，铋元素限量稍放宽，其他 5 个杂质元素限量等效采用 ASTM 标准；与前苏联和日本的标准相比较，规定的杂质元素多了 4 个，并且杂质限量至少与之相当或更严，同时增加了国际上通用的银锭交易规格。修订后的国家标准《银》的成分、锭型、锭重满足伦敦黄金白银市场协会（LBMA）的要求。国家标准《银》的水平已经达到了国际先进水平；银的分析检测执行 GB/T 11067.1-7—2006《银化学分析方法》和 GB/T 18307—2001《粗银化学分析方法》。

国家标准 GB/T 4135—2002《银》自2003年4月1日起实施，由全国有色金属标准化技术委员会负责解释，现介绍如下。

第一节 范 围

该标准规定了银的要求、试验方法、检验规则、标志、包装、运输、储存和质量证明书。

本标准适用于以各种含银原料生产银。该产品主要用于电气、电子工业、照明业、珠宝装饰业等。

第二节 规范性引用文件

下列文件中的条款通过本标准的引用而成为本标准的条款。凡是注日期的引用文件，其承受后所有的修改单(不包括勘误的内容)或修改版均不适用于本标准。然而，鼓励根据本标准达成协议的各方研究是否可使用这些文件的最新版本。凡是不注日期的引用文件，其最新版本适用于本标准。GB/T 1250—1959《极限数值的表示方法和判定方法》，GB/T 8170—1997《数值修约规则》，GB/T 110671《银化学分析方法》。

第三节　要　求

一、产品分类

银按化学成分分为三个牌号：IC-Ag 99.99、IC-Ag 99.95、IC-Ag 99.90。

二、化学成分

银的化学成分应符合表6-2的规定。

需方如对银的化学成分有特殊要求时，可由供需双方商定。

三、物理规格

（1）银呈长方形锭状、梯形锭状、棒状或呈粒状。

（2）每块银锭重：15kg ± 1kg、25kg ± 1kg、32kg ± 1kg、37kg ± 1kg或其他规格：每袋银粒重20kg ± 1kg、25kg ± 1kg或其他规定。

（3）银锭重以单锭为单位按GB/T 8170规定修约到0.1g。

（4）供需双方协商可生产其他规格的银。

四、表面质量

（1）银锭表面应平整、洁净，不得有夹层、冷隔、夹杂物、空洞和裂纹。

表 6-2 银的化学成分

牌号	成分									
	银含量（质量分数）/%	杂质含量（质量分数）/%								
		Cu	Bi	Fe	Pb	Sb	Pd	Se	Te	杂质总和
IC-Ag99.99	≥99.99	≤0.003	≤0.0008	≤0.001	≤0.001	≤0.001	≤0.001	≤0.0005	≤0.0005	≤0.01
IC-Ag99.95	≥99.95	≤0.025	≤0.001	≤0.002	≤0.015	≤0.002	—	—	—	≤0.05
IC-Ag99.90	≥99.90	≤0.05	≤0.002	≤0.002	≤0.025	—	—	—	—	≤0.1

注：1. IC-Ag 99.99、IC-Ag 99.95 牌号，银质量分数是以 100% 减去表中杂质实测质量分数所得。IC-Ag 99.90 牌号银质量分数是直接测定。

2. 铅系统回收银，IC-Ag 99.99 牌号中的铅质量分数可不大于 0.001%。

（2）银锭顶端缩坑不得大于：长 10mm，宽 3mm，深 5mm。

（3）银锭顶端切口高度不得超过端面 5mm。

（4）银锭表面不得有机械或手工加工的痕迹（切口及处理表面例外）。

（5）银粒中不得有外来夹杂物。

第四节 试验方法

（1）银化学成分的仲裁方法按 GB/T 11067 的规定进行，银中 Pd、Te、Se 的仲裁按供需双方认可的方法进行。

（2）银的物理规格用相应精度的检测器具进行检验。

（3）银的外观质量用目视检测。

第五节 检验规则

一、检查和验收

（1）银应由供方技术监督部门进行检验，保证产品质量符合本标准的规定，并填写质量证明书。

（2）需方应对收到的产品按本标准的规定进行检验，如认为检验结果与本标准或订货合同的规定不符时，应在收到产品之日起 30 天内向供方提出，由供需双方协商解决。如需仲裁，仲裁取样在需方由供需双方共同进行。

二、组批

银应成批提交检验，每批应由同一牌号或同一次的银组成。

三、检验项目

（1）化学成分按批检验。

（2）银表面质量逐锭或逐袋检验。

四、取样方法

银锭化学成分仲裁取样方法（银棒仲裁取样方法参照银锭执行）：

（1）每批按银锭数的10%取样，但不得少于一锭。特殊情况下，可逐块取样。取样时，银锭表面不得有灰尘及油污等外来物。

（2）单锭取样方法：在锭的两个大面上做对角线，其中心点距两边顶角的三分之一和三分之二处为取样点，共取8点，如图6-1（a）所示。

（3）两个或两个以上的锭取样方法：取样点按$4n$（n为锭数）规定进行。将银锭平行排列成长方形，在每个锭的两个大面上，做边长的平行线，将锭宽分成3等份，再做两个面的对角线，平行线与对角线相交处为取样点。如图6-1（b）所示。

（4）试样的制备。用直径12mm钻头钻取试样，钻取深

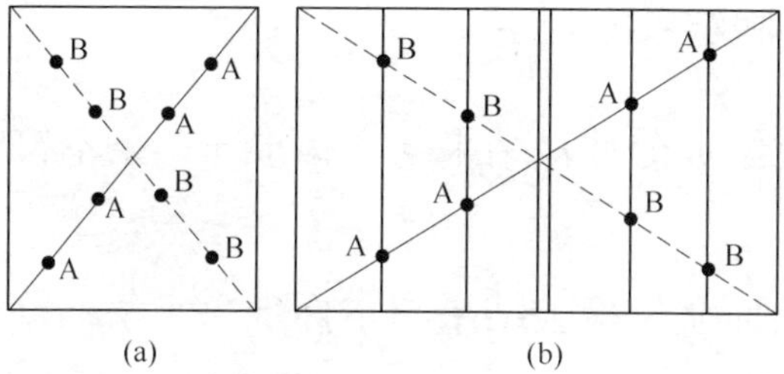

图 6-1　单锭取样方法示意图

A——一面的取样点；B—另一面的取样点

度不小于锭厚的三分之二，将取得的钻屑经磁铁处理后混匀，用四分法缩分至不少于 300g，分为 3 份（每份 100g），一份由供方保存，一份由需方保存，一份仲裁分析用。

银粒的成分仲裁取样方法：按银粒袋数的 10% 取样，将抽样的每袋银粒分别倒在清洁的平面上，铺成厚度不大于 5cm 的长方形平面。将平面等分成 20 个格（见图 6-2）。用清洁的取样工具从每一格中，随机抽取等量试样，将试样集合在一起，总量不少于 400g，经混匀缩分后分成 3 份（每份 100g），一份由供方保存，一份由需方保存，一份仲裁分析用。

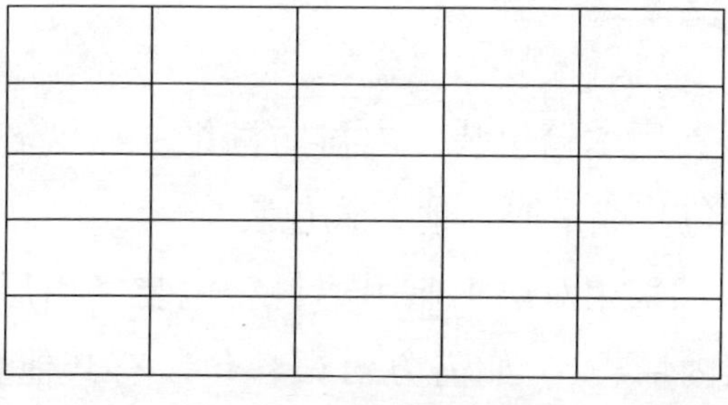

图 6-2　银粒的成分仲裁取样方法示意图

五、检验结果的判定

（1）化学成分仲裁结果与本标准 3.2 条不符时，该批判为不合格。

（2）表面质量检验结果与本标准 3.4 条不符时，按锭或袋判为不合格。

（3）化学成分检验结果的数值修约，按 GB/T 8170 中第 3 章的规定进行；修约后的数值的判定按 GB/T 1250 中 5.2.2 的规定进行。

第六节 标志、包装、运输、储存和质量证明书

一、标志

（1）每块银锭表面应浇铸或打印上商标、牌号和批号。

（2）银粒在包装袋上应牢固地标出生产厂名称、商标、牌号、批号以及每袋净重和毛重。

二、包装

（1）银锭用木箱包装，内衬防潮纸。经供需双方协议，银锭也可不包装或采取其他方式包装。

（2）银粒采用双层工业用塑料袋包装（内层用聚乙烯，外用防潮聚丙烯袋）。如需方对银粒包装有其他要求，可由供需双方商定。

三、运输和储存

运输与储存时，不得损坏、污染产品。

四、质量证明书

每批银应附质量证明书，注明：

（1）生产厂名称、地址、电话、传真；

（2）产品名称和牌号；

（3）批号；

（4）净重和件数；

（5）各项分析检验结果及技术监督部门印记；

（6）本标准编号；

（7）生产日期。

第七节　订货单（或合同）内容

本标准所列材料的订货单（或合同）应包括下列内容：

（1）产品名称；

（2）牌号；

（3）数量；

（4）杂质含量的特殊要求；

（5）尺寸要求；

（6）包装要求；

（7）标准编号；

（8）其他。

2012 年 10 月，全国有色金属标准化技术委员会组织召开会议，启动了国家标准 GB/T 4134—2003《金锭》、GB/T 4135—2002《银》等 10 项标准项目制修订工作任务落实会。2013 年 3 月，全国有色金属标准化技术委员会发布了《关于国家标准《金锭》和《银锭》征求意见的函》（有色标委〔2013〕5 号），标志着国家标准《金锭》和《银锭》10 年来再次修订进入实际运作阶段。

第七篇

白银的供应与需求

第一章　世界白银的供应情况

第一节　全球白银的生产与供应

世界白银的供应主要包括四部分：矿产白银、再生银、政府净抛售和白银矿业企业期货套期保值。2012 年全球白银供应构成中，矿产白银产量、再生银产量和政府净抛售所占比重为：75%、24%、1%，如图 7-1 所示。

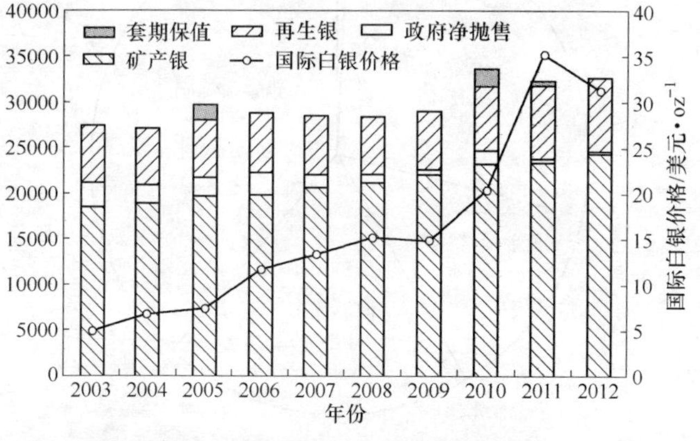

图 7-1　2003 ~2012 年全球白银供应构成

（资料来源于世界白银协会、安泰科）

一、全球白银供应概况

世界白银生产主要分为矿产银（原生银）和再生银两种。

根据世界白银协会（The Silver Institute）公布的数据显示，2012 年世界矿产白银产量 24478t，同比增长 4%，创历史新高；再生银产量 7897t，同比下降 1.6%；政府净抛售 229t，同比下降 39%。截至 2012 年全球矿产白银产量中，来自原生独立银矿的白银产量占同期矿产白银产量的 28.15%，来自铅锌副产白银的产量比重为 38.58%，来自金属铜副产产量比重为 19.85%，来自黄金副产白银产量比重为 12.93%，来自其他金属副产白银的产量比重为 0.49%，铅、锌、铜冶炼副产白银总产量占全球矿产白银产量的比重达到 58.43%，如图 7-2 所示。

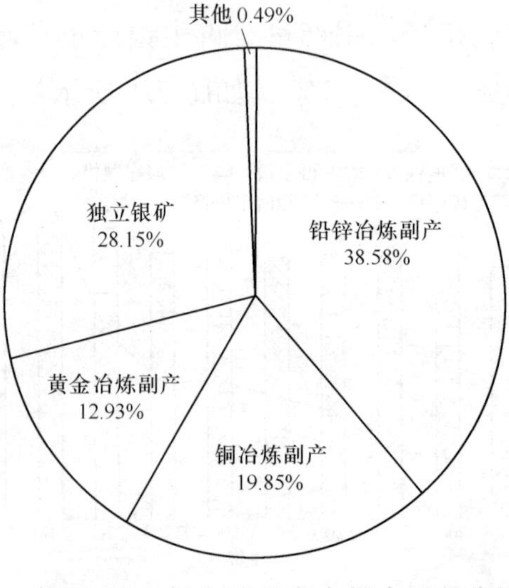

图 7-2　截至 2012 年全球矿产白银产量的来源结构

（资料来源：世界白银协会（The Silver Institute）、GFMS、安泰科）

全球白银供应的一个特点就是随着2001年以后国际白银价格的一路上涨，矿产银和再生银的产量一直在稳步增加，而白银生产企业套期保值数量则总体一直维持下降趋势。2012年全球矿山总供应显著增长的主要驱动因素是由于一些国家，如中国、印度和墨西哥等国铅锌副产白银产量的大幅提高。2012年全球原生银矿生产商总现金成本同比增长9%，达到8.88美元/oz。

2002～2012年世界白银供应统计见表7-1。

表7-1　2002～2012年世界白银供应统计

年　份	2002	2003	2004	2005	2006	2007	2008	2009	2010	2011	2012
矿产银/t	18490	18575	19085	19821	19947	20718	21244	22196	23413	23546	24478
再生银/t	6137	6097	6179	6304	6413	6315	6247	6216	7118	8028	7897
套期保值/t	1841	2759	1924	2051	2441	1322	949	485	1375	374	229
政府销售净额/t	—	—	—	1427	—	—	—	—	1569	381	—
总供应/t	26468	27431	27188	28176	28801	28355	28440	28897	31906	31948	32604
国际白银价格/美元·oz^{-1}	4.599	4.879	6.658	7.312	11.549	13.384	14.989	14.674	20.158	35.119	31.15

注：资料来源于世界白银协会（The Silver Institute）、GFMS。

二、白银生产分国家和企业概况

从全球白银生产区域来看，2003～2012年美洲（北美洲、拉丁美洲）和亚洲一直是全球主要的矿产白银生产区域（见图7-3）。2012年美洲和亚洲矿产白银产量为18457t，占当年全球矿产白银总产量的75%（见图7-4），随着中国白银产量的不断增加，亚洲所占比重在逐步上升。

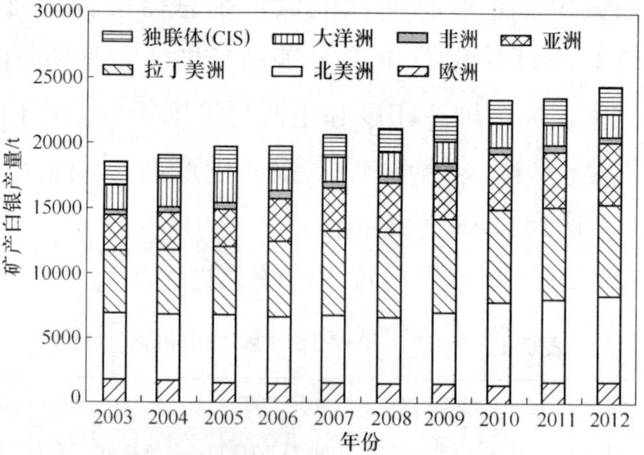

图7-3 2003～2012年世界矿产白银洲际分布变化

（资料来源：世界白银协会（The Silver Institute）、GFMS、安泰科）

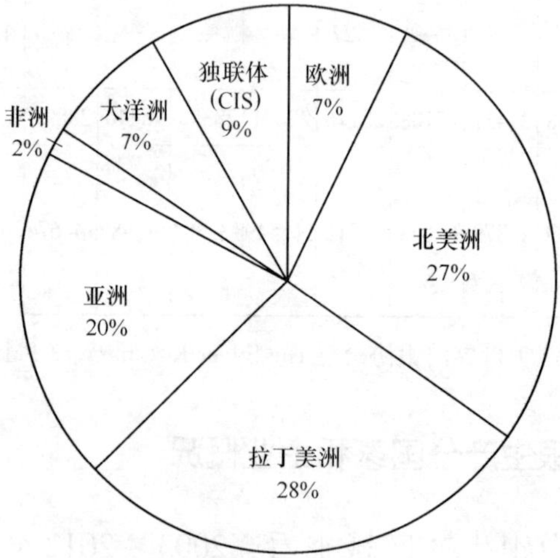

图7-4 2012年全球矿产白银产量洲际分布

（资料来源：世界白银协会（The Silver Institute）、GFMS、安泰科）

世界白银协会公布数据显示，2012 年拉丁美洲矿产白银产量位居世界第一位，当年矿产白银 6939t，占全球矿产银总产量的 28%，产量主要集中在秘鲁、玻利维亚、智利、阿根廷等国家。2012 年矿产白银产量位居世界第二位的是北美洲，当年矿产白银 6721t，占全球矿产银总产量 27%，产量主要集中在墨西哥、美国和加拿大等国家。矿产白银产量位居世界第三位的是亚洲，当年矿产白银 4796t，占全球矿产银总产量的 20%，产量主要集中在中国。

从全球白银生产国家来看，世界矿产白银生产主要集中在白银资源相对丰富的国家和地区（见表 7-2），而再生银生产主要集中在一些白银消费大国如美国等国家。目前中国、墨西哥、秘鲁、澳大利亚、俄罗斯、波兰、玻利维亚、智利、美国、阿根廷是世界最大的 10 个白银生产国。根据世界白银协会统计数据，2012 年这 10 个国家矿产白银产量为 20746t，占全球矿产白银总产量的 84. 75%。根据世界白银协会统计数据，2012 年世界最大矿产白银生产国为墨西哥，当年生产矿产银 5045t，同比增长 5. 60%（根据中国有色金属工业协会公布的数据，2012 年中国白银总产量达到 13158t，同比增长 6. 56%，连续 11 年位居世界第一）。世界白银产量分布的显著特点，就是铜、铅、锌等基本金属生产大国——中国白银产量以铅、锌、铜副产矿产白银为主一枝独大，而海外主要产银国家矿产白银产量则呈现独立银矿、铅锌副产、黄金及铜副产三足鼎立的局面（特别说明：由于统计口径不同，世界白银协会统计的中国矿产白银产量与国内统计差距较大)。

表 7-2 2008～2012 年全球主要国家矿产白银产量统计

(t)

年 份	2008	2009	2010	2011	2012
墨西哥	3238	3555	4410	4777	5045
中国(海外统计)	2638	2700	3014	3253	3639
秘 鲁	3680	3844	3639	3415	3462
澳大利亚	1925	1630	1879	1726	1770
俄罗斯	1132	1313	1145	1197	1400
波 兰	1213	1219	1173	1269	1281
玻利维亚	1114	1325	1275	1213	1235
智 利	1403	1300	1275	1272	1151
美 国	1120	1250	1269	1120	1014
阿根廷	333	557	722	703	750
中国(CNIA 统计、白银总产量)	8737	9458	11617	12348	13158

注:资料来源于国外数据来源于世界白银协会(The Silver Institute)、英国黄金矿业服务公司(GFMS),国内数据来源于中国有色金属工业协会(CNIA)金银分会/安泰科(Antaike)。

世界主要的矿产白银生产企业有:波兰铜业股份公司(KGHM Polska Miedź)、澳大利亚必和必拓公司(BHP Billiton)、墨西哥菲斯尼诺矿业公司(Fresnillo Plc.)、加拿大黄金矿业公司(Goldcorp Inc.)、俄罗斯保利金属公司(Polymetal International Plc.)、美国泛美银业公司(Pan American Silver Corp.)、秘鲁博尔坎矿业公司(Volcan Cia. Minera

S. A. A.)、秘鲁布埃纳文图拉矿业公司（Cia. De Minas Buenaventura S. A. A）、美国科达伦矿业公司（Coeur d'Alene Mines）、秘鲁南秘鲁铜业公司（Southern Copper Corp. ）。2012 年全球最大矿产白银生产企业是：波兰铜业股份公司（KGHM Polska Miedź），当年矿产白银产量为 1275t，同比增长 1.23%，如图 7-5 所示。更多相关企业产量见附录一。

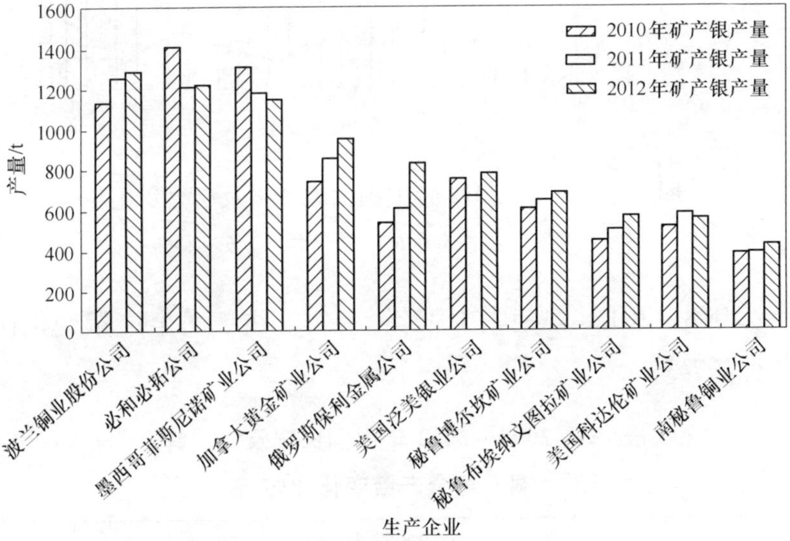

图 7-5　2010 ~ 2012 年世界主要矿产白银生产企业产量变化

（数据来源：世界白银协会、中国有色金属工业协会金银分会、安泰科）

第二节　中国的白银生产

中国白银连续 11 年位居世界第一，白银产量从 1949 年的5t，增加到2012年的13158t，一跃成为世界最大的白银生产国（见图7-6）。

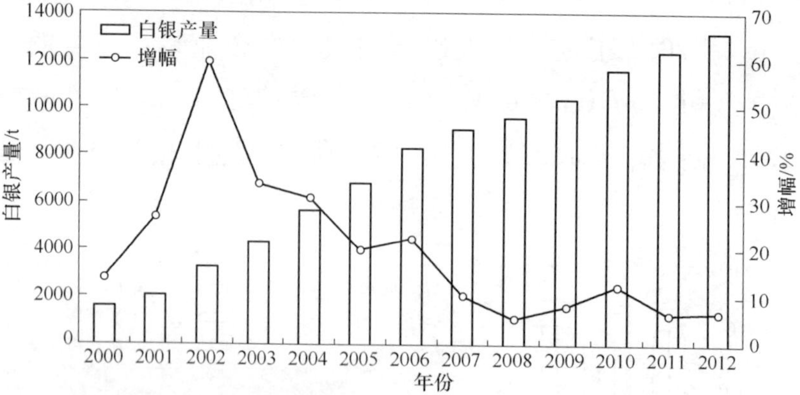

图7-6 2000～2012年中国白银产量及增幅变化

（资料来源：中国有色金属工业协会、安泰科）

2008～2012年中国白银及铅、锌、铜、黄金产量变化比较见表7-3。

表7-3 2008～2012年中国白银及铅、锌、铜、黄金产量变化比较

年 份		2008	2009	2010	2011	2012
白银产量/t		9587	10348	11617	12348	13158
黄金产量/t	全国黄金总产量	282.01	313.98	340.88	360.96	403.10
	有色副产黄金产量	62.56	63.57	79.46	84.65	85.55
铜产量/万吨		377.93	410.95	457.35	519.69	582.35
铅产量/万吨		320.64	370.79	419.94	464.77	464.57
锌产量/万吨		391.31	435.67	516.42	522.19	482.94

注：数据来源于中国有色金属工业协会、中国黄金协会。

2008～2012 年全国银矿银冶炼和贵金属加工总产值变化如图 7-7 所示。

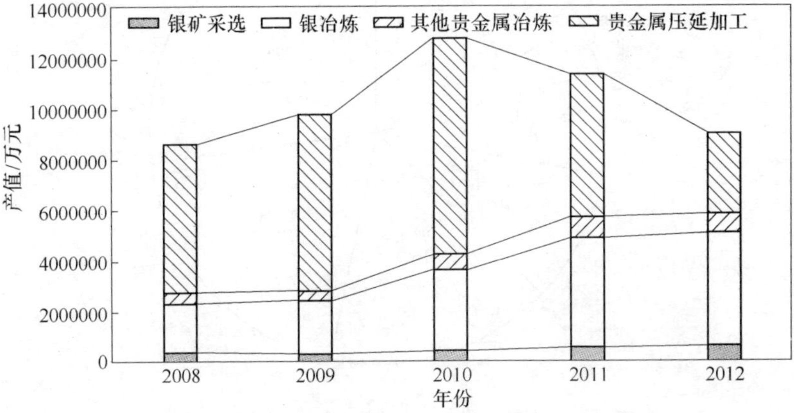

图 7-7　2008～2012 年全国银矿银冶炼和贵金属加工总产值变化
（资料来源：中国有色金属工业协会（CNIA）、安泰科）

中国白银生产主要集中于湖南、河南、云南和江西等地区的大型铅、锌、铜企业。2010 年湖南、江西、河南、云南、浙江等 5 省位列国内白银生产大省前五名，分别占全国产量的 27%、18%、16%、10%、8%，这五省产量总和占全国的 79% 以上，如图 7-8 所示。

2012 年中国最大的白银生产企业是河南豫光金铅集团公司，当年生产白银 703t。此外国内大型白银生产企业还有：江西铜业公司、云南铜业（集团）公司、湖北大冶有色金属公司、铜陵有色集团公司、甘肃金川集团、甘肃白银有色集团、湖南郴州市金贵有色金属有限公司、湖南郴州宇腾有色有限公司、河南济源市金利冶炼有限责任公司、河南

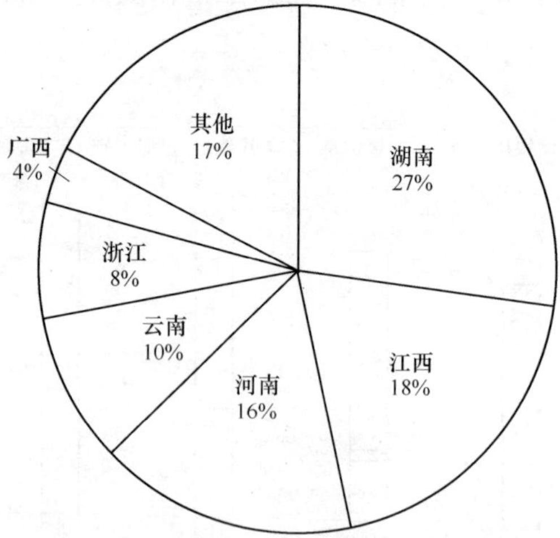

图 7-8 2010 年中国白银产量分省区分布

济源万洋冶炼集团、河南安阳岷山有色公司、湖南株洲冶炼集团股份有限公司、湖南水口山有色金属集团有限公司、深圳中金岭南有色股份公司、山东阳谷祥光铜业有限公司、山东东营方圆有色金属集团、湖南鑫达银业股份有限公司、河南安阳豫北金铅有限公司、江西龙天勇有色金属有限公司、浙江宏达金属冶炼有限公司、湖南西河企业集团（西河铅业）等。

第二章 世界白银的需求

第一节 全球白银消费

世界白银需求主要包括工业用银、摄影用银、珠宝首饰用银、银器制品用银、银币和银章用银、白银期货套保减持、推断净投资等七部分构成。2012 年全球白银需求构成中，各部分所占比重如下：工业用银 46%、摄影用银 6%、珠宝首饰用银 18%、银器制品用银 4%、银币和银章用银 9%、白银期货套保减持 4% 和推断净投资 13%，如图 7-9 和图 7-10 所示。

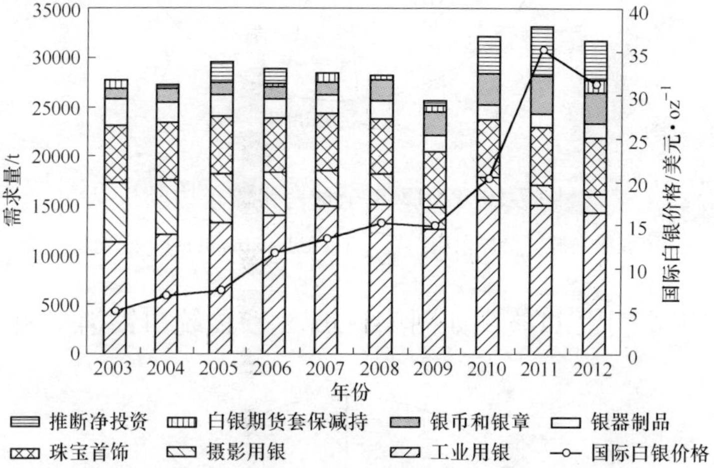

图 7-9　2003～2012 年全球需求构成

（资料来源：世界白银协会（The Silver Institute）、安泰科）

一、全球实物需求消费概况

世界白银实物消费主要是工业用银、摄影用银、珠宝首饰用银、银器制品用银、银币和银章用银 5 个领域。2012 年全球实物白银需求各部分所占比重如下：工业用银 55%、摄影用银 7%、珠宝首饰用银 22%、银器制品用银 5%、银

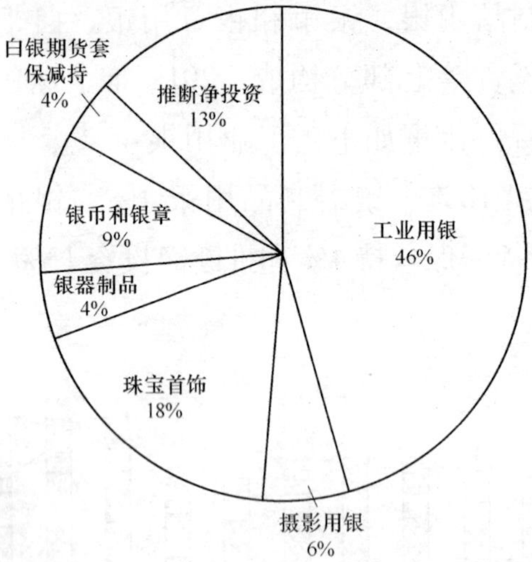

图 7-10 2012 年全球白银需求构成

（资料来源：世界白银协会（The Silver Institute）、安泰科）

币和银章用银 11%，如图 7-11 所示。传统白银消费领域摄

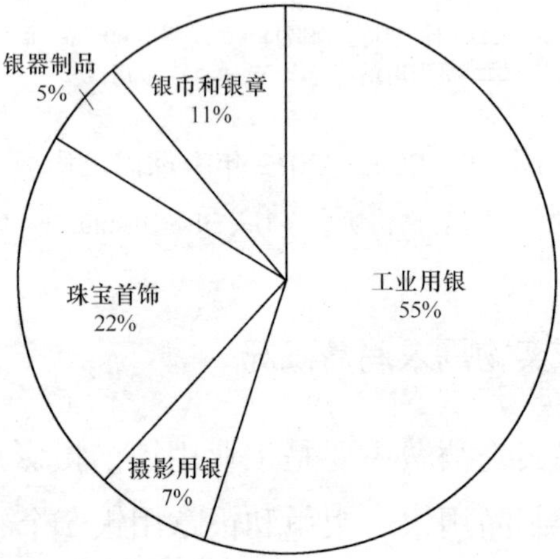

图 7-11 2012 年全球实物白银需求构成（不含衍生金融需求）

（资料来源：世界白银协会（The Silver Institute）、安泰科）

影业因数码技术的发展对白银的需求呈下降趋势，工业领域和珠宝首饰业对白银的消费呈现增长态势，不过工业需求波动较大。白银与人们生活密切相关的领域是：珠宝首饰、银器和银币证章。

多年来全球白银供应量不断增长，导致市场过剩不断增大。但由于白银具有金融属性，市场过剩量被投资需求全部吸收。全球珠宝首饰业对白银的消费总体呈现增长态势，但该市场替代品较多，如黄金、铂、钻石以及其他材质的首饰等，白银作为较为廉价的首饰材料，得到新的推广与关注。最近几年来，白银实物和衍生投资需求在一些国家如中国增长比较迅速，体现方式包括银币银章等投资手段。未来白银的工业应用新领域将继续集中于食品加工、电子与电气、焊料、催化剂、太阳能电池和水处理等。其中电子电气行业用途主要体现在电池、开关、印制电路板、银系浆料、光盘(CD)、等离子电视等。

2003 ~2012 年世界白银需求统计见表 7-4。

表 7-4　2003 ~2012 年世界白银需求统计　(t)

年　份	2003	2004	2005	2006	2007	2008	2009	2010	2011	2012
工业用银	11459	12120	13385	14090	15124	15268	12553	15576	15173	14490
摄影用银	5999	5562	4987	4423	3658	3151	2467	2242	2057	1797
珠宝首饰	5809	5834	5858	5489	5718	5570	5559	5997	5800	5771
银器制品	2646	2123	2164	1973	1913	1860	1711	1642	1502	1396
银币和银章	1110	1318	1246	1237	1235	2031	2450	3092	3681	2884

续表 7-4

年　份	2003	2004	2005	2006	2007	2008	2009	2010	2011	2012
世界制造业白银总消费量	27023	26957	27640	27212	27649	27880	24740	28550	28213	26339
白银期货套保减持	653	62	—	362	750	269	541	—	—	1289
推断净投资	—	168	1963	1228	—	—	291	3616	4924	4110
世界白银总需求	27675	27188	29603	28801	28398	28439	28898	33474	32330	32604

注：资料来源于世界白银协会（The Silver Institute）、GFMS。

二、制造业白银消费区域国家分布概况

2003 ~ 2012 年全球白银供应与制造业需求如图 7-12

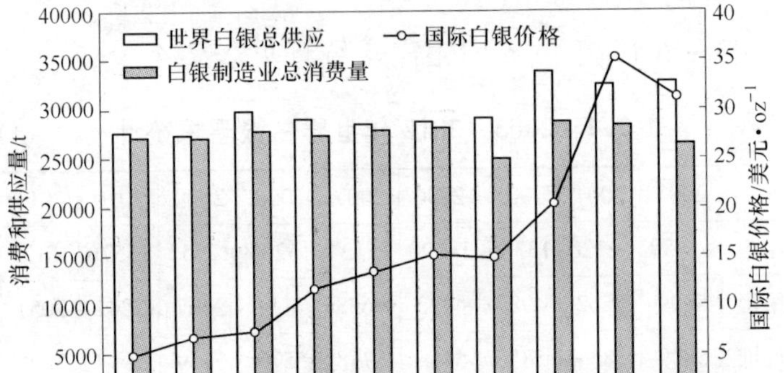

图 7-12　2003 ~ 2012 年全球白银供应与制造业需求对比

（数据来源：世界白银协会、中国有色金属工业协会金银分会、安泰科）

所示。

从全球白银生产区域来看，2003～2012年亚洲（东亚、印度次大陆）、北美洲和欧洲一直是全球制造业白银需求消费主要区域（见图7-13）。2012年这三个洲制造业白银需求消费为24239t，占当年全球制造业白银总消费量的92.03%，亚洲（主要是中国、印度、日本、泰国）是全球最重要的白银消费区域，其次是北美洲（主要是美国和加拿大），如图7-14所示。

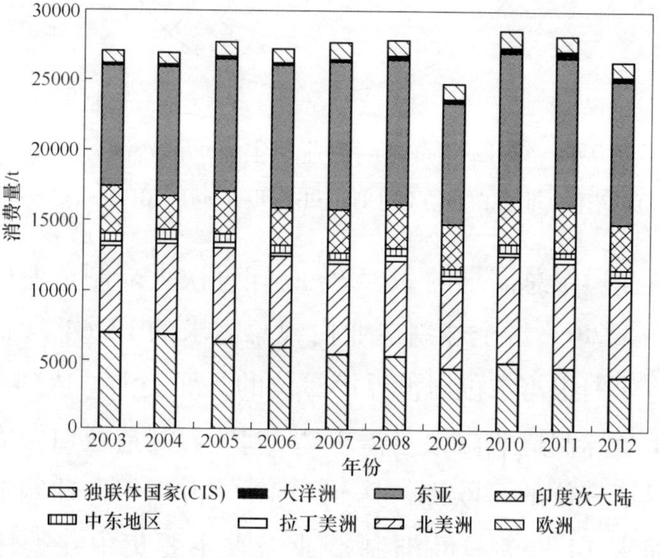

图7-13 2003～2012年世界制造业白银消费洲际分布变化

（资料来源：世界白银协会（The Silver Institute）、GFMS、安泰科）

世界白银协会公布数据显示，2012年亚洲制造业白银需求位居世界第一位，达到13473t，占全球制造业白银总需求的51.15%（其中东亚制造业白银需求达到10145t，占全

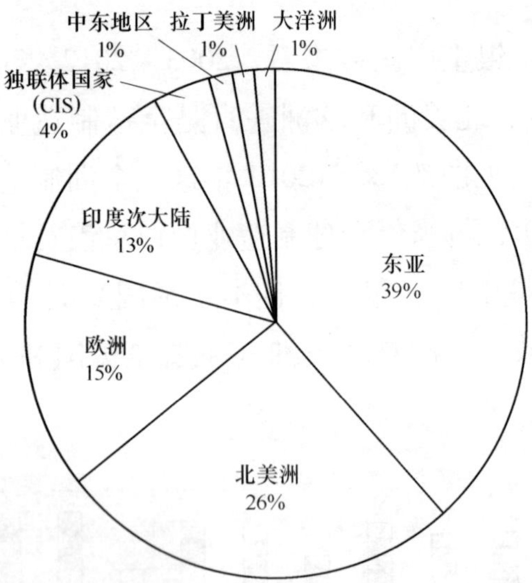

图 7-14　2012 年全球制造业白银需求消费洲际分布
（资料来源：世界白银协会（The Silver Institute）、GFMS、安泰科）

球制造业白银总需求的 38.52%；印度次大陆制造业白银需求达到 3328t，占全球制造业白银总需求的 12.64%）。2012 年制造业白银需求位居世界第二位的是北美洲，达到 6826t，占当年全球制造业白银总需求 25.92%。制造业白银需求位居世界第三位的是欧洲，达到 3940t，占当年全球制造业白银总需求 14.96%，欧洲制造业需求主要集中在德国和意大利。

世界白银制造业消费主要集中在工业发达国家，如美国、日本、韩国、德国、意大利、加拿大等，和一些传统白银首饰饰品生产制造和需求大国，如中国、印度、泰国等（见表 7-5 和图 7-15）。从制造业需求中工业应用来看，全球白银需求主要国家是中国、美国、印度、日本、韩国，这些国家位列全球白银制造业需求前五位，2012 年制造业白银总需求达到 17409t，占全球制造业白银总需求的 66%（见图 7-16）。随着中国工业化进程的加快，世界制造工厂地位的确立促使中国工业白银需求快速增加；另外随着生活水平的提高和投资产品的不断丰富，中国也成为白银投资需求增长最迅速的国家之一。

表 7-5 2008～2012 年全球主要白银制造业消费大国消费统计

(t)

序 号	国 家	2008 年	2009 年	2010 年	2011 年	2012 年
1	美 国	5843	5297	6399	6150	5678
2	中 国	4078	3983	4567	5024	5199
3	印 度	2930	3004	3043	3103	3174
4	日 本	3372	2195	3175	2942	2431
5	韩 国	955	763	929	941	926
6	德 国	1271	1028	1193	1052	911
7	意大利	1235	1097	1119	896	817
8	独联体（CIS）	825	705	762	728	717
9	加拿大	386	404	667	816	664
10	泰 国	1046	954	956	781	653

注：1. 数据来源于世界白银协会（The Silver Institute）、GFMS；

2. 特别说明：此处的白银制造业消费指的是珠宝首饰、银器银币证章消费和工业用银等，不包括金融衍生白银消费等；由于统计口径不同，国内公布的中国白银消费与此不同。

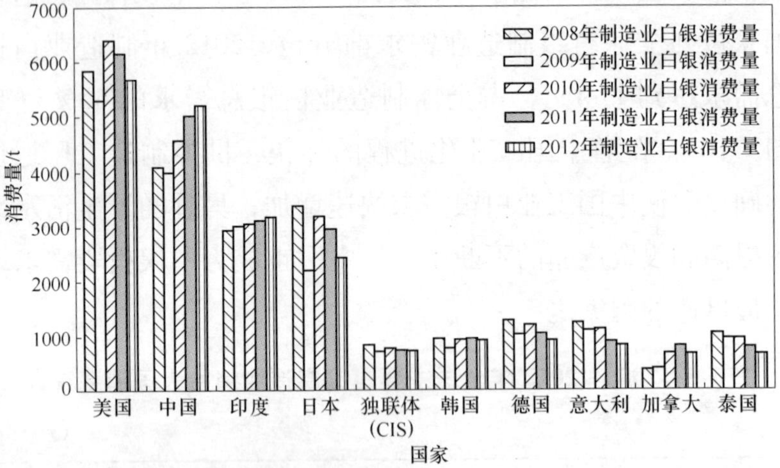

图 7-15 世界白银制造工业主要消费国 5 年来白银消费对比

（数据来源：世界白银协会（The Silver Institute）、安泰科）

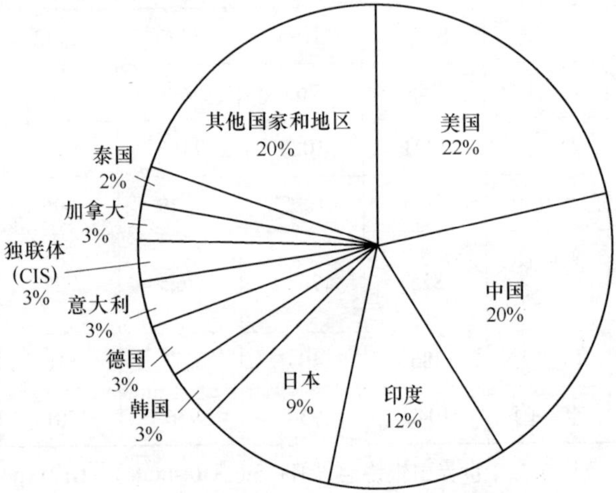

图 7-16 2012 年全球制造业白银需求在各国的分布

（数据来源：世界白银协会（The Silver Institute）、安泰科）

从白银首饰及银器的应用来看，全球主要消费大国有：中国、印度、意大利、墨西哥、美国、俄罗斯、韩国、土耳其等（见图 7-17）。据世界白银协会统计资料显示，2012 年中国白银首饰及银器消费达到 2019t，位居世界第一，占当年白银首饰银器总消费量的 28.30%，世界白银消费的新特点就是消费中心逐步从西方国家向发展中国家转移，中国、印度是世界白银消费增长潜力最大的两个国家。未来白银消费热点集中于工业应用、投资需求和珠宝首饰行业（白银首饰及银器）等。

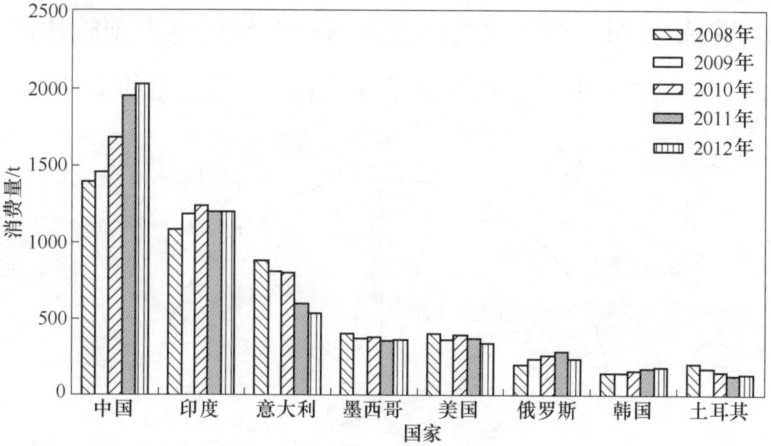

图 7-17 世界主要白银首饰消费国白银消费对比

（数据来源：世界白银协会（The Silver Institute）、安泰科）

最近几年白银在新兴战略性产业，如太阳能电池、固态照明、RFID、水净化、医药、超导等领域消费增长很快。

第二节　中国白银消费

2012 年中国白银消费结构大致如下：电子电气 31%、电工合金焊料 27%、银质工艺品首饰银币 17%、银币银条及其证章 18%、感光材料 3%、其他方面 4%，各部分比例变化过去一直维持稳定，不过随着商业银行推出白银个人投资业务，2009 年年底以来国内白银投资出现爆炸性增长，白银投资方面的需求，如银条银币行业增长较快；此外随着众多有色冶炼企业延伸白银产业链，如发展银粉银浆、建立金银制品公司，白银投资需求在这两个领域也出现较快的增长；2012 年工业用银在中国白银消费中的比重维持在 60%

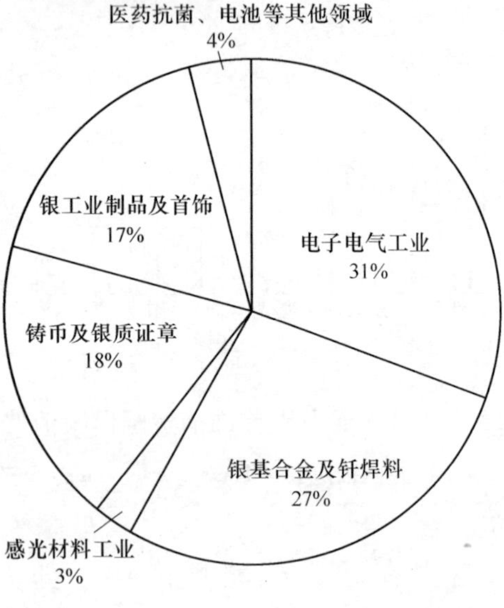

图 7-18　2012 年中国白银消费结构
（数据来源：中国有色金属工业协会金银分会、安泰科）

左右，而银工艺制品首饰和银条铸币证章所占比重提高到35%（见图7-18）。根据中国有色金属工业协会金银分会、有色信息中心（安泰科）统计调查资料显示，中国白银消费量逐年上升，2012年国内白银消费量在6000～7000t（见图7-19）。

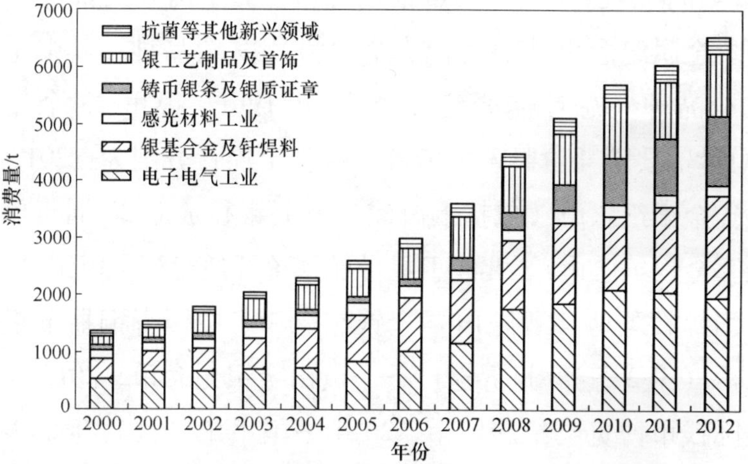

图7-19　2000～2012年国内白银消费变化
（数据来源：中国有色金属工业协会金银分会、安泰科）

与人们密切相关的珠宝首饰行业，2012年1～12月，国内规模零售企业金银珠宝销售额达到2209亿元，同比增长16.0%，而1～12月国内黄金价格同比上涨3.40%，白银价格同比下降14.8%。金银币方面，经中国人民银行批准，2012年贵金属纪念币计划发行7个项目，50个品种（总计需要消耗黄金49.28t），银币23个品种（总计需要消耗白银372.76t）。这7个项目分别为：2012版熊猫金银纪念币（包括中国银行成立100周年熊猫加字金银纪念币、华夏银行成立20周年熊猫加字金银纪念币)、中国熊猫金币发行30周年金银纪念币、中国佛教圣地（五台山）金银纪念币、中国京剧脸谱彩色金银纪念币（第3组)、中国青铜器金银纪念币（第1组)、2012北京国际邮票钱币博览会纪念银币、2013中国癸巳（蛇）年金银纪念币。而中国人民银行2013年贵金属纪念币计划发行7个项目，49个品种，其中金币26个品种（总计需要消耗黄金43.19t)，银币23个品种(总计需要消耗白银336.57t)。这7个项目分别为：2013版熊猫金银纪念币（包括上海浦东发展银行成立20周年熊猫加字金银纪念币)、北斗卫星导航系统开通运行金银纪念币、中国佛教圣地（普陀山）金银纪念币、中国青铜器金银纪念币（第2组)、世界遗产——黄山金银纪念币、2013北京国际钱币博览会纪念银币、2014中国甲午（马）年金银纪念币。

随着白银工业的发展和成熟，国内发展深加工产品的热情逐步提高。白银的深加工主要是精细化工产品，如硝酸银、氧化银、超细银粉、片状银粉、氰化银钾、各类银浆、各种银盐感光材料和各种银基复合金属材料等，这些产品主要应用于感光工业、电子和信息产业、电镀、化工以及抗菌等行业。由于数码技术的进步，白银最传统的工业应用——感光材料中白银的消费在全球趋势是逐年减少的，而随着科技的进步和人们生活水平的提高，特别是电子电气工业的飞速发展，白银工业产品深加工开发逐步呈现四大热点：电子电气工业（重点是银粉）、焊料合金（银基合金）、纳米银和银系抗菌材料等；白银投资产品开发热点在投资银条、白银珠宝首饰和制品等领域。

最近几年来，很多国内有色白银企业不断延长白银产业链条、投资白银下游产业，如河南豫光金铅集团、河南济源万洋冶炼（集团）有限公司、江西龙天勇有色金属公司、湖南鑫达银业股份有限公司、湖北鑫银贵金属股份公司等纷纷成立金银制品公司、白银珠宝首饰公司、金银文化创意公司等投资金银制品、珠宝首饰等，鑫达金银开发中心、铜陵有色金属集团、云南铜业集团、深圳中金岭南有色金属股份公司、河南豫光金铅集团等纷纷投资涉足硝酸银、银粉银浆、银靶材等白银工业深加工产品。

第三章　白银的进出口贸易

白银市场开放前，国家对白银的进出口管理十分严格，白银的进出口量每年都不超过100t，1999年前基本没有白银的出口。白银市场放开后，对外贸易经济合作部1999年11月发布了《白银出口管理暂行办法》（外经贸管发第702号），对白银出口实行出口配额管理制。配额管理的品种涉及白银的有银粉、未锻造银及银的半制成品。此后相继出台了《白银国营贸易出口企业资格标准》，国家商务部每年公布“白银国营贸易出口企业名单”。中国白银以铅、锌、铜副产为主，生产成本较低，在国际上有很强的竞争力，中国已经成为世界最大的白银出口国之一。中国主要出口白银初级产品如银锭，进口原料和白银加工产品如银精矿、银粉等。国内贸易方面，上海是国内白银现货贸易中心，上海市中山北路已经形成白银一条街。

中国白银出口配额逐年递增，2000 年为 200t，2012 ~ 2013 年已达 5387t，增长 26.9 倍。2001 年中国银锭（未锻造银）出口只有 1199t，到 2007 年银锭出口量达到历史高峰 4484t，已经成为国际上最重要的白银供应国之一，由于多种原因，此后国内白银出口量出现下降，到 2012 年银锭出口只有 838t（见图 7-20）。中国白银出口主要是初级产品——银锭，而像电子工业所需的银粉等高端产品，需要大量进口，呈逐年增长之势，2001 年进口银粉 50t，2004 年为 159t，2009 年达到 1412t，2012 年进口 1351t。国内太阳能等新兴产业对银粉银浆需求强劲，但由于国内产品质量不稳定

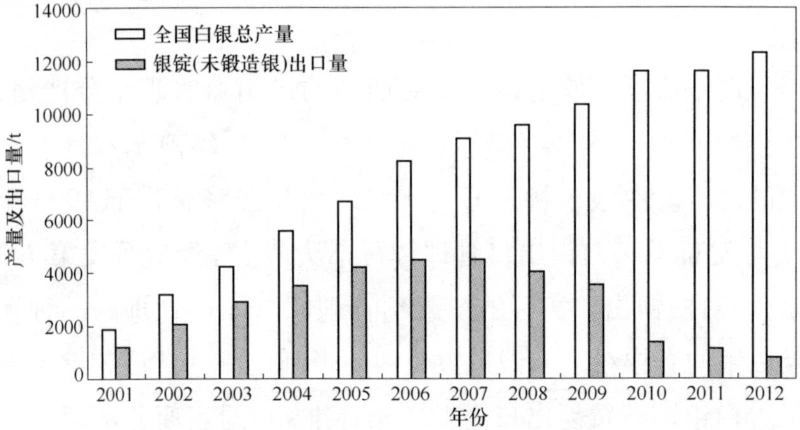

图 7-20 2001 ~ 2012 年中国白银产量和银锭出口对比

（数据来源：中国有色金属工业协会、国家海关总署）

而不能满足消费企业要求，每年必须大量进口。进口银粉主要来源于德国、日本、中国台湾等地。

中国进口银粉主要为高端银粉，从进口额可以看到，高端银粉市场缺口大，接近 1500t；低端银粉国内产量大概在 500t 左右，主要靠国内自我生产、自我消化。目前，国内很多企业瞄准高端银粉市场，但由于资金、设备、人才及生产工艺等原因，供应不足，主要从日本、德国等国家进口。全球光伏市场作为新兴领域，在 2008 年开始爆炸性增长，至 2010 年增长一倍，达 16000MW，德国、意大利、法国、美国、中国等是需求量主要增长区。

受白银国内外价格倒挂影响，2010 年起国内白银（未锻造银）出口大幅下滑。2010 年国内白银行业进出口贸易从净出口逆转为净进口，银锭（未锻造银）2010 年出口较 2009 年大幅下降 2132t，是造成进出口出现逆转的根本原因，当年净进口白银量达到 2230t。根据国家海关总署统计，2012 年中国出口银锭（未锻造银）838t，较 2011 年下降 28.86%；不过由于同期国内铅、锌、铜冶炼产能的扩建，国内冶炼行业原料短缺加剧，当年进口银精矿 26.18 万吨，同比大增 54.48%；进口银粉基本维持稳定，当年进口 1351t，同比增长 2.19%（见表 7-6）。国内白银市场属于结构性过剩，国内深加工产品供应不足，半制成银和银粉进口逐年增加。这迫切需要白银企业调整产品结构，发展高端银粉、感光材料以及其他应用于光电产业、电子信息产业、化工及抗菌产业等的白银加工产品，谋求发展空间。

表 7-6　2012 年中国主要白银产品进出口情况

产　品	进　口		出　口	
	进口量/t	增幅/%	出口量/t	增幅/%
银精矿	261800	+54.48	740	—
银锭（未锻造银）	415	-17.33	838	-28.86
银　粉	1351	+2.19	48	+0.60
半制成银（实物量）	1143	-34.72	9.12	-83.25
其他银制首饰及其零件	22.87	-15.95	240.24	-28.10
银制器皿及其零件	1.21	-22.30	6.75	-40.50

注：数据来源于国家海关总署、安泰科。

第四章　白银市场价格

第一节　国际白银市场价格

20 世纪之后的银价大体可划分为三个历史阶段：1900 ~ 1932 年银价低位波动阶段；1932 ~ 1968 年美国推升银价（布雷顿森林体系中美元与黄金直接挂钩，美国政府颁发《白银购买法案》，1963 年 6 月美联储发行纸钞取代面额 1 美元银币券，推动国际银价升至 1.29 美元/oz）；1968 年至今白银金融属性被激活，白银价格从 20 世纪 70 年代初的 2 美元/oz 不断震荡上扬（见图 7-21）。

最近 50 年来国际白银价格走势出现过两轮大的行情，一轮出现在 1979 ~ 1980 年，一轮出现在 2008 年到现在。第一轮行情的出现，与美国亨特兄弟试图操纵白银期货市场有关。

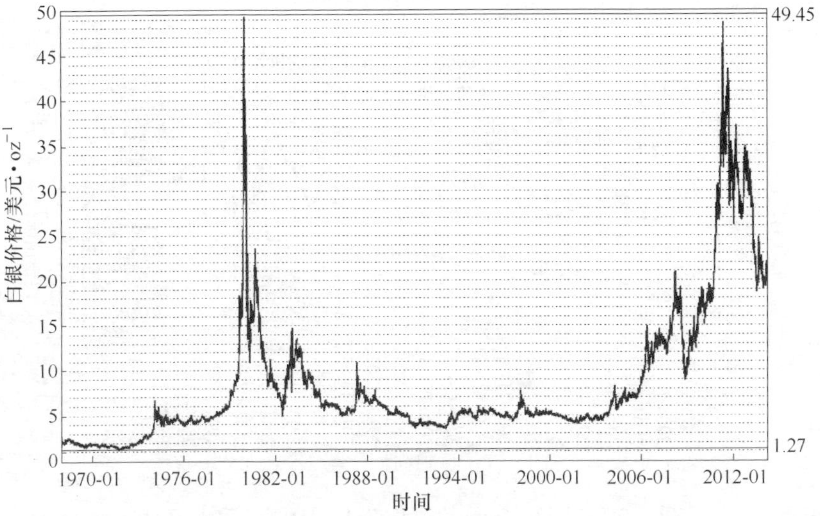

图 7-21　国际白银价格长期走势图（1968～2013 年）

1979 年美国亨特兄弟俩图谋从操纵白银的期货价格中获利，一度控制了纽约商品交易所 53% 的存银和芝加哥商品交易所 69% 的存银，拥有 1.2 亿盎司的现货和 0.5 亿盎司的期货，致使国际银价在 1980 年 1 月 21 日最高达到 50.35 美元/oz。此后银价不断回落，进入 20 年的调整期；进入 21 世纪，银价出现新一轮上涨周期，特别是 2008 年次贷危机爆发，金银避险投资属性得到发挥，2011 年国际银价一度接近 50 美元/oz 历史高点（相关国际历史白银价格见附录四）。

第二节　影响白银价格的主要因素

影响白银价格的主要因素有：

（1）地缘政治与国际政局因素（见图 7-22）；

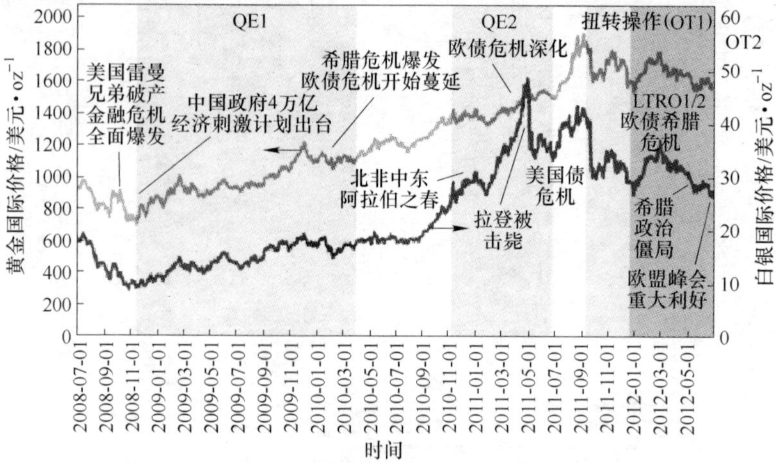

图 7-22　国际金融危机爆发以来国际重大经济政治事件对金银价格影响分析

（资料来源：Wind、安泰科）

（2）经济因素，包括国际经济形势、美元汇率及原油价格、主要货币基准利率等（见图 7-23）；

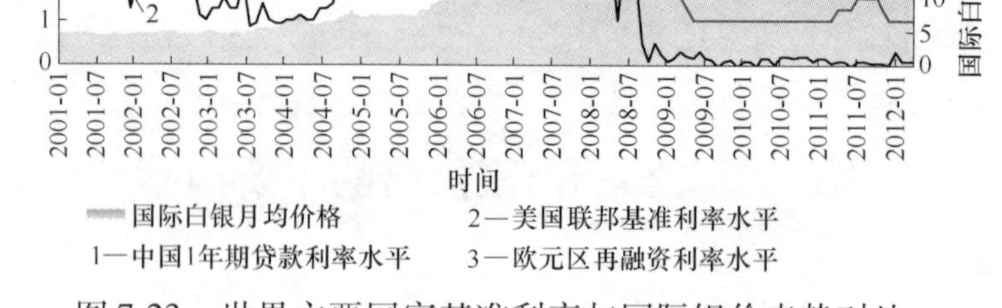

图 7-23　世界主要国家基准利率与国际银价走势对比

（资料来源：Bloomberg、安泰科）

（3）黄金及铜、铅、锌等基本金属价格变动因素，有机构测算近期金价与银价相关性达78%（见图7-24），银价与铜、铅、锌的相关性分别达到65%、69%和54%；

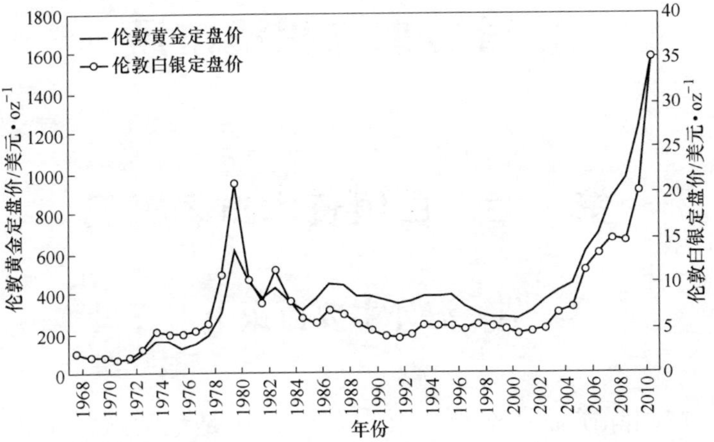

图7-24　1968～2011年国际金银价格走势对比

（4）实物白银投资性需求因素，近年来白银价格不断走高（见图7-25），投资需求起了关键作用。

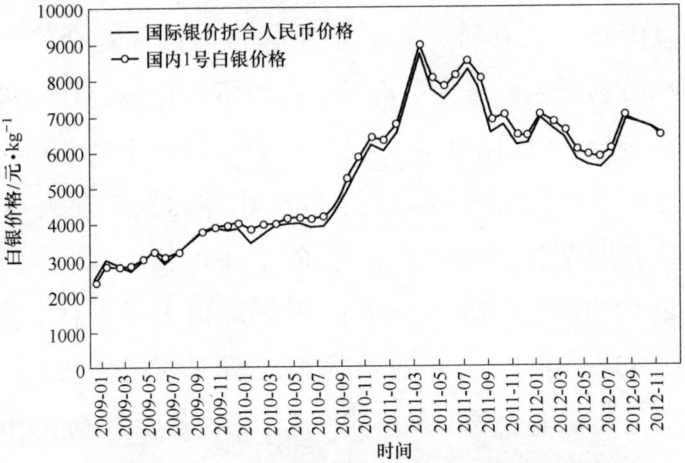

图7-25　2009年以来国内外白银价格换算对比

第八篇

白银资本与投资市场

第一章　白银资本市场概况

第一节　海外主要白银上市公司

在国际矿业资本市场上，黄金板块是最活跃、上市公司最多和市值最大的板块之一；白银板块相对黄金板块要小，不过白银初级资本市场和高级资本市场上也有大量的上市企业。根据中国有色金属工业协会金银分会和中国有色金属工业信息中心（安泰科）资料显示，目前国际黄金、白银矿业资本市场分为初级资本市场和高级资本市场，在海外，所有大型黄金、白银矿业基本已经在高级资本市场上市。目前在国际矿业高级资本市场上市的大中型白银矿业公司有12家，很多世界著名的矿产白银企业都在其中（见表8-1）。截至2012年12月28日，这12家国际白银巨头总市值达到了462.98亿美元，其中市值最大的两家公司分别是：墨西哥菲斯尼诺矿业公司（Fresnillo（UK），英国伦敦上市）和加拿大Silver Wheaton公司，分别达到了215.1亿美元和

122.83亿美元，而股价最高的是Silver Wheaton，每股高达34.66美元，而流通股数量最多的是墨西哥菲斯尼诺矿业公司（Fresnillo（UK）），达到7.17亿股（相关企业产量见附录一）。

表8-1　12家世界主要白银矿业公司市值概况

（截至2012年12月28日数据）

序号	公司名称	代码	股价（2012年11月27日当天）/美元	流通股数量/百万股	市值/亿美元	公司网址
1	Fresnillo(UK)	FRES	29.99	717	215.1	www.fresnilloplc.com
2	Silver Wheaton	SLW	34.66	354	122.83	www.silverwheaton.com
3	Pan American Silver	PAAS	18.16	152	27.67	www.panamericansilver.com
4	First Majestic Silver Corp.(CN)	FR	19.67	116	22.84	www.firstmajestic.com
5	Coeur d'Alene Mines Corp	CDE	23.68	90	21.24	www.coeur.com
6	Hecla Mining Co.	HL	5.63	286	16.07	www.hecla-mining.com
7	Silver Standard	SSRI	14.45	81	11.67	www.silverstandard.com
8	Silvercorp	SVM	5.03	171	8.59	www.silvercorpmetals.com
9	Endeavour Silver Corp.	EXK	7.78	100	7.74	www.edrsilver.com
10	Fortuna Silver Mines(CN)	FVI	4.03	125	5.05	www.fortunasilver.com

续表 8-1

序号	公司名称	代码	股价(2012年11月27日当天)/美元	流通股数量/百万股	市值/亿美元	公司网址
11	Great Panther Resources(CN)	GPR	1.52(加拿大元)	138	2.11	www.greatpanther.com
12	Alexco Resource Corp.	AXU	3.40(加拿大元)	60	2.07	www.alexcoresource.com

注：资料来源于中国有色金属工业协会金银分会、中国有色金属工业信息中心（安泰科）。

第二节 中国主要白银上市公司

金银市场开放后，中国金银工业的资本市场运作和企业上市融资步伐不断加快，有色行业在国内 A 股市场上市的公司超过 60 家，其中副产白银和黄金的有：河南豫光金铅股份公司、江西铜业股份公司、云南铜业股份公司、湖南株冶火炬股份公司、深圳中金岭南股份公司、铜陵有色股份公司、云南驰宏锌锗股份公司、紫金矿业、盛达矿业等（相关企业产量见附录一）。2012 年国内白银行业捷报频传，2012 年 5 月 21 日湖南郴州市金贵银业股份有限公司 IPO 通过中国证监会发审委审核（申请发行 5876 万股，占发行后总股本的比例为25.0085%)；2012年12月28日，江西龙天勇有色金属有限公司（中国白银集团）在香港交易及结算所有限公司（香港交易所）H股市场成功上市，该公司股票代码为00815，现有总股本为8.8亿股，首次按总股本的18%发行，每股发行价为1.18港元，首发融资额为1.87亿港元；公司每股净资产为0.21港元，公司股票当日开盘价为1.35港元，以开盘价计算，公司资产增值10亿港元。

2014年1月28日，湖南郴州市金贵银业股份有限公司（证券简称“金贵银业”）人民币普通股股票在深圳证券交易所（深交所）成功上市交易。金贵银业股份公司人民币普通股股份总数为22876.8462万股，首次公开发行5719.2116万股，证券代码为“002716”，金贵银业确定发行价格为14.35元/股，首日（1月28日）开盘价为17.22元/股，收盘价为20.67元/股。据悉，湖南郴州金贵银业股份有限公司是一家从事从铅冶炼阳极泥及矿冶企业废渣废液中综合回收白银及铅、金、铋、锌、铜、铟等多种有色金属的高新技术企业，位于中国有色金属之乡——郴州，是中国白银生产出口的重要基地之一，拥有全国领先的白银冶炼和深加工技术，白银年产量居全国同类企业前列，公司也是中国有色金属工业协会金银分会副会长单位。金贵银业公司以银冶炼为核心，自主研发了白银精炼核心生产线，同时成功向上下游拓展了白银产业链条：上游——引进具有国内先进水平的富氧底吹冶炼技术，投资建设“10万吨铅富氧底吹”项目；下游——自主研发高纯硝酸银、“AT纳米抗菌剂”等生产技术。此次金贵银业 IPO 拟募集资金 6.9 亿元，募集的资金主要投向以“无砷炼银”为核心技术的 3 个项目：白银技术升级技改工程项目、5 万吨/年铅冰铜渣资源综合利用项目等。项目建成后，白银产能将由 200t 提升至 609t，还将年新增黄金 2.4t，精铋 1422t，阴极铜 1.3 万吨，高纯锌 2.5 万吨，铅精粉 2.5 万吨，同时综合回收锑、碲、镉、铟、砷、铁等有价元素，打造白银清洁生产完整产业链。2015 年该公司宣布启动“金贵白银域”建设。

中国主要白银相关的上市公司见表 8-2。

表 8-2 中国主要白银相关的上市公司一览表

证券代码	证券简称	上市日期	主要产品	公司网址
600531	豫光金铅	2002-07-30	铅、黄金、白银、硫酸、铜、锑、铋、工业硫酸锌、氧化锌等	www.yggf.com.cn
000878	云南铜业	1998-06-02	铜、锌、金、银、硫酸等	www.yunnancopper.com
600362	江西铜业	1997-06-12	铜、铅锌、金、银、钼、硒、碲、铼、硫酸等	www.jxcc.com
000630	铜陵有色	1996-11-20	铜、金、银、硫酸、硫精矿等	www.tlys.cn
000060	中金岭南	1997-01-23	铅、锌、铜、白银、硫酸等	www.nonfemet.com
601899	紫金矿业	2008-04-25	金、铜、锌、铅、钨、铁、白银、硫酸等	www.zjky.cn

续表 8-2

证券代码	证券简称	上市日期	主要产品	公司网址
600961	株冶集团	2004-08-30	铅、锌及锌合金，并回收铜、金、银、铋、镉、铟、锗等金属和硫酸等副产品	www. torchcn. com
000603	盛达矿业	1996-08-23	银精矿、铅锌精矿	www. sdjt. com
600497	驰宏锌锗	2004-04-20	铅、锌、锗、金、银、镉、铋、碲、铟等	www. chxz. com
HK00815	江西龙天勇有色金属有限公司（中国白银集团）	2012-12-28	银锭、铅、铋锭及锑锭，白银珠宝首饰等	www. chinasilver. hk
002716	金贵银业	2014-01-18	高纯银、电解铅、黄金、高纯铋等有价金属高纯硝酸银、AT纳米抗菌剂等银加工产品	www. jingui-silver. com

注：数据来源于上海证券交易所、深圳证券交易所、香港交易所，安泰科整理。

第二章　白银投资市场与投资工具

白银投资分为白银实物投资和金融衍生品投资，因此白银投资市场也分为实物投资市场和白银金融衍生品投资市场。白银实物投资包括银条、银币和白银饰品等投资，白银金融衍生品投资可分为标准化的场内交易品种投资和非标准化的场外交易品种投资。标准化场内交易产品，指交易的场所大多为官方认可的较为规范的市场，主要品种包括白银期货、期权、白银交易基金（ETF）等，白银 ETF 是最近几年来商品市场一项重要的金融创新，其与黄金 ETF 引领了金属 ETF 潮流。非标准化场外交易产品是指标准化程度较低的交易产品，交易场所也可以涵盖场内和场外，主要有白银借贷、白银账户、白银投资基金、白银远期和掉期等。白银投资产品有银锭、银条、银矿股票、银币、银质奖章、白银所有权证明或存储账户、白银期货、白银期权，交易量主要集中于银锭现货、期货和期权合约等。

第一节 白银、黄金实物投资

白银现货市场上实物白银的主要形式是银条和银块，也有银币、银质奖章和首饰等。而金条有低纯度的砂金和高纯度的条金和标准金条，标金是由市场认同的精炼厂浇铸生产，并在标金上标明厂名、质量、成色及编号。标金的规格很多，国际市场上比较常见的有 400oz、100oz、10oz、2oz、1oz、1/2oz 和 1/4oz 等规格；也有 12.5kg、1kg、500g、250g、111g、100g、50g、20g、10g、5g、2.5g、1g 等规格；还有其他特殊质量规格的标金，白银产品规格与黄金类似，不过由于白银价格便宜因此一般产品规格比黄金要大。

黄金、白银饰品是规避风险的保值工具。金饰品具有广义和狭义之分，广义的金饰品是泛指不论黄金成色多少，只要含有黄金成分的装饰品，如金杯、奖牌、勋章、金像、盘碟、烟盒等纪念品或工艺品均可列入金饰品的范畴。狭义的金饰品是专指以成色不低于58%的黄金材料，通过黄金工艺师的艺术创造，加工成为一种佩戴在人体各部位的装饰物。从投资理财的角度来看，金饰品的保值功能和实用价值大于投资价值，白银饰品与黄金饰品类似。

但黄金、白银现货投资有两个缺陷：须支付储藏和安全费用，持有黄金、白银无利息收入。于是通过买卖期货暂时转让所有权可免去费用和获得收益。中央银行一般不愿意通过转让所有权获得收益，于是黄金、白银贷款和拆放市场兴起。

第二节　白银金融衍生品投资

一、纸白银

纸白银即以白银账户形式存在的投资理财方式。纸白银就是个人记账式白银，类似于外汇业务，即跟随国际白银市场的波动情况进行报价，客户可以通过把握市场走势低买高抛赚取差价。纸白银持有人所持有的只是物权凭证而不是白银实物。“纸白银”交易没有实银介入，是一种由银行提供的服务，以贵金属为单位的账户，投资者无需通过实物的买卖及交收而采用记账方式来投资白银，由于不涉及实银的交收，交易成本可以更低。

在白银市场上采用纸白银交易，可以节省实银交易必不可少的保管费、储存费、保险费、鉴定费、运输费及税金等费用的支出，降低额外费用，提高银商在市场上的竞争力。同时，纸白银交易可以加快白银的流通，提高白银市场交易的速度。由于纸黄金、纸白银是黄金、白银物权的一种凭证，是以实物黄金、白银作为其物质基础，因此同样具有保值增值的功能。纸黄金、纸白银一般是由黄金、白银市场上资金实力雄厚、资信程度良好的金融机构所出具，如商业银行出具的不记名黄金白银储蓄存单、黄金白银交易所出具的黄金白银交收订单或大的金银商所开出的金银账户单据等。

二、白银延期交收产品投资

白银延期交收产品是上海黄金交易所的挂牌交易合约，交易起点是1000g，采用双向保证金交易方式，客户开仓交易后，可以选择当日平仓，也可以选择延期平仓。2009 年兴业银行向客户推出代理上海黄金交易所白银延期交收产品，成为国内首家可以全面代理上海黄金交易所黄金、铂金和白银产品的商业银行。个人和机构投资者可在兴业银行全国各分支机构网点开户后，通过一些商业银行网上银行或银行柜台进行交易。

白银延期交收交易是指以保证金的方式进行的一种现货延期交收业务，买卖双方以一定比例的保证金（合约总金额的10%）确立买卖合约。由于白银延期交易是以保证金交易方式进行交易的，客户可以选择合约交易当天交割，也可以延期交割，这时就引入了延期补偿费（简称延期费）机制。“延期费”是客户延期交收发生的资金或白银实物的融通成本，延期费的支付方向根据交收申报数量对比确定。保证金交易品种有Ag(T+5)、Ag(T+D)、Ag(T+N)等。

Ag(T+5)交易是指实行固定交收期的分期付款交易方式，交收期为5个工作日（包括交易当日）。买卖双方以一定比例的保证金，合约总金额的15%确立买卖合约。合约不能转让，只能新开仓，到期的合约净头寸即相同交收期的买卖合约轧差后的头寸必须进行实物交收，如买卖双方一方违约，则必须支付另一方合同总金额7%的违约金。

Ag(T+D)交易是指以保证金的方式进行的一种现货延期交收业务，买卖双方以一定比例的保证金，合约总金额的10%确立买卖合约，与Ag(T+5)不同的是该合约可以不必实物交收，买卖双方可以根据市场的变化情况，买入或者卖出以平掉持有的合约。在持仓期间将会发生每天合约总金额万分之二的递延费。如果持仓超过20天，则交易所要加收每个交易日计算的万分之一的超期费。如果买卖双方选择实物交收方式平仓，则此合约就转变成全额交易方式。

三、白银期货

白银期货交易与一般的商品和金融工具的期货交易一样，买卖双方先签订买卖白银期货的合同并交付保证金，规定买卖白银的标准量、商定价格、到期日。在约定的交割日再进行实际交割。白银期货的购买、销售者，都在合同到期日前出售和购回与先签合同相同数量的合约，也就是平仓，无需真正交割实银。每笔交易所得利润或亏损，等于两笔相反方向合约买卖差额。白银期货合约交易一般只需交易额10%左右的定金作为投资成本，具有较大的杠杆性，少量资金推动大额交易。白银期货交易是一种非交割转移的买空卖空交易，由套期保值和期货投资交易组成。保值性期货交易是白银企业根据生产、市场供求关系，为回避风险、降低库存及成本进行的交易，它有利于保障生产者、经营者利益，有利于维护生产的正常进行。投机性期货交易是投资人利用期货市场价格波动进行投资获利的交易，体现更多的是白银投资金融属性，白银期货交易具有极大的杠杆性和灵活性。

四、白银期权

期权是买卖双方在未来约定时间和价位买卖一定数量标的的权利，而非义务。如果价格走势对期权买卖者有利，则会行使其权利而获利；如果价格走势对其不利，则放弃购买的权利，损失只有当时购买期权时的费用。买卖期权的费用（或称期权的价格）由市场供求双方协商决定，同时市场价与成交价差及期权时间等因素都将对期权价格产生影响。由于黄金、白银期权买卖投资战术比较多并且复杂，不易掌握，目前世界上黄金、白银期权市场并不多。黄金、白银期权投资的优点也不少，如具有较强的杠杆性，以少量资金进行大额的投资，而且是标准合约的买卖，投资者不必为储存和黄金、白银的成色担心，具有降低风险的功能等。

五、白银股票

白银、黄金股票是指，金银矿公司向社会公开发行的上市或者不上市的股票，黄金、白银股票是黄金投资的延伸产品。由于买卖黄金、白银股票不仅是投资金银矿公司，而且还间接投资黄金、白银，因此这种投资行为比单纯的黄金、白银买卖或股票买卖更为复杂。投资者不仅要关注金矿、银矿公司的经营状况，还要对黄金、白银市场价格走势进行分析。对于矿业公司的投资方法是选择低 PE 的股票，国际上对黄金白银股票估值选用的方法是期权定价模型，另外矿业类上市公司发现新的矿藏是一个推动股价飙升的催化剂，当然对于下游销售公司或者黄金、白银加工企业用 PE 法估值即可。本篇第一章已就国际大型白银企业、国内主要白银上市公司的超过 20 只白银股票作了简单介绍。

六、白银基金

黄金、白银基金是黄金、白银投资的衍生工具。白银基金是白银投资共同基金的简称，就是由基金发起人组织成立，由投资人出资认购，基金管理公司负责具体的投资操作，专门以白银或白银类衍生交易品种作为投资标的以获取投资收益的一种共同基金。由专家组成的投资委员会管理。白银基金由于由专家组成投资委员会，在充分分析股市、银市和其他市场的投资收益比以后，做多样化的投资组合。因此，白银基金的投资风险较小、收益比较稳定，能较好地解决个人白银投资者资金少、专业知识差、市场信息不灵等不利因素，故受到了社会广泛的欢迎。投资白银基金可以起到分散投资风险、降低总资产配置的波动性，从而起到稳定投资价值的作用。另外，投资白银基金还具有门槛较低、集合理财的特点。

七、白银信托

信托是指委托人基于对受托人的信任，将其财产权委托给受托人，由受托人按委托人的意愿以自己的名义，为受益人的利益或者特定目的进行管理或者处分的行为。黄金、白银信托是指投资者将自己的财产委托给信托机构投资于黄金、白银市场领域。目前主要信托投资模式分为两种：一种是绝大部分资金投入黄金市场的专业黄金、白银投资信托计划；另一种是黄金、白银和证券类投资的混合型信托基金。

黄金白银信托产品的设立包括客户寻找和签署、产品设计、投资运作、监管、托管、清算、系统等方面，完整的黄金白银信托的成立和运作包括受托人、投资人、管理人、托管人、管理顾问等多重角色。对增加黄金白银市场的机构参与者、深化白银黄金市场的功能意义重大。自 2007 年 10 月国内首个黄金投资信托产品问世以来，截至 2009 年 10 月，中国共有 3 家信托公司发行了 8 只黄金投资集合资金信托计划，总规模约 4 亿元。目前，黄金信托产品只对机构和合格投资者销售，最低认购金额在 50 万 ~ 100 万元以上。由于目前信托公司还没有取得衍生品投资资格，黄金信托的投资方向主要是上海黄金交易所现货黄金品种，混合性黄金信托的投资方向还包括股票、债券等跨资本市场投资品种。目前黄金投资采用会员投资及第三方投资平台的方式进行黄金信托投资。由于时间尚短，国内的黄金信托产品仍然处于探索阶段。

八、商业银行黄金、白银理财产品

在新一轮的黄金、白银大牛市中，新出现了许多黄金、白银理财品种，这些理财产品都是利用金融工程技术进行结构化设计，从目前各银行已发行的黄金、白银类理财产品特点来看，绝大多数产品属于保本浮动收益型，其目的是增加低风险产品的收益率。挂钩黄金、白银的银行理财产品一般都设置封顶收益率，并不是黄金、白银涨多少理财产品就能赚多少。随着黄金、白银市场的升温，近三年来，黄金、白银类银行理财产品连年增加，从发行机构来看，主要为外资银行。黄金理财产品的主要特征是低风险、低收益。与此同时，商业银行的黄金个人业务和品牌黄金业务也创新不断，工行、中行、建行、中信的纸黄金业务及针对个人投资者的黄金代理业务（如兴业银行、民生银行、工商银行的个人贵金属延期交易业务、招商银行的“招财金”业务等）相继推出。根据中国人民银行资料，截至2012年6月，中国工商银行开展的贵金属业务种类达30种，位于同业30家开展黄金业务银行的首位，业务品种最为丰富。

图8-1所示为2012年6月全国各商业银行黄金业务开展情况。

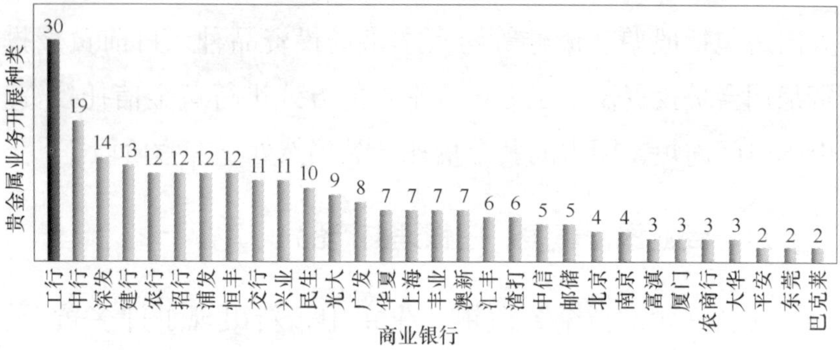

图8-1 2012年6月全国各商业银行黄金业务开展情况

（数据来源：中国人民银行）

九、交易所交易白银基金ETF

交易所交易白银基金（白银ETF）是以白银为投资对象的ETF，属于实物白银投资工具。其运行原理为：由大型白银生产商向基金公司寄售实物白银，随后由基金公司以此实物白银为依托，在交易所内公开发行基金份额，销售给各类投资者，商业银行分别担任基金托管行和实物保管行，投资者在基金存续期内可以自由申购和赎回。

全球第一只白银ETF（iShares Silver Trust）于2006年4月在美国证券交易所挂牌，是继黄金ETF之后第二种从实际商品衍生出的ETF。白银ETF发起人是英国巴克莱银行，产品名称为iShares Silver Trust，每一交易单位代表10oz的实体白银。ETF的原理是通过与指数完全一致的投资组合来达到复制指数的目的，由于其挂钩实体白银，投资者既能直接参与分享白银价格波动机会，又无需交割，并支付大量储藏成本，受到投资者广泛欢迎。目前全世界的白银ETF产品超过10只，主要有：CEF（在多伦多证券交易所交易的加拿大中央基金）、SLV（在美国证券交易所交易的iShares白银基金）、ZKB（在瑞士证券交易所交易的Zurich Cantonal基金）、ETF（在伦敦证券交易所、澳大利亚证券交易所及纽约证券交易所交易的ETF证券）、JB（瑞士证券交易所交易的Julius Baer基金）、SIVR（在纽约证券交易所交易的ETF证券）、ETF Australia（在澳大利亚证券交易所交易的ETF证券）、GLTR（在纽约证券交易所交易的ETF证券）、WITE（在纽约证券交易所交易的ETF证券）等。其中最大的白银ETF是iShares Silver Trust（SLV），截至2013年1月3日SLV持仓白银10080.62t。

十、其他白银金融衍生产品

其他白银金融衍生产品包括：白银远期类产品（包括白银远期、白银掉期（互换）、远期利率协议等）、白银ETCs（白银交易所交易商品）、ETN（白银交易所交易票据）、白银指数基金、电子白银等。

中国主要商业银行贵金属业务交易情况见表8-3。

表8-3　中国主要商业银行贵金属业务交易情况一览表

银　行	品　种	点　差	交易时间	交易渠道	交易起点
工商银行账户金	人民币金 美元金	0.8元/g和3美元/oz	周一8：00到周六4：00	网点、网银、电话银行、手机银行	10g，0.1oz

续表 8-3

银 行	品 种	点 差	交易时间	交易渠道	交易起点
工商银行账户银	人民币银 美元 账户银	0.04 元/g 和 0.15 美元/oz	周一 8：00 到周六 4：00	网点、网银、电话银行、手机银行	100g，5oz
中国银行纸黄金	人民币金 美元金	双边 0.65/g，3 美元/oz	周一早 8：30 至周六 2：00	网点、网银、电话银行、手机银行	10g，1oz
建设银行账户金	人民币金	一般为 0.8 元/g，大额交易点差优惠，300g，1000g，5000g 以上点差分别为 0.78 元，0.76 元，0.72 元	周一 7：00 至周六 4：00	网点、网银、电话银行、手机银行	1g
中国农业银行	人民币金 美元金		每周一早 8：00 至周六早 0：40	网点、网银、电话银行、手机银行	1g，0.1oz
招商银行纸黄金	人民币金 美元金	点差优惠，0.01 ~ 1oz、1 ~ 10oz、10 ~ 500oz 基准点差分别为 3 美元、2 美元、1.5 美元，大额交易可享受优惠报价	周一 8：00 至星期六 5：00	网上银行大众版、专业版、财富账户专业版	0.01g，0.01oz
中信银行纸黄金	美元金	3 美元/oz	周一 7：00 到周六 4：00	网银、电话银行	1oz

注：资料来源于高茹琨著《聚焦中国黄金市场 20 年》。

第三章 主要黄金、白银交易市场

第一节 国际黄金、白银市场的划分方式和类型

黄金市场、白银市场是买卖双方集中进行黄金、白银买卖的交易中心，提供即期和远期交易，允许交易商进行实物交易或者期权期货交易，进行投资、投机、套利、避险、套期保值等各种操作，是各国完整的金融市场体系的重要组成部分。随着货币制度的发展，黄金已逐渐丧失了交易媒介和价值衡量尺度的货币职能，但仍在国际贸易、国际间债权债务清算以及国际储备等方面保持着一定的货币特征。白银市场与黄金市场类似，一般交易黄金的市场基本都交易白银。

一、按照黄金市场所起的作用和规模划分

按照黄金市场所起的作用和规模可分为：主导性市场和区域性市场。

主导性黄金市场是指国际性集中的黄金交易市场，其价格水平和交易量对其他市场都有很大影响。最重要的有伦敦、苏黎世、纽约、芝加哥和香港的黄金市场。

区域性市场是指交易规模有限且集中在某地区，对其他市场影响不大的市场，主要满足本国本地区或邻近国家的工业企业、首饰行、投资者及一般购买者对黄金交易的需要，其辐射力和影响力都相对有限，如东京、巴黎、法兰克福黄

金市场等。

二、按照交易类型和交易方式划分

按照交易类型和交易方式的不同可分为：现货交易市场和期货交易市场。

白银现货交易市场基本上是即期交易，在成交后即交割或者在两天内交割。交易标的主要是银条、银锭和银币，珠宝首饰等也在其中。

白银期货交易主要目的为套期保值，是现货交易的补充，成交后不立即交割，而由交易双方先签订合同，交付押金，在预定的日期再进行交割。其主要优点在于以少量的资金就可以掌握大量的期货，并事先转嫁合约的价格，具有杠杆作用。期货合约可于任一营业日变现，具有流动性；也随时买进和结算，具有较大弹性；还能在运用上选择不同的委托形式，在不同的市场之间又可以进行套货，具有灵活性等。

世界上有的白银市场只有现货交易，有的只有期货交易，但大多数是既有期货又有现货交易。

三、按有无固定场所划分

按有无固定场所可分为：无形黄金、白银市场和有形黄金、白银市场。

无形的金银交易市场，主要指金银交易没有专门的交易场所，如主要通过金银商之间的联系网络形成的伦敦金银市场，以银行为主买卖黄金的苏黎世黄金市场以及香港本地的伦敦无形市场。

有形金银市场主要指金银交易是在某个固定的地方进行交易的市场。这其中又可以分为有专门独立的金银交易场所的金银市场和设在商品交易所之内的金银市场，前者如香港金银业贸易场等，后者如设在纽约商品交易所（COMEX）内的纽约黄金白银市场及设在芝加哥商品交易所（IMM）内的芝加哥黄金白银市场等。

四、按交易管制程度划分

按交易管制程度可分为：自由交易、限制交易市场和国内交易市场。

自由交易市场是指黄金可以自由输出入，而且居民和非居民都可以自由买卖的黄金市场，如苏黎世黄金市场。

限制交易市场是指黄金输出入受到管制，只允许非居民而不允许居民自由买卖黄金的市场，这主要指实行外汇管制国家的黄金市场，如 1979 年 10 月英国撤销全部外汇管制之前的伦敦黄金市场。

国内交易市场是指禁止黄金进出口，只允许居民而不允许非居民买卖黄金的市场，如巴黎黄金市场。

近年来，黄金市场的黄金微型化交易发展很快，各种实金形式多种多样，且数量轻，大大便利了小额资金入市投资黄金。黄金市场的交易方式也多样化，如黄金券和凭证等的交易，实际上代表了黄金交易凭证化的趋势。

一般来说，黄金白银市场的建立和发展需具备一定的条件，如：

（1）该国或地区需有发达的经济条件和完善的信用制度；

（2）该国或地区必须实行自由外汇制度，允许黄金白银自由买卖和出入；

（3）需要有健全的法制基础，稳定的政治和经济环境；

（4）良好的软硬件环境、交通发达、基础设施完善等。

第二节 国际、国内主要黄金、白银交易市场

全球的黄金白银市场主要分布在欧洲、亚洲、北美洲 3 个区域。欧洲以伦敦、苏黎世黄金市场为代表；亚洲主要以香港、东京、上海为代表；北美主要以纽约、芝加哥和加拿大的温尼伯为代表。几大市场组成了全球 24 小时的黄金交易系统。

目前在国际黄金白银市场中，交易规模和影响力较大的有：英国伦敦金银市场协会（LBMA）、美国纽约商品交易所（COMEX/NYMEX）、日本东京工业品交易所（TOCOM）、瑞士苏黎世黄金总库（ZGP）、印度孟买多种商品交易所（MCX）、中国上海黄金交易所（SGE）、上海期货交易所（SHFE）、土耳其伊斯坦布尔黄金交易所（IGE）、中国香港金银业贸易场（CGSE）、新加坡国际金融交易所（SGX）以及阿联酋迪拜黄金和商品交易所（FGCX）等。

世界黄金市场结构图如图 8-2 所示。

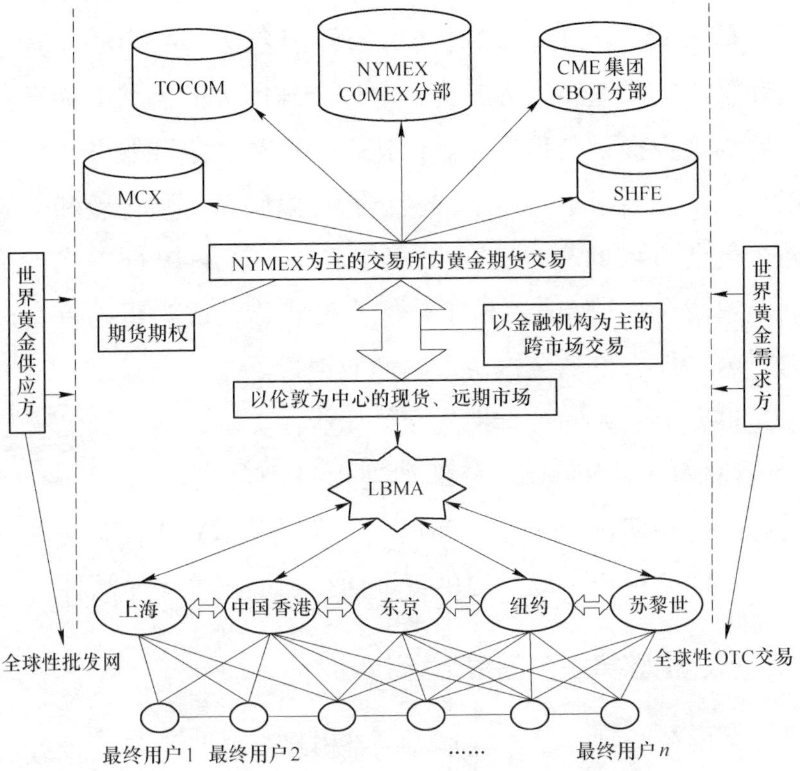

图 8-2 世界黄金市场结构图（白银市场类似）
（资料来源：上海期货交易所）

世界各地黄金市场在交易方式上主要有交易所场内和场外 OTC 交易两种方式。由于历史原因，以伦敦、苏黎世、迪拜等地为中心的场外黄金交易非常发达，而纽约、东京、孟买、新加坡、上海等地交易所的场内黄金期货等衍生品交易数量巨大。另外，也有不少交易所场内以黄金现货交易为主，如上海、伊斯坦布尔、香港等。

目前世界上最大的场外现货黄金市场是伦敦金银市场协会（LBMA）。它是全球贵金属场外柜台交易的中心，其会员和附属会员遍布世界各地，通过全球庞大的网络，为世界各地的客户提供其他市场难以比拟的产品数量和服务。中国银行是伦敦金银市场协会的会员，可以同时参与伦敦和上海两个黄金市场的交易；2011 年年底中国工商银行正式被伦敦金银协会（LBMA）授予全能会员资格，成为国内首家以总行名义加入伦敦金银协会的商业银行。

世界上最大的黄金期货交易场所在美国。纽约商品交易所（COMEX）NYMEX 分部和芝加哥商品交易所（CBOT）黄金期货和期权的交易量都很大，尤其是 NYMEX 是美国最有代表性的黄金市场，提供黄金期货和期权等交易品种。

一、伦敦黄金、白银市场

英国伦敦现在是全球最大的金银场外交易市场，伦敦黄金市场的交易制度特别，定价主要是由伦敦金银协会（The London Bullion Market Association，LBMA）进行。伦敦金银协会是一家总部位于英国伦敦市、负责黄金白银现货交易的全球金银行业同业公会，同时为该协会会员和参与伦敦金银交易市场参与者提供服务的贸易行业中介机构，通过坚持完善伦敦合格金银交付商（London Good Delivery List）制度来促进金银锭精炼标准等的提高。其主要客户及其会员包括世界各国央行、黄金白银生产商、精炼商、金银加工企业和贸易企业等。

伦敦金银市场协会（LBMA）是代表成员及伦敦金银市场其他参与者组织活动的协调者，是市场和监管者之间的重要联系桥梁，它确保了金银市场的健康和持续发展，保证了所有参与者在其中操作的信心。它的一个主要作用就是通过维护伦敦合格交割清单从而促进精炼标准的执行。此外，它协调了市场清算和储存，促进了良性贸易行为，发展了标准化文件。它的会员包括商业银行、制造商、精炼商、运输公司和经纪人，这些公司为黄金和白银的交易、精炼、熔化、检测、运输和储存提供了便利。正式会员分为做市商会员和普通会员两种，凡是积极参与伦敦市场活动的公司和其他组织都可以申请正式会员资格。除了正式会员资格，在全球范围内，凡是进行伦敦金银市场有关活动的有合适资格的团体组织，都有可能作为准会员附属于协会。

原先伦敦金银协会（LBMA）黄金白银的做市由 10 家市场做市商完成，其中参与黄金做市有 5 家做市商，分别是加拿大丰业银行（The Bank of Nova Scotia-ScotiaMocatta）、英国巴克莱银行（Barlcays Bank Plc）、德意志银行（Deutsche Bank AG）、汇丰银行伦敦分部（HSBC Bank USA NA）和法国兴业银行（Société Générale）；参与白银做市的有 3 家做市商，分别是加拿大丰业银行、德意志银行和汇丰银行伦敦分部。伦敦交易市场是一个批发市场，与客户的最小交易数量通常是 1000oz 黄金和 50000oz 白银。五大金行每天制定两次金价，分别为上午 10 时 30 分和下午 3 时。

（一）加拿大丰业银行

丰业资本通过丰业银行提供贵金属产品和服务，丰业银行在全球金属交易和金融市场中处于领先地位，在加拿大、美国、欧洲、亚洲和非洲都设有办事处。Mocatta 成立于 1671 年，是世界最早的金银经纪商之一，到 1774 年其进行的交易占世界所有黄金白银产量的 3/4。1897 年，Mocatta 成为伦敦白银定盘价的主席，在 1997 年被丰业银行收购后，继续担任白银定盘价的主席。丰业银行提供全方位的贵金属服务，拥有遍布全世界的运营机构，为全世界各类客户提供金银相关的服务，涉及的客户包括矿业公司、精炼商、熔炼商、生产商、制造商、中央银行、金融机构、投资基金、珠宝商、生产商及交易商。提供的交易服务包括黄金、白银、铂金、钯金的现货、中长期合约、短期合约、期权及衍生合约，以及金属借贷、租赁和抵押等业务。丰业银行通过特制的套保计划，帮助客户管理价格波动的风险。

（二）德意志银行

德意志银行是世界商品市场的主要参与者之一，涉及的区域包括澳大利亚、南非、俄罗斯和东欧等地。银行的商品团队进行能源、能量和金属市场的交易，特别是在综合商品衍生品方面有所建树。2014 年德意志银行宣布从 2014 年 8 月 15 日起退出伦敦金银协会（LBMA）黄金白银做市定价，伦敦白银定价机制出现变革。

（三）汇丰银行

汇丰银行的贵金属部门可以追溯到 1853 年 SamuelMontagu 的成立。汇丰银行是 1897 年白银定盘价和 1919 年黄金白银定盘价的创始会员，是唯一一家参与所有伦敦贵金属定盘的会员，这其中也包括铂金和钯金的定盘价。汇丰银行是汇丰集团的主要金属风险管理机构，在纽约、中国香港、伦敦和悉尼都有分支机构。除了进行这些金属的现货交易，同时还提供清算、远期和期权交易。

随着“西金东移”趋势的日益显现和中国的金融改革（特别是人民币国际化战略）的深入推进，国际黄金白银定价中心之争再起，伦敦黄金白银定价体系受到挑战，亚欧美各方势力不断博弈，亚洲几大金融中心——中国上海、中国香港、新加坡、阿联酋迪拜等也在不断角力亚洲黄金交易中心；众多家机构也在争夺伦敦贵金属（黄金、白银、铂族金属）定价权。2014 年伦敦贵金属价格定价权争夺战正式开始，伦敦黄金、白银、铂族金属定价机制出现变革。

至于伦敦国际白银定价改革，芝加哥商业交易所（CME）和国际资讯巨头——汤森路透社（Thomson Reuters）获得伦敦国际白银价格制定权，从 2014 年 8 月 15 日推出新的伦敦白银电子盘定价；2014 年 10 月伦敦金属交易所（LME）宣布负责新的伦敦国际铂钯定价机制（2014 年 12 月 1 日启动运行）；而新的伦敦国际黄金定价机制也在 2014 年 11 月确定，美国洲际交易所（ICE）从 5 家机构联合体（Autilla Ltd.（Sapient）、美国芝加哥商业交易所（Chicago Mercantile Exchange）与汤森路透社（Thomson Reuters）、美国洲际交易所衍生品交易所（ICE:

U. S. Derivatives Bourse Intercontinental Exchange）、伦敦金属交易所（London Metal Exchange）和 EBS（ICAP 所属交易平台））中脱颖而出在伦敦国际黄金定价权争夺中胜出。新的伦敦国际黄金定价机制于 2015 年 3 月 20 日推出。

二、苏黎世黄金、白银市场

苏黎世黄金、白银市场的金银价和伦敦市场的金银价一样受到国际市场的重视。由于瑞士特殊的银行体系和辅助性的黄金交易服务体系，为黄金买卖提供了一个既自由又保密的环境，加上瑞士与南非也有优惠协议，获得了 80% 的南非金，以及前苏联的黄金也聚集于此，使得瑞士不仅是世界上新增黄金的最大中转站，也是世界上最大的私人黄金的存储中心。苏黎世黄金市场在国际黄金市场的地位仅次于伦敦。苏黎世黄金市场无金价定盘制度，在每个交易日特定时间，根据供需状况议定当日交易金价，这一价格为苏黎世黄金官价。全日金价在此基础上的波动无涨停板限制。苏黎世金市的金条规格与伦敦金市相同，可方便参与者同时利用伦敦市场，增加流通性，其交易为 99.5% 的成色金，交割地点为苏黎世的黄金库或其他指定保管库。苏黎世黄金官价对苏黎世黄金总库成员有约束力，并对世界上其他银行起到指导作用。

苏黎世黄金市场没有正式组织结构，而是由瑞士三大银行（瑞士银行（Swiss Bank Corporation）、瑞士信贷银行（Credits Swiss）和瑞士联合银行（Union Bank of Switzerland））负责清算结账。三大银行不仅为客户代行交易，而且黄金交易也是这三家银行本身的主要业务。苏黎世黄金总库（Zurich Gold Pool）建立在瑞士三大银行非正式协商的基础上，不受政府管辖，作为交易商的联合体与清算系统混合体在市场上起中介作用。

三、美国黄金、白银市场

美国黄金、白银市场以做黄金、白银期货交易为主，目前已成为世界上交易量最大和最活跃的期金、期银市场之一。美国黄金、白银市场由纽约商业交易所（The New York Mercantile Exchange，Inc.，NYMEX，包含 COMEX）、CME 集团的芝加哥期货交易所（CBOT）等 5 家交易所构成。纽约和芝加哥黄金白银市场是 20 世纪 70 年代中期发展起来的，主要原因是 1977 年后，美元贬值，美国人（主要是以法人团体为主）为了套期保值和投资增值获利，使得黄金、白银期货迅速发展起来。

纽约商业交易所（NYMEX）是世界最具规模的商品交易所，同时是世界最早的黄金期货市场。根据纽约商品交易所的界定，它的期货交易分为 NYMEX 和 COMEX（纽约商品交易所）两大分部，NYMEX 负责能源、铂金及钯金交易，其余的金属（包括黄金）归 COMEX 负责。COMEX 目前交易的品种有黄金期货、白银期货、迷你期货、期权和基金。COMEX 的黄金交易往往可以主导世界金银价的走向，实际黄金实物的交收占很少的比例。参与 COMEX 黄金白银买卖以大型的对冲基金及机构投资者为主，他们的买卖对金市产生极大的交易动力。庞大的交易量吸引了众多投机者加入，整个黄金白银期货交易市场有很高的市场流动性。特别要重视的是世界最大的黄金 ETF SPDR 也在纽约证券交易所上市，很好地联通了证券和黄金实物之间的投资。

目前纽约商品交易所（COMEX）和芝加哥商品交易所（CME）不仅是美国黄金白银期货交易的中心，也是世界最大的黄金期货交易中心，两大交易所对黄金现货市场的金价影响很大。纽约商品交易所（COMEX）为交易者提供一个场所和设施，并制定一些法规，保证交易双方在公平合理的前提下交易。该所对进行现货和期货交易的黄金和白银的质量、成色、形状、价格波动的上下限、交易日期、交易时间等都有极为详尽和复杂的描述。因为美国财政部和国际货币基金组织（IMF）也在纽约拍卖黄金，纽约黄金市场已成为世界上交易量最大和最活跃的期金市场。

四、香港黄金、白银市场

香港黄金市场在时差上填补了纽约、芝加哥市场收市和伦敦开市前的空当，可以连贯亚、欧、美，形成完整的世界黄金市场。其优越的地理条件引起了欧洲金银商的注意，伦敦五大金商、瑞士三大银行等纷纷来港设立分公司。他们将在伦敦交收的黄金、白银买卖活动带到香港，逐渐形成了一个无形的当地“伦敦金银市场”，促使香港成为世界主要的黄金、白银市场之一。香港黄金、白银市场已有 90 多年的历史，以香港金银贸易场的成立为标志。1974 年，香港政府撤销了对黄金进出口的管制，此后香港金市发展极快。目前，香港是中国内地黄金进口和白银出口最主要的中转地。

香港黄金、白银市场由3个市场组成：

（1）香港金银贸易市场，以华人资金商占优势，有固定买卖场所，主要交易的黄金规格为99标准金条，交易方式是公开喊价，现货交易；

（2）伦敦金市场，以国外资金商为主体，没有固定交易场所；

（3）黄金、白银期货市场，是一个正规的市场，其性质与美国的纽约和芝加哥的商品期货交易所的黄金期货性质是一样的，交投方式正规，制度也比较健全，可弥补金银贸易场的不足。

五、东京黄金、白银市场

日本黄金交易所成立于1981年，1984年与东京橡胶交易所等合并为东京工业品交易所（TOCOM）。1991年，东京工业品交易所将黄金市场原有的日本传统的定盘交易方式改为与世界主要市场一样的动盘交易，同时引进电子屏幕交易系统，该系统完全实现了电子操作、远程控制。在24小时的黄金交易市场中，东京市场成为伦敦、纽约交易时间外的亚洲时段的重要交易市场。日本市场与欧美市场的不同之处在于，欧美的黄金市场以美元/oz计，而日本市场以日元/g计，每宗交易合约为1000g的金锭，在指定的地点交割。

东京工业品交易所白银期货于1984年1月26日上市，

交易产品为99.99%银锭，合约分为10kg和30kg两种，交易时间为：9：00 a.m. 至3：30 p.m.（JST），夜盘交易时间为：5：00 p.m. 至4：00 a.m.（JST）。

六、新加坡黄金所

新加坡黄金所目前时常经营黄金现货和2个月、4个月、6个月、8个月、10个月的5种期货合约，标准金为100oz的99.99%纯金，设有停板限制。1969年4月，新加坡黄金市场正式成立。此前黄金的交易、进出口都由政府部门进行严格管制。1969年4月，新加坡政府向7家商业银行和1家贸易商颁发营业许可证，同意其进行黄金交易，但交易对象仅限于工业用户、金饰商及其他非个人用户。当时的主要黄金交易品种规格为1kg的金条，并且政府要对每盎司金征收一美元进口税。由于限制多，市场交易规模小。1973年8月当局全面解除黄金交易限制，允许本国和外国在新加坡个人自由购买、出售和保存黄金，取消黄金进口税，从而加快了新加坡黄金市场的发展。1978年6月，新加坡政府按照国际惯例，全面放宽了外汇管制，使得黄金进出境口自由，为国际性黄金期货交易创造了良好的条件。1978年以来，由于国际上黄金需求量的大幅增加，政府在1978年11月正式成立了新加坡黄金交易所，并开始正式进行黄金的现货和期货交易，成为东南亚成立的第一家国际性的黄金期货市场。在以后的交易活动中，新加坡黄金市场与伦敦黄金市场、香港黄金市场和纽约黄金市场等地的市场联系日渐密切，大大促进了新加坡黄金市场的发展，并使其进一步国际化。1983 年，新加坡政府又进而改组了黄金交易所，增加交易内容，也提供金融期货服务，使其与其他国际性交易所进一步衔接。从此新加坡黄金市场又进入一个新的发展阶段。

七、中国黄金、白银市场

2000 年 1 月 1 日中国人民银行取消白银的统销统购，白银市场正式开放；2002 年 10 月 30 日，上海黄金交易所正式运营，标志着中国黄金市场开始走向市场化。经国务院同意，2008 年 1 月 9 日，中国证监会批准上海期货交易所上市黄金期货；2012 年 5 月 10 日，白银期货正式在上海期货交易所上市。黄金、白银期货的推出，标志着中国黄金白银行业在市场化进程中又迈出了坚实一步。随着中国金银交易的逐步放开，企业将直接面对市场，并接受市场价格波动的考验。

根据上海期货交易所研究资料显示，黄金期货上市后，中国的黄金市场形成了黄金期货、现货、纸黄金（账户金）三种投资渠道。中国未来的黄金市场发展方向，可以概括为：一个目标、两个渠道、三个转变和四个落实。

一个目标，指的就是以繁荣黄金市场取得国际黄金市场定价权作为目标。

两个渠道，指现货市场和衍生品市场两个渠道，主要有现货交易和期货交易两个市场。现货交易除上海黄金交易所的品种外还有各类银行内部的黄金交易，期货交易仅限于上海期货交易所。上海黄金交易所的主管部门为中国人民银行，各银行的主管部门为中国银监会，上海期货交易所则受中国证监会集中统一监督管理。目前尚无一个全面的黄金管理规定，1983 年 6 月 15 日发布的《中华人民共和国金银管理条例》内的大部分条款已经不适应现行的黄金市场。同时，中国国内的黄金现货买卖已完全放开，不再需要通过中国人民银行批准，通过上海黄金交易所的场内交易和场外销售都是允许的，差别在于税收优惠政策；而黄金期货则依照《期货交易管理条例》执行，符合条例规定的机构和个人都可以通过期货公司进行期货交易或参与自营。

三个转变，是中国人民银行行长周小川于 2004 年 9 月在伦敦金银市场协会年会上指出的，即实现中国黄金市场从商品交易向金融产品交易的转变，实现中国黄金市场从黄金现货交易向黄金衍生产品交易的过渡，实现中国黄金市场由国内市场融入国际市场的转变。周小川表示，中国黄金市场的建立和发展，标志着包括货币市场、证券市场、保险市场、外汇市场在内的中国主要金融产品交易市场基本建成，中国金融市场体系更加完整，黄金市场的发展和完善还有利于完善货币政策调控工具和宏观调控体系。

四个落实，就是落实监管层、市场组织者、市场服务机构和投资群体。黄金期货上市运行以来，按照“高标准、稳起步”的要求，依循谨慎推出、小心磨合、逐步成熟的思路，切实加强投资者教育，严格风险监管，市场运行总体平稳，首次交割顺畅，价格波动合理，功能逐步显现，实现了“稳健运行、稳步发展”的预期目标，赢得了市场的普遍认同。

中国大陆黄金市场有两个主要的交易场所：上海黄金交易所黄金现货交易和上海期货交易所的黄金期货交易，这两个交易所也交易白银；还有实行做市商模式（OTC）的天津贵金属交易所。交易时间涵盖从每日上午9点到次日凌晨2点30分的全球最主要交易时间段。国内白银交易所较多，目前国内白银交易所主要有：上海黄金交易所、上海期货交易所和上海华通铂银交易市场等。

（一）上海黄金交易所

上海黄金交易所是一个不以营利为目的，实行自律性管理的法人，遵循公开、公平、公正和诚实信用的原则组织黄金、白银、铂等贵金属交易。上海黄金交易所是经国务院批准，由中国人民银行组建，在国家工商行政管理局登记注册，交易所于2002年10月30日正式开业。上海黄金交易所的组织结构如图8-3所示。

交易所实行会员制，现有会员162家，会员依其业务范围分为金融类会员、综合类会员和自营会员。上海黄金交易所与货币市场、证券市场、外汇市场等一起构筑中国完整的金融市场体系。交易所主要实行标准化撮合交易方式。交易时间为每周一至五（节假日除外）上午9：00~11：30，下午13：30~15：30，晚上21：00~2：30。目前，交易的商品有黄金、白银和铂金，交易标的必须符合交易所规定的标准。黄金有Au 99.95、Au 99.99、Au 50g、Au 100g四个现

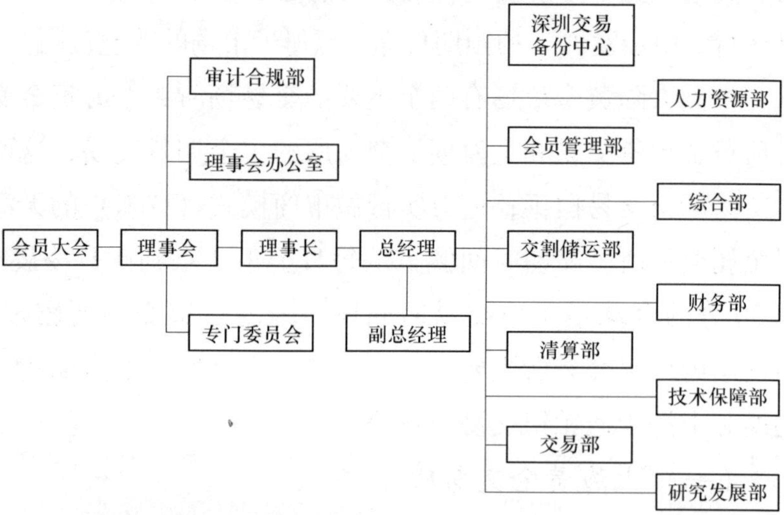

图 8-3 上海黄金交易所组织结构

（资料来源：上海黄金交易所）

货实盘交易品种和 Au(T+5) 与 Au(T+D) 两个延期交易品种及 Au(T+N1)、Au(T+N2) 两个中远期交易品种；白银有 Ag 99.9、Ag 99.99 现货实盘交易品种和 Ag(T+D) 现货保证金交易品种；铂金有 Pt99.95 现货实盘交易品种。中国银行、中国农业银行、中国工商银行、中国建设银行、深圳发展银行、兴业银行和华夏银行等作为交易所指定的清算银行，实行集中、直接、净额的资金清算原则。交易所实物交割实行“一户一码制”的交割原则，在全国 37 个城市设立 55 家指定仓库。

（二）上海期货交易所

上海期货交易所是按照其章程实行自律管理的法人，受中国证监会集中统一监督管理。上海期货交易所目前上市交易的有黄金、白银、铜、铝、锌、铅、螺纹钢、线材、燃料油、天然橡胶、石油沥青等11种期货合约，并推出了黄金、白银和有色金属的连续交易。

会员大会是交易所的权力机构，由全体会员组成；理事会是会员大会的常设机构，下设监察、交易、结算、会员资格审查、调解、财务、技术、有色金属产品、能源化工产品、黄金钢材产品等10个专门委员会。交易所设有文化建设委员会、交易运作委员会、人才发展委员会、技术管理委员会、产业服务与发展委员会等5个专业委员会，以及办公室、理事会办公室、监事会办公室、发展研究中心、文化建设办公室、新闻信息部、推进衍生品创新工作办公室、国际合作部、有色金属部、能源化工部、黄金钢材部、会员服务和投资者教育部、交易部、结算部、监察部、法律事务部、技术中心、人力资源部、党委办公室、纪律检查办公室、内审合规部、财务部、行政部（保卫部）、北京联络处、张江中心管理办公室等25个职能部门。上海期货交易所现有会员200多家（其中期货公司会员占近77%），在全国各地开通远程交易终端700多个。

2012年5月10日，上海期货交易所正式上市白银期货。白银期货的上市，将有利于优化白银的价格形成机制，为企业提供低成本、高效率的风险管理手段，促进中国白银产业结构调整，有利于健全中国贵金属期货系列，推动期货市场更好地为国民经济服务。

上海期货交易所的长期目标是：努力建设成为规范、高效、透明，综合性、国际化的衍生品交易所。未来五年的目标是：建设成为亚太时区领先、具有全球重要影响力的商品期货、期权及其他衍生品的交易所。

（三）上海华通铂银交易市场

上海华通铂银交易市场（Shanghai White Platinum & Silver Exchange，以下简称华通铂银）在中国商业联合会的正确领导下，以商会的政策指导和发展规划作为本市场发展的指针，已建设成为在中国国内专业、规范的现货供销、交易、物流配送及电子商务网上服务的综合性贵金属、有色金属市场，也是目前国家指定的白银交易市场。华通铂银的建立得到了中国商业联合会、中国五矿化工进出口商会、中国有色金属工业协会金银分会、中国有色金属工业信息中心、桂林电器科学研究所、上海电器科学研究所电工合金分会、湖南省永兴县人民政府、湖南省永兴县金银协会、深圳市黄金珠宝首饰行业协会等国内白银行业权威机构与单位的大力支持。

上海华通铂银交易市场组织结构如图 8-4 所示（此处资料为华通铂银市场 2014 年重组前的资料）。

（四）国内其他白银交易市场

随着网络化信息化的发展，国内众多地方依据中华人民共和国商务部《大宗商品电子交易规范》而成立了多个电子交易市场，纷纷交易白银。根据中国有色金属工业协会金银分会、中国有色金属工业信息中心（安泰科）资料显示，不完全统计目前国内至少还有 30 家交易所（交易中心）上

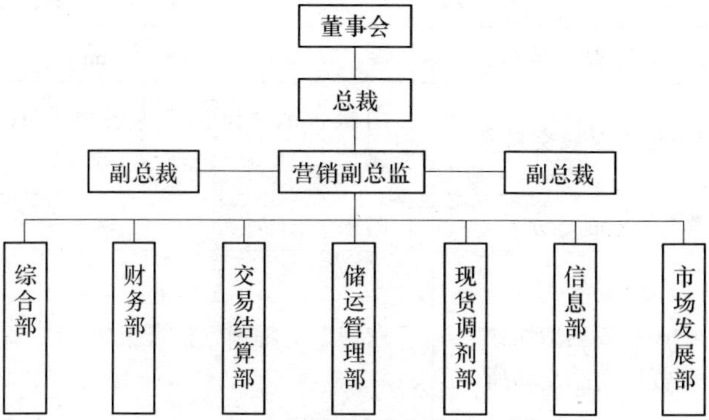

图 8-4　上海华通铂银交易市场组织结构图

市交易现货白银。代表性交易所有：天津贵金属交易所、昆明泛亚有色金属交易所、广东贵金属交易中心、湖南南方稀贵金属交易所、海西商品交易所、中国平安交易所（中国平安西双版纳金融资产商品交易所）、广西铟鼎有色金属交易中心、东北亚贵金属交易所和中色金银贸易中心等。

2013 年国内主要白银交易所见表 8-4。

表 8-4　2013 年国内主要白银交易所

序号	交易所名称	交易产品
1	上海黄金交易所	黄金、铂金和白银（Ag99.9、Ag99.99）现货实盘交易品种和 Ag（T+D）
2	上海期货交易所	白银、黄金、铜、铝、铅、锌等期货品种
3	上海华通铂银交易市场	白银、铂族金属
4	天津贵金属交易所	白银、铂金、钯金、镍、铜
5	昆明泛亚有色金属交易所	白银、铟、锗、铋、镓、钴、钨、硅
6	广东贵金属交易中心	白银、铂金、钯金等

续表 8-4

序号	交易所名称	交易产品
7	南方稀贵金属交易所	白银、铟、铋、碲等各种稀有（有色）金属
8	海西商品交易所	白银、铂金
9	中国平安交易所（中国平安西双版纳金融资产商品交易所）	白银、电解镍、投资银条
10	广西铟鼎有色金属交易中心	稀有金属铟、贵金属白银、电解镍、金属钴、硅铁
11	东北亚贵金属交易所	白银、铂金、钯金
12	中色金银贸易中心	中色金、中色银等

注：资料来源于中国有色金属工业协会金银分会、中国有色金属工业信息中心（安泰科）。

第三节 全球黄金、白银交易时间和市场参与者

一、全球黄金、白银交易时间

全球各大金市、银市的交易时间以伦敦时间为准，形成伦敦、纽约（芝加哥）连续不停的黄金白银交易：伦敦每天上午 10：30 的早盘定价揭开北美金银市的序幕。纽约、芝加哥等先后开叫，当伦敦下午定价后，纽约等仍在交易，此后香港也加入进来。伦敦的尾市会影响美国的早市价格，美国的尾市会影响香港的开盘价，而香港的尾市价和美国的收盘价又会影响伦敦的开市价，如此循环往复，如图 8-5 所示。

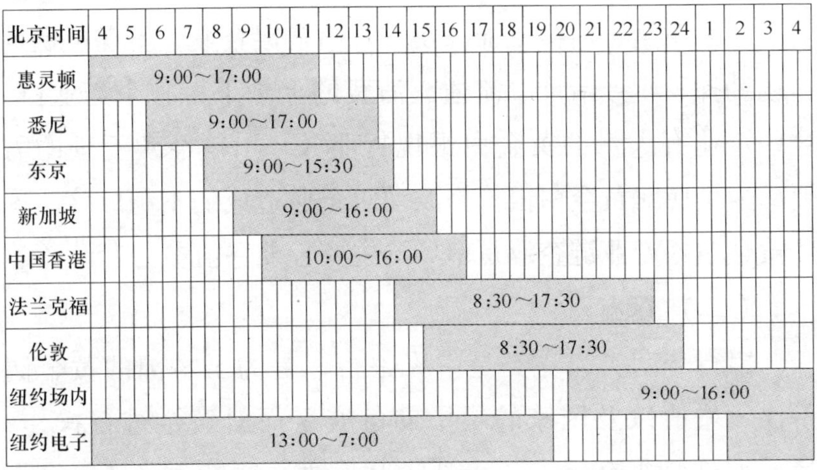

图 8-5　世界主要黄金白银市场交易时间

二、黄金、白银市场参与者

国际黄金、白银市场的参与者可分为国际金银商、黄金白银现货企业、银行、对冲基金、投资银行、机构投资者、私人投资者、经纪公司、证监会等机构。

（一）国际金银商（做市商）

国际金银商最典型的就是伦敦黄金市场上的历史五大金行，其自身就是黄金白银交易做市商，由于其与世界上各大金银矿和许多金银商有广泛的联系，其下属的各个公司又与许多商店和黄金白银顾客联系，因此，五大金银商会根据自身掌握的情况不断报出黄金的买价和卖价。

（二）黄金、白银现货企业

黄金、白银现货企业包含上游的黄金、白银勘探企业，矿山企业和精炼企业；中游的黄金、白银流通企业和贸易企业；下游黄金、白银首饰以及工业用金银企业，实现了现货市场勘探、生产冶炼、流通、消费的上中下游整个产业链。这些企业有大量的黄金白银现货业务，出于经营管理的需要，为了应对黄金白银价格波动对企业造成的不利风险，这些黄金白银产业链企业是市场的主要套期保值参与者。

（三）银行

银行分两类，一类是中央银行，是为了本国的黄金储备保值增值以及国家的货币储备安全而对黄金进行操作，另一类是商业银行，也可细分为两种类型，一种是仅仅为客户代行买卖和结算，可自身并不参加黄金白银买卖，以苏黎世的三大银行为代表，他们充当生产者和投资者之间的经纪人，在市场上起到中介作用，另一种是一些做自营业务的，如在新加坡黄金交易所（UOB）里，就有多家自营商会员。

（四）对冲基金和投资银行

近年来，国际对冲基金尤其是美国的对冲基金活跃在国际金融市场的各个角落。在黄金、白银市场上，几乎每次大的下跌都与基金公司借入短期黄金、白银在即期黄金、白银市场抛售或在纽约商品交易所黄金、白银期货交易所构筑大量的淡（空）仓有关。一些规模庞大的对冲基金利用与各国政治、工商与金融界千丝万缕的联系，往往较先捕捉到经济基本面的变化，利用管理的庞大资金进行买空和卖空，从而加速黄金白银市场价格的变化而从中获利。

（五）各种法人机构和私人投资者

各种法人机构和私人投资者既包括专门出售黄金、白银的公司，如各大金银矿、黄金和白银生产商、专门购买黄金和白银消费的黄金白银制品商（如各种工业企业）、首饰行以及私人购金购银收藏者等，也包括专门从事黄金白银买卖业务的投资公司、个人投资者等。按照对市场风险的喜好程度，可以分为风险厌恶者和风险喜好者。前者希望回避风险，将市场价格波动的风险降低到最低程度，包括黄金白银生产商、黄金白银消费者等，后者就是各种对冲基金等投资公司，希望从价格涨跌中获取利益。前者希望对黄金白银保值，进行转嫁风险；后者希望获利而愿意承担市场风险。

（六）交易所

交易所为交易者提供一个公开、公平、公正的交易场所并组织会员进行有关黄金白银各种投资工具的交易，提供场所设施、设计和安排合约上市、组织交易结算交割、实施风险管理、保证合约履行、发布市场信息、监督会员行为、指定交割仓库等服务，在有效监督服务基础上实现合理的经济利益，包括会员会费收入、交易手续费收入、信息服务收入及其他收入。它提供了一个拥有风险管理工具的市场，以保护投资者避免金融产品和有形商品价格变化所带来的风险，并使他们有机会从交易中获利，如纽约商品交易所、上海黄金交易所和上海期货交易所等。

（七）行业协会

行业协会主要宗旨是推行行业自律管理，推介黄金白银产品，培育黄金白银品牌，扩大黄金白银应用领域，推动黄金白银消费，如世界黄金协会、世界白银协会、中国有色金属工业协会金银分会、中国黄金协会等；同时为会员和参与伦敦金银交易市场参与者提供服务的贸易行业中介机构，如伦敦金银市场协会（LBMA）等。

（八）经纪公司

经纪公司是专门从事代理非交易所会员进行黄金白银交易，并收取佣金的经纪组织。有的交易所将经纪公司称为经纪行。在纽约、芝加哥、香港等黄金白银市场里，活跃着许多的经纪公司，他们本身并不拥有黄金白银，只是派场内代表在交易厅里为客户代理黄金白银买卖，收取客户的佣金。

（九）有关的监督管理机构

为保证市场的公正和公平，保护买卖双方利益，杜绝市场上操纵价格等非法交易行为，各地都建立了对黄金白银市场（特别是黄金市场）的监督体系。比如美国商品期货交易委员会（CFTC）、英国金融服务局（FSA）、香港证券与期货管理委员会、新加坡金融管理局、中国人民银行（监管国内黄金市场）、中国证券监督管理委员会（监管国内黄金白银期货市场）等。

世界主要贵金属市场及各地交易时间见表8-5。

表 8-5 世界主要贵金属市场及各地交易时间

交易所（中心）名称		所处地区（国家）	交易时间（北京）	交易品种	备 注
中 文	英 文				
上海黄金交易所	Shanghai Gold Exchange(SGE)	中国	9:00 ~ 11:30,13:30 ~ 15:30(周一至周五),21:00 ~ 2:30(周一至周四)	黄金、白银、铂金等	于 2002 年 10 月 30 日开业
上海期货交易所	Shanghai Futures Exchange (SHFE)	中国	9:00 ~ 11:30,13:30 ~ 15:00(周一至周五),21:00 ~ 2:30(夜盘交易时间,周一至周五)	黄金、白银、铜、铝、铅、锌等期货品种	于 1999 年 12 月 26 日正式成立(黄金期货于2008 年1 月 9 日上市交易;白银期货于 2012 年 5 月 10 日上市交易)
纽约商品/商业交易所	The New York Mercantile Exchange, Inc.(NYMEX)	美国	20:20 ~ 03:00(夏) 21:20 ~ 04:00(冬)	14 个品种,含黄金、白银、铂、钯等贵金属	20 世纪 70 年代发展起来的,是世界上最大的黄金期货交易中心
伦敦金银市场协会	London Bullion Market Association (LBMA)	英国	15:30 ~ 23:30(夏) 16:30 ~ 00:30(冬)	黄金、白银	成立很早,最大的黄金、白银现货交易市场

续表 8-5

交易所(中心)名称		所处地区(国家)	交易时间(北京)	交易品种	备 注
中 文	英 文				
东京工业品交易所	Tokyo Commodities Exchanges (TOCOM)	日本	08:30~14:30	黄金、白银、铂金、钯金等	世界最大的铂金交易所，成立于1951年2月23日
香港金银业贸易场	The Chinese Gold & Silver Exchange Society(CGSE)	中国	09:00~16:00	黄金、白银	成立于1910年
苏黎世黄金市场	Zurich Gold Exchange(ZGE)	瑞士	15:00~23:00	黄金	成立于二战后，是世界最大的私人黄金存储中心
新加坡黄金市场	Singapore Gold Market(SGM)	新加坡	09:00~16:00	黄金等	1969年4月成立

参 考 文 献

[1] 中国有色金属工业协会．新中国有色金属工业 60 年[M]．长沙：中南大学出版社，2009.

[2] 李培铮．金银生产加工技术手册[M]．长沙：中南大学出版社，2003.

[3]《贵金属生产技术实用手册》编委会．贵金属生产技术实用手册[M]．北京：冶金工业出版社，2011.

[4] [德]贡德·弗兰克．白银资本：重视经济全球化中的东方[M]．刘北成，译．北京：中央编译出版社，2001.

[5] 贾正坤，彭如清，王健．白银深加工调查[M]．北京：科学出版社，1996.

[6] 宁远涛，赵怀志．银[M]．长沙：中南大学出版社，2005.

[7] 宾万达，卢宜源．贵金属冶金学[M]．长沙：中南大学出版社，2011.

[8] 黎鼎鑫，王永录．贵金属提取与精炼（修订版）[M]．长沙：中南大学出版社，2003.

[9] 周全法．贵金属深加工及其应用[M]．北京：化学工业出版社，2002.

[10] 董守安．现代贵金属分析[M]．北京：化学工业出版社，2006.

[11] 上海黄金交易所研究发展部．黄金投资必读[M]．北京：经济日报出版社，2008.

[12] 段世华．黄金投资实战必读[M]．北京：清华大学出版社，2011.

[13] 袁林．拜金有道——黄金投资实战入门[M]．北京：企业管理出版社，2008.

[14] 李爱．试析白银在中国货币制度中的历史沿革[J]．聊城大学学报（社会科学版），2007(1)：60～63.

[15] 邵宇．人民币之路：三次失衡、三个世界、三足鼎立——“危机三部曲”系列策略专题报告[R]．东方证券，2012.

[16] 徐庆新．从铅铜锌矿中回收金银等多金属技术的现状及进展[J]．中国贵金属，2013(5).

[17] 韦华南，胡春融，刘荫春，李哲浩．黄金工业技术现状与发展趋势[R].

长春黄金研究院.

[18] 中国有色金属工业协会金银分会、中国有色金属工业信息中心主办，北京安泰科信息开发有限公司承办. 中国贵金属（月刊）2009 ~ 2013(内部资料).

[19] 世界白银协会. 世界白银年鉴 2012(内部资料).

[20] 中国有色金属工业协会. 中国有色金属工业年鉴 2012.

[21] 上海期货交易所. 白银期货合约交易操作手册(内部资料).

[22] 全汉升. 中国近代经济史论丛[M]. 北京：中华书局，2011.

附 录

附录一 世界十大白银生产商和世界十大白银生产消费国

表1 2012年全球十大白银矿业公司及矿产银产量排名

序号	公司名称（英文）	公司名称（中文）	所在国家	矿产银产量/t
1	KGHM Polska Miedź	波兰铜业股份公司	波 兰	1275
2	BHP Billiton	必和必拓公司	澳大利亚	1213
3	Fresnillo Plc.	菲斯尼诺矿业公司	墨西哥	1148
4	Goldcorp Inc.	加拿大黄金矿业公司	加拿大	949
5	Polymetal International Plc.	俄罗斯保利金属公司	俄罗斯	824
6	Pan American Silver Corp.	泛美银业公司	美 国	781
7	Volcan Cia. Minera S. A. A.	博尔坎矿业公司	秘 鲁	684
8	Cia. De Minas Buenaventura S. A. A.	布埃纳文图拉矿业公司	秘 鲁	569
9	Coeur d' Alene Mines	科达伦矿业公司	美 国	560
10	Southern Copper Corp.	南秘鲁铜业公司	秘 鲁	423

注：1. 资料来源于世界白银协会（The Silver Institute）、GFMS。
2. 由于统计口径不同，表中产量排名仅为海外银企矿产银产量排名（不含中国企业）。

表2　2012年全球十大矿产白银生产国排名

序　号	国　家	矿产银产量/t	同比增长/%
1	墨西哥	5045	5.60
2	中　国	3639	11.85
3	秘　鲁	3462	1.37
4	澳大利亚	1770	2.52
5	俄罗斯	1400	16.88
6	波　兰	1281	0.98
7	玻利维亚	1235	1.79
8	智　利	1151	-9.54
9	美　国	1014	-9.44
10	阿根廷	750	6.64

注：1. 资料来源于世界白银协会（The Silver Institute）。
2. 由于统计口径不同，世界白银协会统计的中国矿产白银产量与国内统计差距较大。

表3　2012年全球白银制造业十大消费国排名

序　号	国　家	白银消费量/t	同比增长/%
1	美　国	5678	-7.67
2	中　国	5199	3.48
3	印　度	3174	2.29
4	日　本	2431	-17.37
5	独联体（CIS）	967	-2.32
6	韩　国	926	-1.59
7	德　国	911	-13.40
8	意大利	817	-8.82
9	加拿大	664	-18.63
10	泰　国	653	-16.39

注：1. 资料来源于世界白银协会（The Silver Institute）。
2. 此处的白银制造业消费（不是白银总消费）指的是珠宝首饰、银器银币证章消费和工业用银等，不包括金融衍生白银消费等；由于统计口径不同国内公布中国白银消费与此不同。

附录二　国外与白银相关的重要法律法规

表1　国外部分涉及黄金、白银的重要文件和相关法律法规

序号	国际重要文献和相关法律法规	制定国家或者组织机构
1	布雷顿森林协定（Bretton Woods System）	44个国家
2	史密森氏协议（Smithsonian Institute Agreement）	英、美等十国集团
3	牙买加协定（Jamica Agreement）	国际货币基金组织（IMF）会员国
4	国际货币基金协定（Agreement of the International Monetary Fund）	国际货币基金组织（IMF）会员国
5	华盛顿协议（The Central Bank Gold Agreement）	14国央行和欧洲央行
6	商品交易所法（Commodity Exchange Act）	美国国内法
7	商品交易委员会法	美国国内法
8	商品交易法	美国国内法
9	期货交易法	美国国内法
10	纽约商业交易所（NYMEX）规则（Nymex-Comex Rulebook）	纽约商业交易所（NYMEX）
11	场外交易市场指南（OTC Guide）	伦敦金银协会（LBMA）

注：资料来源于《黄金投资实战必读》等。

附录三 中国白银行业主要政策及法律法规汇编

表1 中国白银行业及其相关领域主要政策、法律法规和重要文件

序号	相关法律法规和重要文件	制定组织、机构
1	《中华人民共和国金银管理条例》、《中华人民共和国金银管理条例施行细则》	国务院
2	《关于同意建立清理整顿各类交易场所部际联席会议制度的批复》	国务院
3	《关于清理整顿各类交易场所的实施意见》	国务院办公厅
4	《中国的矿产资源政策》白皮书	国务院
5	《中华人民共和国矿产资源法》	全国人大
6	《中华人民共和国中国人民银行法》	全国人大
7	《中华人民共和国合同法》	全国人大
8	《中华人民共和国证券法》	全国人大
9	《中华人民共和国土地管理法》	全国人大
10	《对金银进出国境的管理办法》	中国人民银行、国家海关总署
11	《产业结构调整指导目录（2011 年本）》	国家发展和改革委员会
12	《外商投资产业指导目录（2011 年修订）》	国家发展和改革委员会、国家商务部
13	《金银饰品标识管理规定》	国家质量技术监督局

续表 1

序号	相关法律法规和重要文件	制定组织、机构
14	国家和行业标准:《银精矿》、《银》、《银条》、《银粒》、《片状银粉》、《超细银粉》、《银包铜粉》、《银靶》、《银蒸发料》、《银钎料》、《银箔》、《照相用硝酸银》、《化学试剂　硝酸银》、《电接触银镍稀土材料》、《贵金属及其合金板、带材、箔材、线材、复合带材》、《贵金属及其合金钎料》、《电子器件用金、银及其合金钎焊料》、《太阳能电池用浆料》、《核级银-铟-镉合金棒材》、《银导体浆料》等	全国有色金属标准化技术委员会、全国有色金属标准化技术委员会贵金属分技术委员会
15	《首饰贵金属纯度的规定及命名方法》、《摆件术语》等国家和行业标准	全国首饰标准化技术委员会
16	《上海黄金交易所章程》	上海黄金交易所
17	《关于同意“白银地质勘查基金委员会”组成人员名单及印发〈白银地质勘查基金暂行管理办法〉的通知》	原国家计委、财政部、中国人民银行、中国人民建设银行
18	《白银出口管理暂行办法》	原对外贸易经济合作部（现商务部）
19	《关于加强进口金银及其制品售付汇审核的通知》	国家外汇管理局
20	《关于白银生产环节征收增值税的通知》	国家税务总局
21	《关于对白银恢复征收进口环节增值税的通知》	财政部
22	《关于白银及其制品出口有关退税问题的通知》	国家税务总局
23	《关于利用废液（渣）生产白银增值税问题的批复》	国家税务总局

续表 1

序号	相关法律法规和重要文件	制定组织、机构
24	《关于调整银锭纺织品服装等部分商品出口退税率的通知》（财税〔2008〕111号）	财政部、国家税务总局
25	中国人民银行、海关总署公告〔2007〕第28号（《白银进口管理暂行办法》2007年11月19日起废止）	中国人民银行、海关总署
26	《关于同意上海期货交易所开展白银期货交易的批复》	中国证监会
27	《关于同意上海期货交易所上市白银期货合约的批复》	中国证监会
28	《关于印发〈废弃电器电子产品处理基金征收使用管理办法〉的通知》	财政部、环境保护部、国家发展改革委、工业和信息化部、海关总署、国家税务总局
29	《关于公布第一批废弃电器电子产品处理基金补贴企业名单的通知》	财政部、环境保护部、国家发展改革委、工业和信息化部
30	商务部公告2012年第74号《关于〈2013年农产品和工业品出口配额总量〉的公告》	商务部
31	商务部公告2012年第77号《2013年钨、锑、白银国营贸易出口企业，钨、锑出口供货企业资格标准及申报程序》	商务部
32	《关于将初步符合2013年钨、锑、白银国营贸易出口资质，钨、锑出口供货资质，通过铟、钼出口资质年审的企业名单上网公示的通知》	商务部

续表1

序号	相关法律法规和重要文件	制定组织、机构
33	《关于向社会公开征求〈黄金及黄金制品进出口管理办法（征求意见稿）〉意见的公告》	中国人民银行
34	商务部公告2013年第76号《关于〈2014年农产品和工业品出口配额总量〉的公告》	商务部
35	商务部外贸司《关于将申报2014年钨、锑、白银出口国营贸易资质等企业名单上网公示的通知》	商务部
36	商务部《关于公布2014年钨、锑、白银出口国营贸易企业，稀土、铟、钼、锡出口企业名单并下达第一批出口配额的通知》	商务部
37	《有色金属行业高新技术产品推荐目录》	中国有色金属工业协会

注：资料来源于国务院各相关部门、中国有色金属工业协会金银分会等。

附录四　白银行业统计资料

表1　上海黄金交易所可提供标准银锭企业名单

序号	企业银锭编码	企业名称	银锭品牌
1	A	长城金银精炼厂	
2	B	内蒙古乾坤金银精炼股份有限公司	
3	C	山东黄金矿业股份有限公司焦家精炼厂	
4	D	山东招金金银精炼有限公司	ZHAOJIN
5	K	江西铜业股份有限公司	JCC
6	O	株洲冶炼集团股份有限责任公司	TORCH
7	P	云南铜业股份有限公司	TIE FENG
8	Z	河南豫光金铅股份有限公司	豫光

续表 1

序号	企业银锭编码	企业名称	银锭品牌
9	T	灵宝市金源桐辉精炼有限责任公司	秦岭
10	F	中金黄金股份有限公司中原黄金冶炼厂	
11	G	大冶有色金属有限公司	大江
12	SA	广东罗定金业冶炼厂有限公司花都白银精炼厂	JIN YE
13	SB	广东明发贵金属有限公司	GOLDMINGFA
14	GS	烟台国大萨菲纳高技术环保精炼有限公司	GUODASAFEINA
15	H	洛阳紫金银辉黄金冶炼有限公司	银辉
16	SC	杭州富春江冶炼有限公司	金 凤
17	SD	湖南水口山有色金属集团有限公司	SKS
18	GC	山东恒邦冶炼股份有限公司	Humon
19	L	铜陵有色金属集团控股有限公司	® T G (铜冠)
20	I	福建金山黄金冶炼有限公司	
21	GG	中矿金业股份有限公司	中矿金业

注：资料来源于上海黄金交易所（2010）。

表 2 上海期货交易所银锭注册商标、包装标准及升贴水标准

序号	国别	注册企业	产地	注册日期	商标	外形尺寸/mm×mm×mm	块重/kg	牌号
1	中国	河南豫光金铅股份有限公司	河南济源	2012.05	YG	(370±5)×(135±2)×(31±2)	15	Ag 99.99
						正面:(300±10)×(130±10) 底面:(275±10)×(110±10) 高:90±5	30	
2	中国	江西铜业股份有限公司	江西贵溪	2012.05	贵冶	(375±25)×(135±10)×(30±5)	15	Ag 99.99
					江铜	正面:(295±20)×(150±10) 底面:(255±10)×(110±10) 高:85±6	30	
3	中国	云南铜业股份有限公司	云南昆明	2012.05	铁峰	(370±5)×(135±3)×(30±2)	15	Ag 99.99
4	中国	铜陵有色金属集团股份有限公司	安徽铜陵	2012.05	铜冠	(365±5)×(135±2)×(30±2)	15	Ag 99.99

续表2

序号	国别	注册企业	产地	注册日期	商　标	外形尺寸/mm×mm×mm	块重/kg	牌号
5	中国	河南金利金铅有限公司	河南济源	2012.05	济金	(380±5)×(132±2)×(30±2)	15	Ag 99.99
6	中国	湖南宇腾有色金属股份有限公司	湖南郴州	2012.05	宇腾	(370±5)×(135±2)×(30±1)	15	Ag 99.99
7	中国	湖南水口山有色金属集团有限公司	湖南衡阳	2012.05	SKS	(370±5)×(135±5)×(30±2)	15	Ag 99.99
8	中国	山东招金集团有限公司	湖南永兴	2012.05	招金	(370±5)×(135±2)×(30±2)	15	Ag 99.99
9	中国	云南驰宏锌锗股份有限公司	云南曲靖	2012.05	驰宏锌锗	(368±5)×(133±2)×(30±1)	15	Ag 99.99
10	中国	株洲冶炼集团股份有限公司	湖南株洲	2012.05	火炬	(370±5)×(135±2)×(30±1)	15	Ag 99.99
11	中国	河池市南方有色冶炼有限责任公司	广西河池	2012.05	索日	(360±5)×(130±5)×(30±2)	15	Ag99.99

续表2

序号	国别	注册企业	产地	注册日期	商　标	外形尺寸/mm × mm × mm	块重/kg	牌号
12	中国	大冶有色金属有限责任公司	湖北黄石	2012.09	大江	(370 ±5) × (135 ±2) × (30 ±2)	15	Ag 99.99
						正面:(320 ±10) × (130 ±10) 底面:(300 ±10) × (120 ±10) 高:75 ±10	30	
13	中国	阳谷祥光铜业有限公司	山东阳谷	2012.09	XIANG-GUANG	(370 ±5) × (135 ±2) × (31 ±2)	15	Ag 99.99
14	中国	济源市万洋冶炼（集团）有限公司	河南济源	2012.09	万洋	(375 ±5) × (130 ±1) × (30 ±1)	15	Ag 99.99
15	中国	浙江宏达金属冶炼有限公司	浙江上虞	2013.03	ZJHDYL	(365 ±5) × (135 ±2) × (30 ±2)	15	Ag 99.99
16	中国	广东金业贵金属有限公司	广州花都	2013.06	JINYE	(365 ±5) × (135 ±2) × (30 ±2)	15	Ag 99.99

注：资料来源于上海期货交易所（2013）。

表3　上海期货交易所认可的伦敦金银市场协会（LBMA）认定的合格供货商或精炼厂清单

国家和地区	公　司
澳大利亚	AGR Matthey
比利时	Umicore SA，Business Unit Precious Metals
巴　西	AngloGold Ashanti Mineração Ltda.
	Umicore Brasil Ltda.
加拿大	Falconbridge Limited（formerly Noranda Inc. CCR Refinery-change effective 30-6-05）
	Johnson Matthey Limited
	Royal Canadian Mint
中　国	The Great Wall Gold & Silver Refinery of China
	Inner Mongolia Qiankun Gold and Silver Refinery Share Company Limited
	Jiangxi Copper Company Ltd.
	Zhongyuan Gold Smelter of Zhongjin Gold Corporation
	Zijin Mining Group Co. Ltd.
德　国	W. C. Heraeus GmbH
	Norddeutsche Affinerie Aktiengesellschaft
中国香港	Heraeus Ltd. Hong Kong
	Metalor Technologies（Hong Kong）Ltd.
印度尼西亚	PT Aneka Tambang（Persero）Tbk

续表3

国家和地区	公 司
意大利	Chimet SpA
	Metalli Preziosi SpA
日 本	Ishifuku Metal Industry Co. , Ltd.
	Matsuda Sangyo Co. , Ltd.
	Mitsubishi Materials Corporation
	Mitsui Mining and Smelting Co. , Ltd.
	Nippon Mining & Metals Co. , Ltd.
	Sumitomo Metal Mining Co. , Ltd.
	Tanaka Kikinzoku Kogyo KK
	Tokuriki Honten Co. , Ltd.
哈萨克斯坦	Kazzinc Joint Stock Company
朝 鲜	Central Bank of the DPR of Korea
韩 国	Korea Zinc Co. , Ltd.
	LS-Nikko Copper Inc.
吉尔吉斯斯坦	Kyrgyzaltyn JSC
墨西哥	Met-Mex Peñoles, S. A.
荷 兰	Schöne Edelmetaal BV
菲律宾	Bangko Sentral ng Pilipinas（Central Bank of the Philippines）
俄罗斯	Joint Stock Company Ekaterinburg Non-Ferrous Metal Processing Plant
	Federal State Enterprise Novosibirsk Refinery
	Open Joint Stock Company “The Gulidov Krasnoyarsk Non-Ferrous Metals Plant”（OJSC “Krastvetmet”）
	Open Joint Stock Company Kolyma Refinery
	Moscow Special Alloys Processing Plant
	Prioksky Plant of Non-Ferrous Metals
	State-Owned Enterprise Shyolkovsky Factory of Secondary Precious Metals
	JSC Uralelectromed

续表 3

国家和地区	公　司
南　非	Rand Refinery Limited
西班牙	SEMPSA Joyeria Plateria SA
瑞　典	Boliden Mineral AB
瑞　士	Argor-Heraeus SA
	Cendres & Métaux SA
	Metalor Technologies SA
	PAMP SA
	Valcambi SA
美　国	Johnson Matthey Inc.
	Metalor USA Refining Corporation
乌兹别克斯坦	Almalyk Mining and Metallurgical Complex（AMMC）
	Navoi Mining and Metallurgical Combinat
赞比亚	Fidelity Printers and Refiners（Private）Limited

注：资料来源于上海期货交易所。

表 4　中国人民银行 2012 年贵金属纪念币项目

序号	项目名称	材质	形状	质量/oz	最大发行量/枚	发行时间
1	2012 版熊猫金银纪念币	普制金币	圆形	1	600000	2011 年 11 月
		普制金币	圆形	1/2	600000	
		普制金币	圆形	1/4	600000	
		普制金币	圆形	1/10	800000	
		普制金币	圆形	1/20	800000	
		普制银币	圆形	1	8000000	
		精制金币	圆形	1kg	500	
		精制金币	圆形	5	5000	
		精制银币	圆形	1kg	20000	
		精制银币	圆形	5	50000	

续表 4

序号	项目名称	材质	形状	质量/oz	最大发行量/枚	发行时间
1	中国银行成立100周年熊猫加字金银纪念币	普制金币	圆形	1/4	55000	2012年4月
		普制银币	圆形	1	260000	
	华夏银行成立20周年熊猫加字金银纪念币	普制金币	圆形	1/4	10000	2012年10月
		普制银币	圆形	1	50000	
2	中国熊猫金币发行30周年金银纪念币	精制金币	圆形	5	3000	2012年3月
		精制金币	圆形	1	30000	
		精制金币	圆形	1/10	100000	
		精制银币	圆形	5	30000	
		精制银币	圆形	1/4	300000	
3	中国佛教圣地（五台山）金银纪念币	精制金币	圆形	1kg	300	2012年5月
		精制金币	圆形	5	3000	
		精制金币	圆形	1/4	60000	
		精制银币	圆形	1kg	10000	
		精制银币	圆形	2	100000	
4	中国京剧脸谱彩色金银纪念币（第3组）	精制彩色金币	圆形	5	2000	2012年6月
		精制彩色金币	圆形	1/4	30000	
		精制彩色银币	圆形	5	10000	
		精制彩色银币	圆形	1	2×50000	
5	中国青铜器金银纪念币	精制金币	圆形	5	2000	2012年8月
		精制金币	圆形	1/4	50000	
		精制银币	圆形	1kg	6000	
		精制银币	圆形	5	10000	
		精制银币	圆形	1	80000	

续表 4

序号	项目名称	材质	形状	质量/oz	最大发行量/枚	发行时间
6	2012 北京国际邮票钱币博览会纪念银币	精制银币	圆形	1	30000	2012 年 9 月
7	2013 中国癸巳（蛇）年金银纪念币	精制金币	圆形	10kg	18	2012 年 10 月
		精制金币	梅花形	1kg	118	
		精制金币	长方形	5	2000	
		精制彩色金币	圆形	5	3000	
		精制金币	扇形	1/3	30000	
		精制金币	梅花形	1/2	8000	
		精制金币	圆形	1/10	120000	
		精制彩色金币	圆形	1/10	120000	
		精制银币	圆形	1kg	3800	
		精制银币	长方形	5	20000	
		精制彩色银币	圆形	5	30000	
		精制银币	扇形	1	80000	
		精制银币	梅花形	1	60000	
		精制银币	圆形	1	200000	
		精制彩色银币	圆形	1	220000	

注：资料来源于中国人民银行。

表 5　商务部公布的 2013 年白银国营贸易出口（或供货）企业名单

序　号	企 业 名 称
1	五矿有色金属股份有限公司
2	中国珠宝首饰进出口公司

续表 5

序 号	企 业 名 称
3	江苏弘业股份有限公司
4	中国诚通金属（集团）公司
5	爱华控股集团有限公司
6	上海市五金矿产进出口有限公司
7	重庆五矿机械进出口有限公司
8	中工美进出口有限责任公司
9	中国金域黄金物资总公司
10	湖南株冶火炬金属进出口有限公司
11	水口山有色金属有限责任公司
12	湖南兴光有色金属有限公司
13	郴州市金贵银业股份有限公司
14	永兴县西河铅业有限责任公司
15	云南铜业股份有限公司（原云南铜业（集团）有限公司）
16	云南冶金集团进出口物流股份有限公司
17	云南锡业股份有限公司
18	广东风华高新科技股份有限公司
19	河南豫光金铅股份有限公司
20	安阳市豫北金铅有限责任公司
21	山东招金集团有限公司
22	安徽铜冠有色金属（池州）有限责任公司
23	永兴县富兴贵金属有限责任公司
24	云南乘风有色金属股份有限公司
25	湖南永兴意水稀贵金属再生利用有限公司
26	阳谷祥光铜业有限公司
27	河南金利金铅有限公司（原济源市金利冶炼有限责任公司）

续表5

序　号	企业名称
28	永兴招金贵金属加工制造有限公司
29	湖南宇腾有色金属股份有限公司
30	宁夏有色金属进出口有限公司
31	铜陵有色金属集团股份有限公司
32	大冶有色金属有限责任公司
33	宁夏天马冶化（集团）股份有限公司
34	广西华锡集团股份有限公司
35	广西成源矿冶有限公司
36	个旧市联兴贵金属有限责任公司
37	安阳市岷山有色金属有限责任公司
38	山东恒邦冶炼股份有限公司
39	东营方圆有色金属有限公司
40	金隆铜业有限公司
41	湖南华信有色金属有限公司
42	广东明发贵金属有限公司
43	白银有色集团股份有限公司
44	湖南金旺铋业股份有限公司
45	江西铜业股份有限公司

注：资料来源于商务部对外贸易司。

表6　国际市场（伦敦、纽约）现货白银价格数据

（美元/oz）

年　份	伦敦市场现货白银价格			纽约商品交易所（COMEX）现货白银定盘价		
	年内最高	年内最低	年均价	年内最高	年内最低	年均价
1987	10.9250	5.3600	7.0156	9.6600	5.3790	7.0198
1988	7.8215	6.0500	6.5324	7.8270	5.9980	6.5335

续表 6

年份	伦敦市场现货白银价格			纽约商品交易所（COMEX）现货白银定盘价		
	年内最高	年内最低	年均价	年内最高	年内最低	年均价
1989	6. 2100	5. 0450	5. 4999	6. 1940	5. 0300	5. 4931
1990	5. 3560	3. 9500	4. 8316	5. 3320	3. 9370	4. 8174
1991	4. 5710	3. 5475	4. 0566	4. 5450	3. 5080	4. 0355
1992	4. 3350	3. 6475	3. 9464	4. 3180	3. 6400	3. 9348
1993	5. 4200	3. 5600	4. 3130	5. 4430	3. 5230	4. 3082
1994	5. 7475	4. 6400	5. 2851	5. 7810	4. 5730	5. 2803
1995	6. 0375	4. 4160	5. 1971	6. 1020	4. 3750	5. 1871
1996	5. 8275	4. 7100	5. 1995	5. 8190	4. 6760	5. 1777
1997	6. 2675	4. 2235	4. 8972	6. 3070	4. 1550	4. 8773
1998	7. 8100	4. 6900	5. 5398	7. 2600	4. 6180	5. 4914
1999	5. 7900	4. 8800	5. 2188	5. 7600	4. 8720	5. 2149
2000	5. 4475	4. 5700	4. 9526	5. 5470	4. 5630	4. 9662
2001	4. 8200	4. 0500	4. 3702	4. 8570	4. 0280	4. 3603
2002	5. 0975	4. 2350	4. 5990	5. 1250	4. 2230	4. 5967
2003	5. 9650	4. 3700	4. 8787	5. 9930	4. 3460	4. 8806
2004	8. 2900	5. 4950	6. 6578	8. 2110	5. 5140	6. 6927
2005	9. 2250	6. 3900	7. 3115	9. 0000	6. 4270	7. 3220
2006	14. 9400	8. 8300	11. 5492	14. 8460	8. 8090	11. 5473
2007	15. 8200	11. 6700	13. 3835	15. 4990	11. 4650	13. 3762
2008	20. 9200	8. 8800	14. 9891	20. 6850	8. 7900	14. 9471
2009	19. 1800	10. 5100	14. 6743	19. 2950	10. 4200	14. 6961
2010	30. 7000	15. 1400	20. 1929	30. 9100	14. 8230	20. 3127
2011	48. 7000	26. 1600	35. 1192	48. 5840	26. 8110	35. 1961
2012	37. 2300	26. 6700	31. 1496	37. 1400	26. 2470	31. 0907

注：资料来源于伦敦金银协会（LBMA）、纽约商品交易所（COMEX）。

附录五　中国有色金属工业协会金银分会简介

中国有色金属工业协会金银分会是中国有色金属工业协会（以下简称“总会”）的分支机构。英文名称为 China Non-Ferrous Metals Industry Association Gold & Silver Branch，英文缩写 CNIA-GS，于 2003 年 8 月 16 日成立。本会主要是由我国从事白银及有色副产金生产、地质、科研院校、设计、应用、商贸及相关领域的企事业单位、咨询服务中介机构、相关组织自愿组成，并经中华人民共和国民政部核准登记注册的社团分支机构。

金银分会三届理事会名誉会长：

周菊秋　中国有色金属工业协会专家委员会委员、中国有色金属工业协会原副会长、中国有色金属工业协会金银分会原会长

刘培森　中国有色金属工业协会金银分会原副会长

刘旭娃　中国有色金属工业协会金银分会原副会长

季　忠　中国有色金属工业协会金银分会原副会长

金银分会三届理事会会长：

王　健（中国有色金属工业协会副会长）

金银分会副会长：由（北京）鑫达金银开发中心、江西铜业集团公司、山东招金矿业股份公司、河南豫光金铅集团公司、湖北大冶有色控股集团公司、云南铜业集团公司、湖南水口山有色金属集团、深圳中金岭南有色金属股份公

司、有色金属技术经济研究院（中国有色金属工业信息中心）、湖南永兴县金银协会、湖南郴州金贵银业股份公司、陕西有色控股集团陕西银矿、河北承德燕山银业有限公司、广西凤凰银业有限责任公司、湖北鑫银贵金属股份有限公司、吉林四平昊融银业有限公司、上海坤泰企业发展有限公司、湖南鑫达银业股份有限公司等18位主要金银企业机构的领导担任。

金银分会宗旨：

本会遵守国家宪法、法律、法规、法令和社会道德风尚；贯彻国家的产业政策；坚持为政府、为会员单独服务的宗旨，在政府与会员之间起到桥梁、纽带作用；维护会员的合法权益；促进有色金银工业和应用事业的健康、稳定发展。

金银分会业务范围：

（1）在有色金银及相关行业开展调查研究工作，为总会提供咨询意见。受总会委托，参与拟定行业发展规划、产业政策等文件的前期工作。

（2）受总会的委托或授权，开展行业统计调查分析，发布市场、生产经营、科研、新产品开发等技术经济信息，对会员单位的经营管理、发展战略、经济技术指标进行分析评价，提供咨询服务。

（3）参与制、修订白银黄金国家标准，行业标准及有关规范，并组织、督促会员贯彻实施。

（4）受政府或会员委托，组织专家对行业内重大投资、技术改造、开发项目等进行可行性前期论证，组织学术或专题研讨会，推动科技开发、创新，组织技术成果应用推广，促进金银技术进步。

(5) 根据国家有关政策法规，结合本行业特点制定《行规行约》，建立行业自律机制，在开拓市场、组织同行议价、产品出口等方面发挥自律作用，促进企业公平竞争，维护会员合法权益和行业的整体利益。

(6) 协调会员间的经营合作和技术合作，组织多种形式的联合和协作服务。

(7) 办好金银分会会刊《中国贵金属》(月刊)、《中国白银年鉴》等内部资料，开展咨询，组织展销会，组织技术与管理人员的业务培训。

(8) 建立国际间同业组织的联系，参加国际同业组织的活动，促进对外技术经济交流与合作。

(9) 反映会员的意见、要求，协调会员关系，组织和推动其交往、交流和合作。

(10) 接受总会交办的其他事项，接受会员或社会委托，提供专项服务。

金银分会的组织体现了中国有色金属工业协会的直接领导及企业家办会的原则。

中国有色金属工业协会金银分会网址：www. chinapmetals. org. cn

中国有色金属工业协会网址：www. chinania. org. cn

附录六　64种有色金属元素

64种有色金属包括：铝、镁、钾、钠、钙、锶、钡、铜、铅、锌、锡、钴、镍、锑、汞、镉、铋、金、银、铂、钌、铑、钯、锇、铱、铍、锂、铷、铯、钛、锆、铪、钒、铌、钽、钨、钼、镓、铟、铊、锗、铼、镧、铈、镨、钕、钐、铕、钆、铽、镝、钬、铒、铥、镱、镥、钇、钪、硅、硼、硒、碲、砷、钍。

有色金属又分为轻金属、重金属、稀有金属、贵金属和其他有色金属。

（1）轻金属：7种，铝、镁、钾、钠、钙、锶、钡（其中钾、钠、钙、锶、钡5种一般为化工系统的产品）。

（2）重金属：10种，铜、铅、锌、镍、钴、锡、锑、铋、镉、汞。

（3）稀有金属：35种，又细分为四类：

1）稀有轻金属4种（在稀有金属中密度最小）：锂、铍、铷、铯。

2）稀有难熔金属8种（在金属中熔点较高）：钨、钼、钽、铌、钛、锆、铪、钒。

3）稀散金属7种（矿体生成极为分散、且多为与其他矿物共生、非经准确的全分析不易发现）：镓、铟、铊、锗、硒、碲、铼（有的分法，将铼分为难熔金属）。

4）稀土金属16种（其氧化物似土，故名）：镧、铈、镨、钕、钐、铕、钆、铽、镝、钬、铒、铥、镱、镥、钇、钪。

(4) 贵金属：8种，金、银、钌、铑、钯、锇、铱、铂。

(5) 其他有色金属：4种，硅、砷、硼、钍。

附录七 元素周期表

周期	IA	IIA	IIIB	IVB	VB	VIB	VIIB	VIII	VIII	VIII	IB	IIB	IIIA	IVA	VA	VIA	VIIA	
1	1 H 氢 1.0079																	2 He 氦 4.0026
2	3 Li 锂 6.941	4 Be 铍 9.0122											5 B 硼 10.811	6 C 碳 12.011	7 N 氮 14.007	8 O 氧 15.999	9 F 氟 18.998	10 Ne 氖 20.17
3	11 Na 钠 22.9898	12 Mg 镁 24.305											13 Al 铝 26.982	14 Si 硅 28.085	15 P 磷 30.974	16 S 硫 32.06	17 Cl 氯 35.453	18 Ar 氩 39.94
4	19 K 钾 39.098	20 Ca 钙 40.08	21 Sc 钪 44.956	22 Ti 钛 47.9	23 V 钒 50.9415	24 Cr 铬 51.996	25 Mn 锰 54.938	26 Fe 铁 55.84	27 Co 钴 58.9332	28 Ni 镍 58.69	29 Cu 铜 63.54	30 Zn 锌 65.38	31 Ga 镓 69.72	32 Ge 锗 72.59	33 As 砷 74.9216	34 Se 硒 78.9	35 Br 溴 79.904	36 Kr 氪 83.8
5	37 Rb 铷 85.467	38 Sr 锶 87.62	39 Y 钇 88.906	40 Zr 锆 91.22	41 Nb 铌 92.9064	42 Mo 钼 95.94	43 Tc 锝 97.99	44 Ru 钌 101.07	45 Rh 铑 102.906	46 Pd 钯 106.42	47 Ag 银 107.868	48 Cd 镉 112.41	49 In 铟 114.82	50 Sn 锡 118.7	51 Sb 锑 121.7	52 Te 碲 127.6	53 I 碘 126.905	54 Xe 氙 131.3
6	55 Cs 铯 132.905	56 Ba 钡 137.33	57–71 La-Lu 镧系	72 Hf 铪 178.49	73 Ta 钽 180.947	74 W 钨 183.8	75 Re 铼 186.207	76 Os 锇 190.2	77 Ir 铱 192.2	78 Pt 铂 195.08	79 Au 金 196.967	80 Hg 汞 200.5	81 Tl 铊 204.3	82 Pb 铅 207.2	83 Bi 铋 208.98	84 Po 钋 (209)	85 At 砹 (210)	86 Rn 氡 (222)
7	87 Fr 钫 (223)	88 Ra 镭 (226.03)	89–103 Ac-Lr 锕系	104 Rf 𬬻 (261)	105 Db 𬭊 (262)	106 Sg 𬭳 (263)	107 Bh 𬭛 (264)	108 Hs 𬭶 (265)	109 Mt 鿏 (268)	110 Ds 𫟼 (269)	111 Rg 𬬭 (272)	112 Cn 鿔 (277)						

镧系	57 La 镧 138.905	58 Ce 铈 140.12	59 Pr 镨 140.91	60 Nd 钕 144.2	61 Pm 钷 (147)	62 Sm 钐 150.4	63 Eu 铕 151.96	64 Gd 钆 157.25	65 Tb 铽 158.93	66 Dy 镝 162.5	67 Ho 钬 164.93	68 Er 铒 167.2	69 Tm 铥 168.934	70 Yb 镱 173.0	71 Lu 镥 174.96
锕系	89 Ac 锕 (227)	90 Th 钍 232.0381	91 Pa 镤 231.03588	92 U 铀 238.02891	93 Np 镎 (237)	94 Pu 钚 (239.244)	95 Am 镅 (243)	96 Cm 锔 (247)	97 Bk 锫 (247)	98 Cf 锎 (251)	99 Es 锿 (252)	100 Fm 镄 (257)	101 Md 钔 (258)	102 No 锘 (259)	103 Lr 铹 (260)